세탁기의
배신

세탁기의 배신
-왜 가전제품은 여성을 가사노동에서 해방시키지 못했는가

2020년 4월 30일 초판 1쇄 펴냄
2021년 4월 15일 초판 2쇄 펴냄

지은이 김덕호

펴낸이 정종주
편집주간 박윤선
편집 강민우
마케팅 김창덕

펴낸곳 도서출판 뿌리와이파리
등록번호 제10-2201호(2001년 8월 21일)
주소 서울시 마포구 월드컵로 128-4 2층
전화 02)324-2142~3
전송 02)324-2150
전자우편 puripari@hanmail.net

디자인 가필드
종이 화인페이퍼
인쇄 및 제본 영신사
라미네이팅 금성산업

ⓒ 김덕호, 2020

값 18,000원
ISBN 978-89-6462-137-0 03300

이 저서는 2015년 정부(교육부)의 재원으로 한국연구재단의 지원을 받아 수행된 연구임.
(NRF-2015S1A6A4A01015064)

이 도서의 국립중앙도서관 출판예정도서목록(CIP)은 서지정보유통지원시스템 홈페이지
(http://seoji.nl.go.kr)와 국가자료공동목록시스템(http://www.nl.go.kr/kolisnet)에서 이용하실
수 있습니다.(CIP제어번호: CIP2020015930)

세탁기의 배신

**왜 가전제품은 여성을 가사노동에서
해방시키지 못했는가**

김덕호 지음

뿌리와
이파리

...

• • •

일러두기

1. 이 책의 2장, 3장, 8장은 저자의 논문을 수정 보완한 것이다. 저본이 된 논문은 다음과 같다. 2장은 「여성, 가정 그리고 미국에서의 가정과학운동」(『서양사론』 127, 2015: 107-37), 3장은 「가내하인에서 '전기하인'으로: 남북전쟁 이후부터 1930년대까지 사회변화와 기술변화의 관련성에 관한 시론」(『미국학』 39/2, 2016: 1-42), 8장은 「가사기술은 진정 가사노동으로부터의 해방을 가져왔는가?: 20세기 미국에서 가전제품의 확산과 가사노동 시간의 변화」(『미국학논집』 50/2, 2018: 31-70)이다.

2. 인명, 지명 등은 국립국어원의 외래어 표기법 규정에 따랐지만, 관례로 굳어진 경우는 예외를 두었다.

3. 본문에 소개된 잡지 광고의 사진은 저자가 직접 찍은 것들이다. 그 밖의 도판은 퍼블릭도메인이거나 크리에이티브 커먼즈 라이선스를 따르는 것들이다. 혹시라도 저작권을 침해한 것이 있다면 알려주기 바란다.

4. 단행본, 장편소설, 정기간행물, 신문, 사전류 등에는 겹낫표(『 』), 단편소설, 논문 등에는 홑낫표(「 」), 예술작품, 영화 등에는 홑화살괄호(〈 〉)를 사용했다.

서론

일상은 반복이다. 매일매일이 그날이 그날같이 지속되면서 반복된다. 그리하여 반복을 통해 습관이 형성된다. 이제 몸은 자동으로 일상생활에 적응한다. 일상적 반복행위는 안정을 가져오고 나아가 안정화를 낳는다. 일상의 덫을 벗어날 수 없는 많은 보통 사람들은 일상을 벗어나기를 꿈꾸면서 동시에 일상이 주는 편안함을 즐긴다.

일상의 영역 중 가정에서 진행되는 전형적인 일과를 살펴보자. 오늘날 가정주부의 하루는 어떠한가. 오전 일과만 살펴보자. 전업주부의 경우, 아침에 일어나 남편과 애들을 깨우고, 곧바로 아침 준비를 할 것이다. 밥을 먹든 빵을 먹든 식사 준비에는 최소한 15분에서 30분은 걸릴 것이다. 식사가 끝나자마자 남편과 아이들은 직장과 학교로 가기 바쁠 것이며, 대부분의 전업주부라면 그들이 집을 떠난 후에야 아침을 먹게 될 것이다. 식사를 하고

난 후 남은 음식을 냉장고에 집어넣거나 음식물 쓰레기로 분류하며 부엌을 왔다갔다할 것이다. 그러고는 설거지 후 혹은 설거지 전에 잠깐의 '커피타임'을 가질 것이다. 이제 집안 청소를 하거나 이 방 저 방에 흐트러진 옷가지들을 거두어 세탁기로 가져갈 시간이다. 세탁기가 작동을 끝내면, 옷가지를 빨랫줄에 널거나 건조기로 다시 이동해야 할 것이다. 이쯤에서 오전의 가사노동이 대충 일단락된다고 할 수 있을까. 맞벌이주부는 전업주부보다 훨씬 더 바쁘다. 남편이 나눠서 한다손 치더라도 자신의 출근 준비까지 포함해서 거의 항상 쫓기다시피 회사로 출근할 것이다.

이 짧은 오전 일과만 대충 떠올려봐도 우리가 얼마나 많은 가전제품의 도움을 받고 있는지는 명확해 보인다. 아침을 준비하면서 토스터나 전기밥솥을 사용하고, 요리를 할 때는 가스레인지를 여러 번 켜고 끈다. 냉장고를 하루 종일 이런저런 이유로 수십 번은 열고 닫으며, 설거지를 할 때는 식기세척기를 이용할지도 모른다. 요즘 유행하는 홈카페를 생각하면, 커피 애호가들의 집에 커피머신 한 대쯤은 있을지도 모르겠다. 하물며 청소기나 세탁기는 어떠한가. 이제 그녀의 일상에 가전제품이 없다면, 즉 가사기술을 이용할 수 없다면 그녀들은 어떻게 하루의 일상을 꾸려갈 수 있단 말인가.

가사노동과 가사기술의 출현

이렇게 반복적이면서도 지루하게 느껴지는 일상을 주제로 하는 '일상의 역사history of the everyday life'가 1970년대 이후 몇몇 서양 역사가들에게 새로운 주제로 떠올랐다. 특히 1970년대 후반부터 알프 뤼트케Alf Lüdtke를 비롯한 일군의 독일 역사가들이 '일상사'를 이끌었다. 그럼에도 1980년대까지 '일상의 기술 technology of everyday life'은 역사가들에게 주목받지 못했다. 그렇지만 건축 비평가이자 기술사가인 지그프리드 기디온Sigfried Gidion(1888~1968)은 일찍이 산업혁명 이후 기계화와 전기화가 우리의 일상생활을 바꿔놓을 것이며, 나아가 산업혁명의 토대적 이념인 '합리화'가 공적인 영역인 공장뿐 아니라 사적인 영역인 가정에까지 침투할 것이라고 예견하기도 했다.[1] 즉 '합리화' 개념이 부엌이나 거실, 목욕탕까지도 변화시킬 것이라고 보았던 것이다. 그의 예상처럼, 여성의 공간이기도 한 집안은 변화되었으며, 그 변화의 동력은 바로 '가사기술household technology; domestic technology'이자 '소비기술technology of consumption'이었다.

우리는 의식주와 관련하여 집안에서 필요한 기술들을 통칭하여 가사기술이라고 부를 수 있는데, 이른바 가사노동을 대신할 수 있는 발명품과 상품화된 제품들이 가사기술의 구체적 실천이었다. 소비기술이 전부 가사기술은 아니지만, 가사기술의 핵심은 바로 소비기술이기도 하다. 또한 20세기에 들어서면서 전기에너지를 이용한 전력화가 본격화되면서 가사기술은 사실상 대부분의 경우 가전기술household electrical technology이기도 했다. 따라서 20세기 가사기술의 구체적 인공물은 주로 '가전제품'이었다. 그리고 20세기 미국의 중산층 가정이야말로 가전제품을 통해 소비사회가 형성되는 사적인 공간이었다.

1960년대에 활발하게 전개된 여성해방운동은 그전의 보수적 역사학의 변화를 수반할 수밖에 없었다. 역사가들은 '밑으로부터의 역사'를 표방하면서 사회사를 새로이 연구하기 시작했다.

동시에 사회사의 일부로서 여성사 또한 주목의 대상이 되었다. 그러나 여성들의 면공업 공장에서의 일이나 사무직 노동은 당시 역사학의 대상이 되었지만, 대다수 여성들의 일상생활이 벌어지는 가사노동은 1970년대까지도 여전히 '역사로부터 잊힌' 상태였다. 상황이 이러할진대, 1970년대에 집안일을 편하게 하거나 줄이기 위한 '가사기술'이라는 주제가 역사가들의 관심 영역이 되기에는 무리였다. 기술사가들도 또한 전통적으로 '젠더gender' 영역을 오랫동안 무시해왔다. 그때까지만 해도 기본적으로 연구자들은 생산과 생산기술에만 초점을 맞추어왔기 때문이다.

그러나 1980년대에 들어오면서 가사기술은 학문적으로 주목을 받기 시작했다. 특히나 두 책은 언급할 만하다. 1982년에 간행된 수전 스트레서의 『결코 끝나지 않는Never Done: A History of American Housework』과 1983년에 출간된 루스 코완의 『어머니에게 더 많은 일을More Work for Mother: the Ironies of Household Technology from the Open Hearth to the Microwave』이라는 책은 역사가들이 여성과 가사노동, 가사기술 등에 관심을 기울이게 만드는 기폭제 역할을 했다.

스트레서의 책은 부제가 언급하듯이 미국 가정에서 주부들이 행하는 빵 만들기부터 설거지, 청소에 이르는 온갖 집안일에 초점을 맞춰 역사가들이 전통적으로 무시해왔던 여성들의 일상생활을 들추어냈다.[2]

코완은 과학기술사를 전공하는 역사가로서 본인 역시 집에 가면 미국의 일반 기혼여성처럼 세 아이의 어머니이자 주부로서 역할을 수행했기 때문에 누구보다도 이 책을 쓰기에 적절한 사람이었다. 이 책은 여성의 가사노동시간을 절약하기 위해 가정에 세탁기나 청소기, 식기세척기 등의 가사기술이 도입되었는데도 불구하고 왜 여성의 노동시간이 줄어들지 않거나 오히려 더 늘어났는지에 대한 연구이기도 했다. 코완의 책은 가정주부들에게 가사노동으로부터 해방시켜주겠다는 목표로 남성들이 만든 가사기술이 왜 사회적으로 '예상치 못한 결과'를 낳았는가에 대한 논쟁을 야기했다. 게다가 코완은 1976년의 한 논문에서 다음과 같은 놀라운 주장을 했다.

"빨래통에서 세탁기로의 변화는 수직기手織機·hand loom에서 역직기力織機·power loom로의 변화 못지않게 심대한 것이다."[3]

18세기 후반 면공업에서 전개된 기술적 변화에 대해서는 거의 모든 사람들이 알고 있다. 면공업에서의 기계 발명이 촉발하고 주도한 산업혁명의 역사적 중요성도 충분히 이해하고 있을 것이다. 그런데 코완 이전에 어떤 저명한 역사가가 진지한 관심을 가지고 빨래통에 대해, 세탁기라는 가사기술에서의 새로운 혁신이 가져온 주부의 일과 가정의 변화에 대해 언급한 적이 있던가.[4] 그리고 그 역사적 의의를 면공업에서의 그것에 비교할 수 있었던가. 어느 면에서 보면 당연히 없을 수밖에 없었다. 1970년대 이전에는 학계에서 여성이 극소수였고, 더군다나 기술사 분야는 더욱 그러했다. 여성이 아니니 주부의 집안일을 역사학의 주제로 생각하기도 어려웠을 것이다. 내가 이 주제에 관심을 기울이고, 나아가 이 주제에 대한 저술을 생각하게 된 것도 어찌 보면 바로 이 코완의 주장에서부터 시작되었다고 볼 수 있다. 가정 내에서 전개된 산업혁명. 그것은 바로 가정주부들, 나아가 여성들에 의한 소비혁명을 의미하기도 했다.

어찌 보면 '현대적 가정주부 모델'은 19세기 빅토리아기에 만들어졌다고 볼 수 있다. 즉 여성의 고유영역은 집안일이며, 남성의 고유영역은 집 바깥으로 나가 공장에서 일을 하여 돈을 벌어와 가계를 꾸려야 한다는 역할 분담을 이데올로기적으로 구성한 것이다. 그것은 '가정성domesticity'이라는 새로운 젠더 이데올로기가 형성된 것을 의미했다. 그 결과 아내와 남편의 공간은 분리되었으며, 역할 또한 분리되었다.

미국의 농촌을 예로 들면 더욱 명확해질 것이다. 19세기 중반까지만 해도 미국의 농부들은 일상에서 필요한 의식주 대부분의 것들을 자급자족해서 해결해왔다. 그러나 산업혁명이 본격적으로 박차를 가하던 남북전쟁(1861~65) 이후 미국 경제는 일대 변신을 꾀하게 되었다. 미국이 농업사회에서 산업사회로 넘어간 것이다. 그 결과, 1880년대에서 1920년대 사이 자급경제가 쇠퇴하면서 미국의 농촌 사회는 시장경제에 편입되었다. 즉, 산업화가 농촌 가정에 변화를 가져온 것이다. 동네 제분소에서 밀가루를 빻아 집에서 빵을 직접 만들어 먹던 사람들이 더 이상 제분소를 이용하지 않고 식료품점에서 상업용 밀가루를 사다가 빵을 만들어 먹게 되었다. 나아가 시간이 더 지나면서 특정 회사에서 대량생산된 식빵을 사다가 식탁에 올려놓게 되었다. 아이들이 입는 옷 또한 집에서 물레를 돌려 실을 잣고 그 실로 수직기(베틀)를 통해 옷감을 만들어 아이들 옷을 만들던 상황에서 백화점이나 우편 주문을 통해 기업에서 만든 옷을 사다가 입히게 되었다. 이렇듯 미국의 농촌 가정은 생산과 소비의 주체에서 소비의 주체로 변신한 것으로 보였다.

아시다시피, 이러한 변화를 통해 남성이나 자식의 역할은 줄어들거나 없어진 반면, 여성 특히 가정주부의 역할은 커져만 갔다. 기계화와 상업화를 통해 남편과 아이들이 주부를 도와주지 않아도 죄책감을 느끼지 않게 되었다. 기계가 여성의 일을 대신 해주고 화폐를 통해 필요한 물건들을 쉽사리 구입할 수 있다고 생각하게 되었기 때문이다.

위에서 언급한 식빵이나 기성복의 경우, 19세기 전반까지만 하더라도 전부 집안에서 아내가 하던 일이었다. 그렇지만 산업 영역 혹은 생산영역에서 산업화로 인해 노동과정이 단축된 데 비해 가사노동에서의 산업화는 더 오래 걸렸으며, 사람들의 주목도 받지 못했다. 소수의 부유한 계층만이 가스나 전기를 에너지로 사용할 수 있었으며, 배관 공사나 위생공사를 통해 화장실과 목욕탕을 현대적으로 바꿀 수 있었다. 그리하여 가정에서 '가전제품의 일상화'가 이루어지는 데에는 반세기 이상이 걸렸다.

1930년대 초반의 집수리에 관한 어느 안내책자에 따르면, "어떤 집도 전기제품이 충분히 구비되어 있지 않다면 현대화되었다고 볼 수 없다"고 주장하고 있었다. 즉 1890년만 해도 전기가 공급되는 집은 미국 사회에서 사치스러웠지만, 1930년이 되면 전기화는 필수적이었다. 불과 40년 사이에 전기는 미국인의 일상의 일부가 되었던 것이다. 결국 1890년에는 사치품에 불과했던 전등과 전화, 자동차가 필수 불가결한 제품이 된 1930년에야 가정 내에서 전개된 산업혁명을 본격적으로 언급할 수 있다.[5]

'그림자노동'으로서의 가사노동

문제는 남편의 일자리를 제공하는 곳에서는 노동에 대한 대가로 임금을 제공하는 데 반해, 아내의 일자리에서는 가사노동에 대해 전혀 임금을 제공하지 않는다는 점이다. 나아가, 국민총생산Gross National Product(GNP)이 되었건 국내총생산Gross Domestic Product(GDP)이 되었건 가사노동은 한 해의 재화 및 서비스 생산에 포함되지 않는다는 점이다. 단지 시장경제에 포함되지 않는다는 이유로 분명히 엄청난 노동량이 투입되었는데도 무보수 노동으로 분류된다. 우리나라 재계가 좋아하는 '무노동 무임금' 원칙(?)에도 해당이 안 된다. 노동이 있는데도 왜 무임금인가? 여기에 가사노동의 근본적인 비극이 있다. 그렇기 때문에 문명비평가 이반 일리치Ivan Ilich(1926~2002)는 특히나 주부들의 가사노동을 지칭하여 '그림자노동shadow work'이라는 용어를 처음으로 제안하였다.

그는 그림자노동이 무엇인지, 그것이 어떠한 상황에서 발생하는지를 다음과 같이 설명했다.

대부분의 사회에서는 남성과 여성이 함께 자신들의 가정을 뒷받침하는 생활의 자립과 자존을, 지불되지 않는 노동에 의해 유지하고 재생시켜왔다. 가정은 스스로 그 존재에 필요한 거의 모든 것을 만들었다. …… 나의 관심은 전혀 상이한 형태인 지불되지 않는 노동에 있다. 그것은 산업사회가 재화와 서비스의 생산을 필연적으로 보충하기 위해 요구하는 노동이다. 그러한 종류의 지불되지 않는 노동은 생활의 자립과 자존에 기여하는 것이 아니다. 전혀 반대로 임금노동과 함께 생활의 자립과 자존을 뺏는 것이다. 임금노동을 보충하는 이러한 노동을 나는 '그림자노동'이라고 부른다. 그것에는 여성이 가정이나 아파트에서 행하는 대부분의 가사, 쇼핑에 관계되는 여러 활동, 집에서 학생들이 시험을 위하여 주입식으로 공부하는 것, 직장을 왔다갔다

하는 통근에 드는 수고가 포함된다.[6]

일리치가 볼 때, 산업혁명 이후 이 '그림자노동'은 임금노동과 '상보적 형태'로 짝을 이루며 존재해왔는데, 문제는 그림자노동이 "시종일관 은폐되어왔다"는 것이다. 모두들 알고 있는 사실이지만, 자본주의 사회에서는 특히나 산업사회가 진행되면서 노동이 투입되면 그 대가로서 임금이 반드시 지불되게끔 되어 있다. 그런데 주부가 가정에서 하는 여러 가지 일—청소, 빨래, 다림질, 음식하기, 설거지, 장보기, 육아 및 양육 등—들의 결과물인 가사노동은 전혀 임금이 지불되지 않는, 혹은 돈을 받지 않는 노동으로서 존재해왔다. 그저 가족에 대한 애정으로서, 남편과 자식에 대한 고귀한 희생으로서 무임금을 정당화해왔다. 게다가 그 가사노동이라는 것이 일터에서의 노동처럼 시작이 있고 끝이 있는 노동도 아닌 것이다.

잠깐 생각해봐도 알 수 있듯이, 오늘날 한국 사회에서 이러한 일들을 가사도우미를 고용하여 시킬 경우, 한 달에 얼마를 지불해야 하는지를 계산해보면 짐작하고도 남음이 있을 것이다. 그런데도 여성이 가정에서 행하는 여러 종류의 가사노동을 노동으로 인정하지 않는 것은, 나아가 국내총생산에 포함시키지 않는 것은 일리치가 지적했듯이, "'여성이 하는 일을 노동이 아니라고 정의함'에 의해 소비와 생산의 구별을 확대"하는 것을 나름 '정당화'하려는 시도 때문인지도 모른다.[7] 그러나 주부들이 가사노동을 통해서 재화를 생산하는 것은 아닐지라도 서비스를 생산하는 것은 사실이다, 비록 시장경제 내에서는 아니지만. 코완도 강조하듯이, 산업혁명 이후에도, 즉 근대적 의미의 급수시설과 급수시스템이 완결된 다음에도 주부들은 "깨끗한 화장실, 욕조, 세면대"를 소비한 것이 아니라 "생산"해왔다.[8]

문제는 이 무임금 노동이 산업혁명 이후 정착 혹은 고착되어 이제는 너무나 당연하게 여긴다는 것이다. 역사가 에릭 홉스봄 Eric Hobsbawm은 한 논문에서 "생산수단에 대한 생산자의 통제를 박탈함으로써", 그 결과 "(보수를 받지 못하는/무급) 가사노동과 (보수를 받는/유급) 외부 노동 사이의 성적 분업을 늘리고 더 분명하게 만드는 경향"이 존재했다는 것이 "19세기 산업화의 역설"이라고 주장했다. 그런데 사회학자인 이매뉴얼 월러스틴 Immanuel Wallerstein은 이러한 사실이 왜 역설인지 묻고 있다.[9] 그러나 이러한 경향이 왜 역설적인지 홉스봄은 더 이상 설명하지 않았으며, 월러스틴 또한 왜 역설이냐는 질문만 했지 왜 역설이 아닌지에 대해서는 설명하지 않았다, 마치 자명한 듯이.

나는 차라리 가사노동을 시장경제에서 배제시킨 이러한 현상을 산업화의 본질 혹은 산업혁명이 낳은 부산물이라고 말하고 싶다. 산업혁명이 남성과 여성 간에 성적인 노동 분업을 가져온 것은 분명하다. 여성의 가내노동에 가치부여를 하지 않은 것 또한 분명하다. 그리고 그러한 성적인 노동 분업은 가사노동을 계속적으로 의문 없이 무보수 노동으로 존재하게 만드는 커다란 원인을 제공했다.

중재자의 등장 및 역할

사용자나 소비자는 반드시 발명가나 생산자의 의도대로 그들이 만든 인공물을 사용하지는 않는다. 가전제품의 경우도 그러했을 것이다. 즉, 사용자의 의도나 역할을 고려해야만 한다. 생산자들이 의도했던 것처럼 가사의 기술화 혹은 자동화가 자연스럽게 혹은 필연적으로 이루어지지는 않았다. 이 경우 생산자들은 거의 100퍼센트 남자인 상황이었으며, 소비자 혹은 사용자들은 100퍼센트 여성, 특히 가정주부들임을 생각해야 한다.

사실상 수많은 사용자들과 소비자들이 어떤 문제를 갖고 있고, 그들이 어떤 방식으로 인공물을 사용하는지 알아내기는 현실적으로 어려웠을 것이다. 따라서 이 경우, 중재자로 불린 집단들이 생산자와 소비자를 연결 혹은 의사소통할 수 있게 도왔다. 가사기술의 생산자들은 미국의 경우 소수의 대기업들이었으며, 소비자들은 주로 중간계급 여성들로서 가정주부였다. 이 둘 사이를 주부협회 혹은 미국가정학협회American Home Economics Association 같은 이름의 단체들이 통로 역할을 했으며, 그들의 이념과 가치관을 양쪽 모두에 전달할 수 있었다. 이러한 과정을 통해 '가정학home economics'이 탄생했다. 대학에서는 이를 전담하는 '가정학자'들이 배출되었으며, 대학의 정규 교과과정으로 자리잡게 되었다.

그런데 이들 가정학자들과는 별도로 소비자와 생산자 사이에서 중재자 역할을 맡는 집단이 있었는데, 그들이 바로 '광고업자'였다. 이들은 앞의 집단과는 달리 최소한 중립적이거나 양쪽을 중재한다는 의식조차 갖지 않았으며, 거의 전적으로 광고주의 이해관계만을 최대한 반영하고자 애쓴 집단이었다.

필수 차원에서의 욕구needs가 아니라 선택 차원의 욕망desire을 만드는 것이 소비사회라면, 미국의 소비자본주의는 분명히 주부들에게 광고를 통해 가전제품을 사고 싶다는 욕망을 불러일으키는 데 성공했다. 욕망을 만들어냈다는 측면에서 보면 미국의 가전제품은 주부들에게 쉬지 않고 그러한 일을 해왔다. 그 결과 1960년대가 되면, 제품마다 사정이 조금씩 다르지만, 최소한 60 내지 70퍼센트 이상의 가정에서 가전제품을 소유하고 있었다.

광고업자들은 자신들의 의뢰자였던 생산자들의 생각과 의견을 어떻게 보여줄 수 있었을까? 광고업자들은 가정주부의 죄의식에 호소하기도 했으며, 때로는 '편안함과 편리함comfort and convenience' 혹은 공포심을 자극하기도 했다. 광고업자들의 역할이 무엇이었는지는 그들이 만든 광고들을 분석함으로써 구체화할 수 있을 것이다. 그들이 만든 가전제품의 이미지와 광고 문구를 통하여 그들이 미국의 가정주부들에게 어떤 교육을 시켰는지, 나아가 어떤 욕망을 불어넣어주었는지를 확인해볼 수 있을 것이다. 따라서 구체적인 예를 들면서, 가전제품 광고의 주된 메시지, 즉 죄책감, 공포, 깨끗함, 편안함, 편리함, 효율성, 개인주의와 사적인 영역 보장, 제품을 통한 (부부 간, 가족 간의) 애정 과시 등도 제시할 것이다.

가사기술은 주부들을 가사노동으로부터 해방시켰는가

미국의 경우, 가사노동에 가사기술이 도입되는 시기는 19세기 후반이었다. 그렇지만 초기에는 사실상 기업가들이 가사기술을 산업화하는 데 큰 관심이 없었던 것으로 보이는데, 그것은 충분한 이윤 창출이 어렵다고 생각했기 때문이다. 예컨대 1870년대만 해도 세탁기에 관한 특허신청 건수가 2000개가 넘었지만 대부분 수동으로 작동되어 주부들이 사용하기에 쉽지 않았기 때문에 "그저 자리만 차지하는 발명품"에 지나지 않았다. 그렇기 때문에 사실상 대부분의 가사기술은 산업용으로부터 출발하여 가정용으로 정착되었다. 재봉틀이 그러했고, 냉장고, 청소기, 세탁기 등이 그러했다. 그렇다면 산업체에서의 수요가 포화되었기 때문에 생산 증대를 위하여 '가사노동의 해방'이라는 수사학적 목표를 제기하게 된 것인가, 혹은 산업체에서의 필요를 넘어 가정에까지 그 기술이 응용 가능했던 논리적 귀결이었던가. 이 책에서는 가사기술이 공적인 영역에서 사적인 영역으로 확대 혹은 전환된 것이 기술적 요인 때문이었는지 혹은 기술 외적 요인 때문이었는지를 검토·분석해볼 것이다.

이제 20세기에 들어서면서 가사기술은 획기적인 전환 국면을 맞이한다. 전기에너지가 본격적으로 일상생활에 적용되면서 전기를 이용하는 가전제품들이 속속 나타나게 되었다. 그 결과, 대량생산되는 가전제품들이 광고와 더불어 가정이라는 사적인 영역에 침입해 들어오기 시작했다. 특히나 1922년에서 1928년 사이 미국 가정에는 평균적으로 가전제품의 수가 2배로 늘어날 정도로, 1920년대 들어 가사기술이 가정으로 진입하는 속도는 현저히 빨라졌다.

당시 기업들이 주로 내건 표어는 자신들의 가전제품이 중간계급의 가정에 일반적으로 존재하던 가정부 혹은 '가내하인domestic servant'을 대신할 수 있다는 것이었다. 즉 자신들이 만든 '전기하인electric servant'이 '가내하인'보다도 더 값싸고 효율적이라고 주장했던 것이다. 제너럴 일렉트릭사나 웨스팅하우스사 같은 대기업은 전기로 작동하는 가전제품을 통해 궁극적으로 가정주부를 가사노동으로부터 해방시켜줄 수 있다고 선언했으며 또 그렇게 선전했다.

미국의 중간계급 주부들은 과연 가사기술을 도입함으로써 가사노동으로부터 해방되었던가? 가전제품을 통해 가사노동이 편리해지고, 노동시간이 줄어들고, 노동강도 또한 축소되었는데도 왜 미국의 가정주부들은 여전히 가사노동으로부터 해방되지 못했는가? 그렇다면 미국의 경우, 제1차 세계대전을 전후하여 가정부가 점차 사라져갔는데, 이 현상 때문에 가전제품이 필요했던 것인지, 가전제품이 가정에 도입되었기 때문에 이러한 현상이 나타난 것인지도 확인할 필요가 있다.

또한 우리가 주목해야 할 것은 이 시기 동안 유럽에서는 미국 가정에서 진행된 일이 거의 벌어지지 않았다는 점이다. 그러니까 적어도 제2차 세계대전 이전까지 유럽 국가들에서는 가사기술이 널리 이용되지 않았다. 1950년대가 되어서야 비로소 가전제품이 공산주의 국가들을 제외한 서유럽 국가들에서 본격적으로 사용되기 시작했다. 그럼에도 몇몇 제품은 계층별로 차이가 분명했다. 왜 20세기 전반 유럽에서는 전기 보급률이 일부 국가들의 경우 미국보다 높았음에도 불구하고, 가사기술로의 활용은 미국보다 적거나 미미했을까? 유럽의 선진국들은 약 한 세대 이후인 1950년대 후반에 들어서야 1920년대 미국과 비슷한 상황이 만들어졌다. 비로소 대량소비사회로 진입하게 된 것이다. 그러나 일단 이 단계에 들어서면 미국 가정에서 가전제품들의 사용이 일상화되는 것과 유사한 상황이 만들어졌다.

우리는 기본적으로 미국이라는 국가에 초점을 맞추면서, 가능한 경우 영국이나 독일 같은 산업사회와도 비교사적 시각에서 분석할 것이다. 가사기술의 수용 면에서 보자면, 1920~30년대 미국은 유럽의 미래였으며, 1960년대 유럽은 아마도 한국의 미래였을 것이다. 그리하여 이 책은 미국이라는 창을 통해 한국 사회의 변화를 추측할 수 있는 단서를 제공할 수도 있겠다는 생각이 든다.

그렇다면, 경제의 기술발전과 가정의 기술발전은 어떤 상관관계가 있었을까? 신기술은 어느 정도로 가정을 '산업화'시켰고 가사노동을 변화시켰는가? 수돗물을 비롯하여 가스·전기밥솥·중앙난방·세탁기·냉장고와 같은, 가정 내의 엄청난 기술변화에도 불구하고 왜 선진 산업국가들에서 가사노동은 여전히 전체 노동시간의 거의 절반을 차지한다는 연구결과가 나오고 있는 것일까? 이 문제에 관한 가장 일반적인 생각은 기술변화의 힘과 시장경제의 성장이 그동안 생산자로서 가족이 담당해왔던 대부분의 역할을 점차적으로 흡수해버렸다는 것이다. 이런 입장의 가장 전형적인 예로 탤컷 파슨스Talcott Parsons(1902~79)의 기능주의 가족사회학을 들 수 있다. 산업화가 가족체계로부터 많은 기능을 제거해버림으로써 결국에는 소비기능만 가족체계에 남게 되었다는 것이 파슨스의 주장이다.

사실 1970년대까지 가사노동의 기술화라는 부분이 아무런 주목을 받지 못했던 가장 중요한 이유는 모든 관심이 생산기술에 집중되었기 때문이다. 페미니스트 연구자들은 이를 여성과 연관되는 기술이나 기술영역에서 여성은 연구할 가치가 없는 대상으로 여겨졌기 때문이라고 해석했다. 그러나 역사학자를 비롯하여 사회학자, 심지어 경제학자들까지 마침내 가사노동을 진지한 학문적 연구주제로 생각하기 시작했다. 이 주제는 산업자본주의의 변화구조와 가정 내 일상생활의 구성이 서로 어떤 관계를 맺고 있는지에 관한 일반적인 관심의 일부를 이루었다.

요약하자면, 나는 이 책을 통하여 가사기술 보급자들의 주장처럼 가사기술은 가사노동으로부터 해방됨을 목표로 했음에도 불구하고 왜 20세기 미국의 대다수 주부들은 가사노동으로부터 벗어나지 못했는지, 나아가 최소한 가사노동시간을 줄이는 데 얼마만큼 공헌을 했는지도 분석할 것이다. 가사기술은 또한 기존의 가부장적 이데올로기를 강화 혹은 확대하는 데 공헌했다. 결과적으로 그렇다는 말이다. 왜일까? 왜 미국의 주부들은 저항하지 않았을까. 왜 공조 혹은 순응했을까. 급진적인 일부 페미니스트를 제외하고 말이다. 즉, 가사기술이 어떤 방식으로 얼마만큼 가사노동을 변화시켰는지, 또한 가사기술은 '가정성'을 중심으로 한 젠더 이데올로기와는 어떤 관련성을 갖게 되었는지도 확인할 것이다.

페미니스트 기술사가인 주디 와이즈먼Judy Wajcman이 주장하듯이, "현대의 기술은 지금까지 여성이 담당하였던 거의 모든 가사노동을 없애주거나 덜 힘들게 만들었으며, 그에 따라 여성이 자유롭게 노동시장에 진입할 수 있도록 해주었"는가?[10] 그리하여 20세기 미국에서의 가사노동의 역사는 가사노동이 점차 줄어들어 없어지는 방향으로 진행되었는지 확인해야만 한다. 나아가 어떻게 그들은 가사기술, 즉 소비기술에 종속되어 미국이 대량소비사회로 나아가는 데 중심축 역할을 하게 된 것인지 또한 검토할 것이다.

1장에서 3장까지는 산업혁명 이후 미국의 가정주부가 담당하던 가사노동을 19세기서부터 다루고, 가사노동의 보완 혹은 해결책으로서의 가사기술을 다룰 것이다.

1장에서는 남녀의 노동 역할 분담과 여성이 머물 고유한 영역으로서 집안에서 전개되던 가사노동을 통해 '가정성'의 이념이 시간이 지나면서 어떻게 변화되어갔는지를 구체적으로 보여주고자 한다. 문제는 여성의, 주부의 가사노동이 사실상 '그림자노동'으로서 임금노동만큼 자본주의 사회를 지탱하는 데 커다란 역할을 했다는 점이다.

2장에서는 20세기 초 가정과학운동의 태동과 발전을 다룰 것이다. 미국과 가능한 자료 내에서 유럽의 경우를 살펴보고자 한다. 또한 크리스틴 프레더릭Christine Frederick을 중심으로 공장에서 과학적 경영을 강조하는 '테일러주의'가 어떻게 왜 가정에 도입되었는가를, 나아가 '가정학'의 이념적 토대와 '가정학'이 미국의 중간계급 여성들에게 미친 영향 또한 설명하고자 한다.

3장에서는 가사노동의 해결책으로 등장한 가사기술을 다룰 것이다. 특히 미국 중산층의 경우 대부분의 가정주부는 가내하인 혹은 가정부를 거느리고 있었다. 전기가 본격적으로 도입되면서 가전업체를 중심으로 '전기하인'이라는 개념으로 가전제품이 가정에 도입 및 정착하는 과정을 밝히고자 한다.

4장에서 7장까지는 가사기술이 어떻게 가전제품으로 구체화되어 가정주부들에게 팔릴 수 있었는가를 우선적으로 다룰 것이다. 물론 중요하게는 가전제품의 광고 이미지와 현실을 다룰 것이다. 왜냐하면 당시 대기업의 판매 전략은 주로 마케팅과 광고로 이루어졌으며, 특히나 20세기 들어오면서 미국의 소비자본주의는 광고를 통해서 소비자의 욕망을 찾아내고 충족시켜주었기 때문이다. 따라서 이 책에서는 구체적인 가사기술 제품의 광고를 통해서 광고업자들이 가정주부들에게 전하고자 하는 가사노동의 이미지, 가사기술의 목표와 특징, 나아가 그들에게 소비사회의 꿈과 욕망을 어떻게 전달했는지를 다룰 것이다. 특히나 구체적인 상품 광고의 이미지들과 메시지를 통해서 표현된 가사기술의 능력과 이상적인 여성상을 집중적으로 보여줄 것이다. 이 경우, 가사노동 중에서 세탁, 청소, 음식의 영역을 중심으로 분석할 예정이다.

8장에서는 위에서 언급한 가사기술이 가정에 들어와 주부들을, 남편들과 아이들을 어떻게 바꾸었는가를, 주부로서의 여성이 가사기술을 어떻게 다루었는지도 살펴볼 것이다. 즉, 가정에서의 소비혁명이 주부들을 부엌에서 혹은 나아가 가사노동에서 해방시켰는지를 비판적으로 검토한다. 특히 주부의 가사노동시간이 가전제품들을 통해 실질적으로 줄어들었는지를 확인할 것이다. 나아가 이른바 가사기술의 발달에도 불구하도 주부들의 가사노동시간이 줄지 않거나 심지어 늘었다는 것을 보여준 '코완의 패러독스Cowan Paradox'도 재검토할 것이다.

마지막으로, 구소련의 흐루쇼프 서기장과 미국의 닉슨 부통령이 미국의 가전제품들을 놓고서 자본주의와 공산주의 간의 체제 우위 싸움을 벌인 '부엌 논쟁'을 언급할 것이다. 또한 그 논쟁이 시사하는 바가 무엇인지를 짚음으로써 가전제품으로 인해 미국 가정에서의 소비혁명이 완결되었다고 보는 나의 시각을 보여주고자 한다. 결과적으로 사치품에서 필수품으로 바뀐 여러 가전제품들이 미국 가정에서 어떠한 지위를 차지하는가를 물질문화적인 측면에서도 접근할 것이다. 그리하여 대량소비사회가 미국에서는 공적인 공간뿐 아니라 가정이라는 사적인 공간에서도 진행되고 있었음을 제시하고자 한다.

●

○I

'그림자노동'으로서의 가사노동

●

Housework as a 'shadow work'

• • •

헬메르(남편): 모든 것에 앞서 당신은 아내이자 엄마야.

노라(아내): 난 더 이상 그렇게 생각하지 않아. 나는 모든 것에 앞서 인간이야. 당신이 그렇듯이.[1]

'가사노동'의 등장과 신화

도대체 가사노동이라는 단어는 언제 출현했을까? 구체적으로 13세기 이후부터 18세기까지 영어 사용지역에서 불리던 '가사housewifery'라는 단어가 산업혁명이 진행되던 19세기에 이르러 '가사노동housework'이라는 새로운 용어로 대체되었다. 사실상 산업화 이전의 '가사'란 집 안팎에서 벌어지는 모든 종류의 노동을 의미하며, 일하는 공간과 집의 공간이 분리가 되지 않던 모호한 상황에서 사실상 '집 안팎에서 일어나는 가정의 모든 일household work'을 의미했다. 따라서 산업화가 진행되고 노동 분야에서 영역의 분리가 확고해지면서 '가사노동'이라는 단어가,

『옥스퍼드 영어 사전』에 의하면, 영국의 경우는 1841년에, 미국의 경우는 1871년에 처음으로 등장했다.[2] 산업혁명을 이 지구상에서 가장 먼저 시작한 영국에서 이 단어가 먼저 출현하고, 그런 다음에 한 세대 후 미국에서 출현한 것은 당연한 논리적 귀결로 보인다.

분명한 점은 산업사회 이전인 농업사회에서는 '가사노동'이라는 단어가 의미가 없었을 것이다. 누구나 집 안팎에서 일을 했으니 말이다. 게다가 집안일들은 많은 경우 연결되고 결합되었다고 볼 수 있다. 예컨대, "땔감이 없으면 요리가 불가능했을" 것이고, 아내가 "아기를 돌볼" 때 남편은 "요람을 만들고 건초를 베었을" 것이다.[3] 게다가 우리 언어에서도 '가사'와 '가사노동'이 같은 의미를 담고 있는 것처럼 보이겠지만, 그렇지 않다. 왜냐하면 '가사'에는 남편이나 아이들도 참여했었지만, '가사노동'은 여성이나 아내만 하는 일로 간주되었기 때문이다.

요약하자면, '가사노동'이라는 단어는 영어권에서는 19세기에 만들어진 단어이며, 적어도 13세기에서 18세기까지는 집안에서 하는 일이라는 의미의 '가사'라는 단어를 사용해왔다. 이는 '가사'가 산업혁명 이전의 농민들이나 장인들의 세계와 공존했다면, '가사노동'은 19세기와 20세기 노동자들이나 세일즈맨의 세계와 공존했음을 의미한다. 그러므로 '가사노동'은 바로 산업화로 인하여 남성과 여성 간에 "물리적으로나 이념적으로" 나누어지게 된 '영역 분리주의doctrine of separate sphere'가 발생했다는 것을 보여준다.[4] 이 영역 분리주의는 19세기 후반 미국 사회에 확고하게 자리잡게 되었다.

서구에서는 20세기 들어와서도 상당 기간까지 여성은 어머니이자 가정주부로서의 역할을 충실히 하는 것이 고유의 영역이자 미덕이라고 생각되었다. 비록 전쟁 기간 중에는 군수공장 등에 여성의 노동력이 투입되었지만 그것은 어디까지나 예외적인 상황에 속했다. 문제는 주부로서 여성들이 집안에서 행한 노동이 어디까지나 "자발적인 사랑의 표현"이자 "감정적 만족이라는 더 수준 높은 화폐"로 받는다는 근거 없는 가정을 받아들여야 한다는 것이었다. 이처럼 집안에서 이루어지는 여성들의 일이 노동이 아니라는 궤변 아닌 궤변, 즉 허위의식은 당시 주류사회에서 상식으로 받아들여졌으며, 그러한 상식은 매스미디어, 여성잡지에 실리는 글들, 광고 등을 통해 반복적으로 각인되었다. 그렇지만 가사노동은 출퇴근 없이 언제 끝날지 모르는 고역임에 틀림없었으며, 게다가 고립된 상태에서 거의 혼자서 해야만 하는 일이었다.[5]

가사노동이 노동이 아니라는 이 궤변이 허위 혹은 위선이라는 것은 그 시기, 즉 산업화가 진행 중이던 19세기와 20세기 초에 대다수 중산층 주부들에게 음식 만들기, 청소하기, 빨래하기 등은 가내하인들이나 하는 일이었기에 품위가 떨어진다고 생각했다는 데서도 확인할 수 있다. 특히 이러한 가사노동이 워낙 천대받은 덕분에 이 일에 종사하던 미혼의 하녀들은 훗날 시집가는 데 지장이 있을까봐 자신의 직업을 숨기기에 급급했다는 데서도 거듭 확인할 수 있다.[6]

그럼에도 가사노동의 신화는 많은 국가와 사회에서 오늘날까지도 지속되고 있다. 그렇기 때문에 사회학의 교과서로 불리는 앤서니 기든스의 『현대 사회학』에 따르면, 산업혁명 이후 공장제의 정착으로 작업장이 가정과 분리되면서 생산과 소비 또한 분리되었으며, 전업주부들이 집안에서 하는 가사노동 활동은 철저히 무시되어왔다. 그는 오늘날 무급노동으로 취급되는 주부들의 가사노동을 유급노동으로 환산할 경우, 연 경제 총생산의 3분의 1 정도의 경제적 가치가 있다고 지적한 바 있다. 이는 가사노동이 임금을 받을 수 있는 '사회적 유용 노동'인지에 대한 논쟁과 연관되어 있다.[7]

사람들에게는 집안일이 일이기는 해도 금전과는 연관되지 않는다는 생각이 굳건히 자리잡고 있다. 그리하여 집안일이라는 표현에 익숙해져 가사노동이라는 표현을 어색하게 받아들이고, 가사노동 또한 임금노동과 같은 일종의 노동이라는 것을 받아들이는 데 불편해하고, 주부를 가사노동자라고 부르면 더욱 어색하게 받아들인다.

집안일 혹은 가사노동은 *일거리*임에 분명하지만 *일자리*는 아닌 것으로 인식되어왔다, 적어도 가정주부에게는. 그러나 1980년대 이후 집안일은 일거리일 뿐만 아니라 일자리도 본격적으로 만들어왔다. 가사도우미라는 시간제 임시직을 보라. 아마도 앞으로 이러한 일자리는 우리 사회에서 더욱 크게 늘어날 것이다. 여성이 더 많은 취업 자리를 차지하는 한, 특히 주부들이 노동시장에 더 많이 진출하는 한 말이다.

게다가 가사노동이 의미 있는 일이라거나 가치 있는 일이라고 생각하는 사람은 거의 없다. 그렇다면 할 수밖에 없고 안 하면 집안의 일상적인 일들이 엉망이 되고 마는 그러한 집안일을 왜 여성만 해야 하냐고 묻는다면 남편들은 뭐라고 답해야 할까. 노동은 화폐를 매개로 진행되는 유급의 행위라는 인식이 깊게 박혀 있어서 가사노동은 노동이 아니라고 생각하겠지만, 가사노동 또한 분명히 우리의 몸과 마음을 투입해야 하는 일종의 노동이다. 다만, 돈을 지불하지 않는 동시에 금전적 보상이 없는 노동이기 때문에 투명인간처럼 보이지 않는, 그래서 '그림자노동'으로 불리기도 한다. 내 입장에서는, 가사노동을 '그림자노동'이라는 용어로 표현하기보다는 차라리 '유령노동ghost work'이라고 표현하는 것이 더 낫지 않을까 하는 생각도 든다. 마치 미국에서 아메리카 원주민이 인디언으로 불리면서 사회적으로 경멸받을 뿐 아니라, 나아가 미국 사회에서 존재하지 않는 유령처럼 취급받듯이, 우리 사회에서 가사노동은 임노동이 아니기 때문에 진정한 노동으로 취급받지 못하고 여전히 우리 사회의 무시를 받고 있다는 점에서 차라리 유령 같은 존재의 노동으로 분류함이 더 적절한 게 아닌가 하는 생각이 들어서다.

결국, 서론에서도 언급했던 것처럼, 가사노동은 일종의 그림자노동이다. 그러면서도 자발적인 그러나 철저하게 고립된 노동이다. 동료들과 같이 일할 기회가 없는 것은 물론이거니와 우정을 나눌 수도 없는 고독한 상태, 나아가 구조적으로 혼자서만 해야 하는 상태의 노동이다. 왜냐하면 현실적으로 특히 산업혁명 이후 거의 모든 형태의 가족은 핵가족이기 때문이다. 그럼에도 사회가 그만한 대가를 경제적으로 계산해주지도 않는, 그 결과 지하경제인 양 보이지 않는 무형의 경제양식으로만 존재한다. 따라서 가사노동은 그저 일방적 희생 아래 가족에게 사랑이라는 이름으로 보상조차 바라지 않고 매일매일 쉬지 않고 일해야만 하는, 해도 해도 끝이 안 나는 몹쓸 형태의 노동이다. 나아가 몇 년을, 몇십 년을 일해도 결코 전문가 대접을 해주지 않는, 전문가가 될 수 없는 노동이기도 하다. 여기에 여성만이, 특히 주부만이 참여해야 한다는 것은 어찌 보면 가부장제와 자본주의가 낳은 비극이다.

1. 가정에서 무슨 일이 일어나고 있었는가

산업화 이전, 농업사회의 풍경들

산업화 시기 이전, 즉 농업사회에서는 수공업 장인이건 상인이건 혹은 농민이건 자신의 일터뿐 아니라 집안에서도 어떤 형태로든 일을 해야만 했다. 산업화 이전의 가정은 생산의 공간이자 소비의 공간이었다. 즉, 그들은 소비해야 할 것들—그것이 옷이 되었건 먹거리가 되었건—을 생산해야만 했다. 요리에 필요한 부재료나 소스는 직접 만들어야만 했다. 그런 것을 파는 시장은 없었으므로. 게다가 요리를 하려면 필요한 물을 구하러 부근의 샘터나 우물로 가야만 했으며, 화덕에 불을 지피려면 숲에 가서 땔감을 직접 해와야만 했다. 이런 일들을 주부 혼자서 해결할 수는 없었다. 가족 구성원 모두가 각자의 몫을 해야만 했다. 성인 남성으로서 남편이 해야 할 일이 있었고, 아이들도 각자 해야 할 몫의 일이 있었다. 그런데 산업화가 진행되면서 이러한 일들이 주부 한 사람에게 집중되었다.

산업혁명이 일어나기 전, 농업사회는 어디서나 비슷한 풍경을 보여주고 있었다. 우리에게 널리 알려진 독일의 대문호 괴테(1749~1832)조차도 예외는 아니었다. 18세기 대도시였던 프랑크푸르트에서 귀족이었던 괴테의 저택에서도 마찬가지로 집안 살림에 필요한 것들 대부분을 상인 혹은 농민에게서 구입한 것이 아니라 직접 생산했으며, 아주 가끔씩만 필요한 물건을 구매했다.[8] 그러니 그 시절 일반 평민들의 경우는 더더욱 일상생활에서 필요한 의식주의 도구들을 각자 생산했을 것이다. 이러한 상황은 유럽 대륙뿐만 아니라 미국에서도 식민지 시기뿐 아니라 독립 후 19세기 전반 산업혁명이 진행되기 이전까지 재현되고 있었다.

예를 들어, 17세기와 18세기 영국의 식민지였던 시절, 미국의 뉴잉글랜드 지역에서는 어떤 형태의 삶이 유지되었는지 보자.

남자는 경작지에서 일어나는 대부분의 일에 책임을 졌으며, 여자는 나이 차이가 크게 나지 않게 태어난 아이들을 돌보며 집안과 집 주변에서 할 수 있는 일을 했다. 남자아이들은 곡식들의 씨를 뿌리고, 경작하고 추수하는 것을 배웠으며, 여자아이들은 농업의 원재료를 쓸모 있는 물품으로 만드는 기술을 배웠다. 여성들은 실을 잣고, 천을 짰으며, 그것으로 옷을 만들었다. 그녀들은 술을 빚고, 치즈를 만들고, 잼을 만들었다. 약을 조제하고 아픈 사람을 돌보았다. 또한 요리를 하고, 집안을 치우고, 아기와 어린아이를 돌보았다.[9]

당시 이 지역의 대다수 사람들은 농촌에서 살았으며, 가족 농장 형태로 생존해왔다. 그것은 산업사회 이전 농업사회 어디서나 반복적으로 유사하게 볼 수 있는 그런 풍경이었다. 농촌에서 가족이 하던 역할은 어느 정도는 대강 나눠져 있었지만, 그렇다고 엄격하게 구분되어 있지는 않았다.

위에 소개된 뉴잉글랜드 지역도 마찬가지였다. 왜냐하면 겨울 같은 휴한기의 경우, 남편도 집안에서 가구 만드는 일이 되었건 혹은 무두질이 되었건 집안에서 아내가 다루기 힘든 일을 해야 했다. 아내 또한 추수할 때는 당연히 일손을 거들며 집 부근의 채소밭 정도는 챙겨야 했고 가축 또한 돌봐야만 했다.

이처럼 당시 농촌에서는 남편과 아내가 동시에 일을 하지 않으면 살아가기 힘들었다. 게다가 그 시기 퓨리턴 목사들이 남긴 책자들을 보면, 그저 '가장'이니 '부모'니 '남편과 아내'니 '어머니와 아버지' 식으로 언급되었지, 자고로 어머니는 이래야 한다거나 아버지는 이래야만 한다는 도덕적 의미를 담은 '모성 motherhood'이나 '부성fatherhood'에 대한 언급은 거의 없었다.[10] 따라서 17, 18세기 산업화 이전 시기 미국 사회에서는 성인 남자와 여자의 성적인 역할과 영역이 산업화 이후처럼 명확하게 구분되어 있지 않았음을 알 수 있다. 결코 평등한 사회라고는 할 수 없었지만—결혼한 여자는 남편의 소유물로 여겨지던 시기이므로—남자의 노동과 여자의 노동은 모두 소중했고, '돈을 벌어 먹여 살리는 가장'과 '가정주부'의 명확한 구분은 없었다.

산업화 이후, 나뉘어진 세계

그러나 19세기 전반 산업혁명이 진행되면서 농업 위주의 사회였던 미국 또한 근본적인 변화를 겪게 되었다. 본격적으로 일터와 가정이 분리되기 시작했다. 남자는 공장이나 사무실로 출근하여 바깥일을 하게 되었으며, 여자는 가정에서 홀로 집안일을 해야만 했다. 바야흐로 "세계는 두 개의 영역으로 나뉘었다. 가정은 '집안'이 되었고 여성의 영역이었으며, 돈을 버는 직장은 '바깥'인 동시에 남자들의 영역이 되었다. '집안일을 하는 여자와 돈을 벌어오는 남자'의 이분법적 세계가 탄생한 것이 바로 이 시기"

다.[11] 산업혁명 이전의 세계는, 피터 래즐렛Peter Laslett의 표현처럼, 이제는 다시 돌아올 수 없는 "우리가 잃어버린 세계"가 되어 버렸다.[12]

산업혁명으로 인한 급진적 변화는 공장과 가정 모두에서 일어났다. 1813년 뉴잉글랜드에 옷감을 만드는 전 공정을 취급하는 첫 번째 공장이 들어섰다. 그 결과, 예를 들어, 면화의 경우 1815년에서 1830년 사이에 야드당 42센트에서 7.5센트로 가격이 떨어졌다. 무려 5.6배나 가격이 인하된 것이다. 따라서 집에서 옷을 생산하는 것보다 상점에서 구입하는 것이 훨씬 더 경제적인 상황이 만들어졌다. 집에서 옷을 만드는 일이 줄어들거나 사라지자 여성은 집안 청소나 요리에, 나아가 남편과 아이들의 요구에 응하는 데 더 많은 시간을 쏟게 되었다. 물론 더 많은 남편들이 공장이나 상점에 나가 일하는 경우가 많아졌다.[13]

집안일의 경우, 예컨대, 건국 초 재무부장관이던 알렉산더 해밀턴Alexander Hamilton이 미국 경제의 중심이 되어야 한다던 집안에서의 직물 제조는 직물공장과 도저히 경쟁이 되지 않아 이미 1825년과 1855년 사이에 사라져갔다. 산업화가 진행되면서, 옷뿐 아니라 주부의 몫이었던 비누나 양초 제조, 나아가 바늘이나 단추 따위의 것들도 집안에서 만들던 상황이 시장에서 구입하는 상황으로 바뀌어갔다. 적어도 중간계급 이상의 가정에서는 그러했다. 점점 더 집안에서 생산하는 인공물들이 없어지면서, 이러다가는 집안에서는 아무것도 생산적인 일을 만들어내지 못할 수 있다는 생각과 의견이 자리잡게 되었다. 즉 미국 가정이 생산의 영역에서 소비의 영역으로 넘어가고 있다는 생각이 주류를 차지하게 되었다. 따라서 가정에서 생산하던 많은 것들이 공장에서 생산됨으로써 주부의 할 일이 없어졌다는 생각이 힘을 갖게 되었다. 그러니까 가정은 이제 생산과 소비의 공간이 아니라 오로지 소비의 공간일 뿐이며, 가족 또한 '생산과 소비의 단위'가 아닌 단지 '소비의 단위'로 전락했다.[14]

그러나 이러한 생각은 역사적 사실이라기보다는 신화에 가까웠다. 예컨대, 제분공장의 밀가루를 구입하면서부터 19세기의 미국 여성들은 그녀들의 할머니 세대보다 더 많은 시간을 들여 식사 준비를 해야 했지만, 남성들은 그들의 할아버지 세대보다 더 적은 시간으로도 집안에서 자신들의 몫을 감당할 수 있었다. '산업화된 밀가루'가 집안일의 시간배분을 근본적으로 변화시킨 것이다. 1780년대 전반 올리버 에번스Oliver Evans가 밀가루를 자동으로 제분할 수 있는 기계를 발명함으로써, 19세기에 들어 특히나 1820년대 이후 남성들은 구태여 동네 방앗간에 가서 제분을 하거나 집에서 번거롭게 밀을 가공할 필요가 없어졌다. 즉 최상의 품질을 지닌 상품화된 밀가루를 상점에서 돈을 주고 구입할 수 있게 된 것이다.

문제는 산업화가 집안에서 남성과 아이들의 일을 없애주는 방향으로 나아가면서도 여성의 일은 전혀 줄여주지 못하는 방식으로 전개되었다는 점이다. 즉, 우리가 이해하고 있듯이 남녀 간의 영역 분리가 가능하도록 물질적 토대가 구축되었던 것이다. 이는 밀가루뿐만이 아니었다. 육류 고기를 먹기 위한 도축 작업은 남자들이 해야 하는 주요한 집안일 중 하나였다. 그러나 1870년대와 1880년대 동안 철도를 통해 냉장 수송이 가능해지고 육류 포장산업이 발달하자 남편들이 구태여 집에서 도축할 필요가 없어졌다. 그러나 19세기 후반 재봉틀이 널리 보급되면서 웬만큼

사는 집에서도 침모를 부를 필요는 없어졌지만, 적어도 이 시기 여성들이 남긴 편지나 일기를 통해서 이해하자면, 주부가 바느질하는 시간은 줄어들지 않았다.

또한 철제 난로의 경우는 어떠한가. 예컨대, 19세기 철제 난로의 발명은 남자들이 요리와 난방용 땔감을 자르고 모으는 데 예전처럼 많은 시간을 쓰지 않아도 된다는 의미였다. 석탄이 표준 연료가 되어 나무를 대체하자 남자들은 밖에 나가서 석탄을 구매할 충분한 돈을 벌어와야 하는 상황이 되었다. 제조업의 발달로 신발, 도구, 가구 제작처럼 전통적으로 남자들 몫이었던 일들이 서서히 잠식되었지만 우는 아이를 돌보는 기계는 발명되지 않았다.

결국 시장에서 화폐로 구입 가능한 상품들—상업용 밀가루니 제조된 구두 같은—로 인해 남편이나 아들은 집안일로부터 해방되었지만, 아내나 딸의 가사노동이 줄어든 것은 아니었다. 물론 아이들 몫이야 크다고 보기는 어렵겠지만 말이다. 집안에 설치된 수도시설 또한 그러했다. 집에서 꽤나 떨어져 있을 우물에서 사내아이가 양동이를 들고 가 지하수를 퍼 와야 할 필요가 없어진 것이다. 즉, 산업화가 진행되면서 집안일에서의 남성의 몫과 시간은 줄어들거나 없어진 반면, 여성의 몫과 시간은 오히려 늘어났다. 그리하여 가사노동은 아내와 남편이 같이 나누어 갖는 일이 아니라 아예 여성 몫이 되었던 것이다.[15]

19세기 산업혁명이 진행되면서 미국의 가족은 더 이상 옷감을 생산하지 않고 시장에서 구입했으며, 이전에는 고기를 먹고자 하면 가축을 집에서 잡았지만 이제는 육류제품을 구입하게 되었다. 또한 장작은 더 이상 연료로 선호되지 않았으며 대신 석탄을 사게 되었다. 바야흐로 에너지원이 화석연료로 바뀌게 된 것이다. 집안일의 이러한 전환은 모두 시장에서 이루어졌으며, 시장에서의 거래는 현금을 필요로 했다. 결과적으로 산업화는 시장 경제를 더욱 공고히 했으며, 따라서 가장이 노동을 통해 임금을 벌어오는 것이 더욱 중요해졌다.[16]

물론 남녀의, 혹은 남편과 아내의 영역 구분은 신분 사다리 밑으로 내려갈수록 약해졌다. 둘이 벌어야 간신히 대차대조표를 맞출 수 있었던 계층의 경우, 여성조차도 벌이를 위해서는 집 바깥일일지라도 닥치는 대로 일을 해야만 했다. 지역적으로는 서부가 특히 남성과 여성의 구분이랄지 경계가 모호했다. 개척지로 가면 갈수록 여성들도 억척스럽게 일을 했던 것이다. 그럼에도 남녀의 역할과 영역을 구분하는 이데올로기는 여전히 지속되었다.[17]

지역별·계층별 차이는 있어도, 여전히 음식 만들기는 여성들의 고유한 몫으로 자리잡고 있었다. 서부에 살던 주부들은 연료용으로 소똥을 모으면서도 여전히 "매일 발바닥에 불이 나도록 종종대며 아침 식사를 준비하고", 점심을 제대로 먹을 시간도 충분히 없었으며, 저녁이면 "다음날 밤까지 버티기에 충분할 만큼"의 요리를 준비해야만 했다.[18]

그 자신 한때 가정주부였던 애비 디아즈Abby Morton Diaz(1821~1904)는 1875년의 어느 날을 아래와 같이 자세히 기록했다. 하루는 마치 끝없는 일의 연속처럼 보였다.

테이블 차리기. 테이블 치우기. 램프와 가스등 정리하기. 화덕, 나이프, 포크와 스푼, 양철 보관통, 문손잡이 등을 광내기. 접시 닦고 말리기, 식사 뒤 남은 음식 관리하기. 금요일의 대청소, 부분적으로 나누어 하는 매일매일의 빗자루질, 더러운 쓰레받기 닦기 등을 포함한 빗자루질의 모든 것. 페인트칠한 표면 청소. 거울·유리창 닦기와 창문 커튼 세탁하기. 과일 저장하기. 소스와 젤리, 케첩과 피클 만들기. 빵, 케이크, 파이, 푸딩 만들기와 굽기. 고기와 야채 조리하기. 침대와 침구 올바로 정리하기와 침실 가꾸기. 가구를 고르고 배치하고 청소하기. 정해진 시간 안에 세 끼 식사를 준비하고 세팅하여 코스별로 내기. 풀 먹이는 작업이 필요한 옷과 침구를 관리하고 세탁하고 다림질하기. 밤낮으로 아기 돌보기. 아이들을 씻기고 옷 입히기. 아이들의 행동 지도하기. 아이들의 옷 만들기. 그리고 아이들의 차림새가 시간·장소·기후와 온도에 적절한지, 얼룩이나 헤진 곳은 없는지 살피기. 안주인이 개인적으로 원해서 하게 되는 일들. 꽃꽂이, 친구 초대와 접대. 주변의 아픈 환자 돌보기. 아이들이 자라감에 따라 옷의 단을 넣고, 내는 일. 헤진 곳에 덧대어 짜깁기하기, 뜨개질하기, 레이스 뜨기. 여자아이 머리 땋기. 퀼트 바느질.[19]

이 시기 미국은 산업혁명이 본격적으로 진행되면서 모든 일들이 과도기에 있었다. 한편으로는 상업화된 물품들을 시장에서 화폐를 통해 구입할 수 있었지만, 또한 동시에 여전히 집안에서 주부의 손을 거쳐 생산해야 하는 품목들이 있었다. 또한 청소와 세탁 및 다림질, 그리고 무엇보다도 아이들 돌보기로 엄청난 시간을 들여야만 했다. 이렇듯 일일이 열거하기 힘들 정도로 많은 일들이 주부를 기다리고 있었다. 산업화로 인해 남녀의 영역 구분이 확실해지자 여성의 가사노동시간은 오히려 증가했던 것이다. 그리고 이러한 가사노동시간의 증대는 '가정성'이라는 이념으로 정당화되었다.

2. 숭배된 '진정한 여성성'이란?

미국이 영국으로부터 독립한 초기인 1810년대까지만 해도 이른바 '공화주의적 모성republic motherhood'이 살아 있었다. 예컨대 미국혁명에도 참여했으며 여성의 권리를 천명한 초기 페미니스트인 한나 매더 크로커Hannah Mather Crocker(1752~1829)는 1818년 『여성의 진정한 권리에 관한 관찰Observations on the Real Rights of Women』에서 "젊은이들의 가슴 속에 덕성의 최초의 씨앗, 즉 신과 조국에 대한 사랑을 심어준 후, 그들을 정치가로서, 군인으로서, 철학가로서, 기독교인으로서 이름을 떨칠 수 있도록 단련시켜주는 여타 모든 덕성들을 심어주는 것은 ……여성의 적절한 의무이며 특유한 특권이다"라고 주장할 수 있었다.[20] 그러나 1820년대 이후 19세기 전반기를 통해 미국에서 산업화가 진행되면서 이러한 이념은 변화를 맞이했다.

이즈음에 미국에서는 여성과 남성에 대한 새로운 인식이 등장했다. 즉, 가정이라는 공간이 사적인 공간으로 생각되기 시작했으며, 이 공간에서는 주부가 주도적인 역할을 하게 되었다. 당연히 집이 아닌 바깥 공간은 공적인 공간으로서 남성의 몫이 되었다. 이러한 공간의 '분리된 영역separate spheres' 및 성적인 역할 분리는 백인 여성 작가들의 작품에 많이 등장했다. 이러한 이념은 개신교 교단의 목사들과 엘리트층을 중심으로 설교나 팸플릿, 책 등을 통해서도 전파되었는데, 중간계급 이상의 백인 여성들을 중심으로 공명되고 증폭되었다. 여기에 발맞추어 '가정성 숭배cult of domesticity'가 미국 사회의 주류로 자리잡았다. 이처럼 1830년대에서 1850년대 사이 이들 중간계급 여성 작가들이 쓴 여러 작품의 중심에는 '가정성'이 자리잡고 있었다. 그리고 이들의 생각과 주장은 훗날 19세기 혹은 빅토리아 미국의 중간계급적 가치관과 문화를 만드는 데 커다란 밑거름이 되었다.[21]

여성의 역할이 사회에서 주목을 받고 공적인 토론 주제가 된 것은 19세기에 와서야 본격화되었다. 뉴잉글랜드 지방의 경우 더더욱 그러했는데, 왜냐하면 미국 어느 지역보다도 먼저 산업혁명이 진행되면서 자본주의 또한 발달했기 때문이다. 즉, 이 시기 여성성이 무엇인지에 대한 개념 및 정의는 무엇보다도 산업경제의 출현과 관련이 있으며, 또한 자본주의의 발전과도 밀접한 관계를 맺고 있음을 알 수 있다.

1820~60년 사이의 19세기 문헌을 살펴보면 당시 미국인들이 지닌 이상적인 여성상을 이해할 수 있다. 당시 절대적 이데올로기로 군림했던 그들의 '진정한 여성성'은 경건함, 순결, 순종, 가정성이라는 4개의 미덕으로 구성되어 있었다. 이들의 '진정한 여성성'은 나아가 숭배의 형태로 자리잡게 되었으며, 누군가 이러한 이념에 도전할 경우, "신, 문명 그리고 공화국의 적"으로 규정되면서 바로 비난의 대상이 되는 상황을 피할 수 없었다. 당시 미국은 사회·경제적으로 격변하는 사회였기 때문에 최소한 무엇인가라도 변화하지 않는 것이 존재하기를 희망했으며, 그것이 바로 '진정한 여성성'이라고 보았다. 따라서 이러한 미덕을 지니지 않은 여성들은 그녀가 재력이 많건 권력이 있건 혹은 명성을 지니건 모두 헛된 것에 지나지 않으며, 이 미덕을 지닌 여성들만

이 진정으로 '행복과 권력'을 보장받을 수 있었다. 이러한 여성상은 남북전쟁 이후에는 하나의 시대적 이데올로기로서 미국 사회에 확고한 자리를 차지하게 되었다.[22]

가정이 여성의 공간이고 일터는 남성의 공간이라는 영역 구분과 여성은 '가정성'을 잘 키워나가야 한다는 주장은 미국에만 국한된 것이 아니었다. 대서양 반대편 유럽에서도 마찬가지였다. 비록 존 스튜어트 밀이나 헨리크 입센 같은 일부 지식인들이 여성의 권리 신장에 앞장서고 있었지만, 저 유명한 철학자 프리드리히 니체나 소설가 톨스토이는 여성을 남성과 차별함으로써 이러한 새로운 변화를 거부하고 있었다. 무엇보다도 유럽 전체에 막강한 영향력을 행사하는 가톨릭의 최고 수장인 교황이 그러한 가치관을 굳게 믿고 있었다. 교황 레오 13세는 1891년의 교서 「새로운 과제Rerum Novarum」를 통해 여성이야말로 가정을 지키고, 아이들을 키우고, 집안일을 행하기에 적합한 능력을 지니고 있다고 선언했다.[23]

그리고 사실상 이러한 가치관은 미국이나 유럽뿐 아니라 아시아 문명권을 비롯한 전 세계 여타 지역의 국가들 또한 그러했다. 가부장적 질서가 이미 몇천 년 이상 지속되어오고 있었다. 가부장제는 산업혁명 이후 약화된 것이 아니라 오히려 강화되었던 것이다.

지옥 같은 세상, 천국 같은 가정

이 '진정한 여성성'이 특히나 '가정성'과 결합하면서 남성과 여성의 고유한 영역은 서로 다를 수밖에 없다는 것이 점점 강조되었다. 예컨대, 1910년 미국의 어느 70대 노인은 회상록에서 "자연은 여자를 신체적·정신적으로 남자보다 약하지만 더 세련되고 아름답게 만들었다. 남자는 여자에 비해 거칠고 강하고 공격적이다"라고 기록했다.[24] 이 말은 '빅토리아 시대'[25]의 이상적인 남성과 여성을 간명하지만 전형적으로 제시하면서, 이 시기 남녀 사이에 놓인 엄청나게 큰 차이를 뚜렷하게 보여준다. 그리고 이 시기 영국 사회도 남녀관계 및 가정에 관해서는 미국 사회와 거의 비슷한 가치관을 공유했다.

진정한 여성성을 따르자면 남성과 여성의 고유한 영역은 당연히 분리될 수밖에 없었다. 남성과 여성의 '분리된 영역'이라는 이념은 나아가 다음과 같이 도식적인 남녀의 역할 분담을 이상화했다.

만약 남성이 경쟁적이라면 여성은 협동을 예시해주는 존재였다. 만약 남성이 이성적으로 추론한다면, 여성은 감정적이며 비이성적이다. 만약 남성이 매우 세속적이며 비도덕적인 정치·경제 질서를 건설한다면, 여성은 경건성과 도덕성을 유지한다. 만약 남성이 지배를 추구한다면, 여성은 복종을 할 것이다. 만약 남성이 공적 영역을 장악한다면, 여성은 자신들만의 영역, 가정적 영역, 즉 집을 지배한다. 감상적인 소설과 새로운 여성잡지에서 묘사된 바와 같이 경건하고 순수하며 가정적이고 순종적인, 즉 '진정한 여성'은 공적 활동을 온당치 못하고 심지어는 감히 생각할 수도 없는 것이라고 공공연하게 선언하였다.[26]

이 시대 사람들은 종종 가정을 천국과 같은 곳으로 그리곤 했다. 19세기 중반에 들어서면 세상을 지옥으로, 가정을 천국에 비

세탁기의 배신

유하려는 메시지가 공공연하게 퍼져나갔다. "지옥 같은 세상 속에서 밝고 평온하며 즐겁고 편안한 천국 같은 안식처로 집을 만들기 위해 노력하라." 노력의 주체는 당연히 아내이자 주부면서 어머니인 여성이었다. 이 메시지의 의도는 '지옥 같은 세상'에서 남편이 고군분투하고 집으로 돌아오면 아내는 집을 '천국 같은 안식처'로 만들어놓아야 한다는 점을 강조하기 위한 수사법이었을 것이다. 또한 여성을 임금노동으로부터 배제하려는 의도가 담긴 주장이었다.[27]

가정은 어떤 역할을 요구받았는가

남성에 대한 여성의, 남편에 대한 아내의 굴종이, 나아가 가정성이라는 이념 형성이 남성의 힘을 과시함으로써만 가능하지는 않았다. 이는 여성성의 이념에 의해 강화되었으며, 당대 엘리트층의 연설이나 저작 등의 담론을 통해 전파되었다. 당대의 여성성은 여성이야말로 어린 자식들에 대한 최고의, 최적의 보호자이자 돌봄을 선천적으로 잘할 수 있는 능력을 타고났으며, 나아가 가정성은 외부 세계의 악이나 타락으로부터 여성을 보호해주는 '방패'라고 주장했다.[28]

당시 유니테리언 교회의 목사였던 조지 버냅George W. Burnap(1802~59)은 1841년의 저술을 통하여 "남자와 여자는 서로 다른 영역에서 활동해야 한다. 여성은 집안을 돌보고 식사를 준비하며 옷을 짓고 아이들을 기르고 교육하는 일에 힘써야 한다"고 주장하면서 여성의 영역을 가정으로 국한했다.[29] 버냅이 볼 때 여성에게 결혼이란, "여성이 원래부터 귀속되어 있던 영역, 그리고 여성이 아내, 한 집의 안주인, 그 집의 위안이며 도움이자 상담자로서 장식하고 축복하기에 정확히 들어맞는 영역, 그리하여 세계가 그녀에게 대단히 중요하게 되는 영역"이었던 것이다.[30] 이제 여성은 공적인 영역에서 퇴출되어야만 했다. 나아가 여성에게 결혼이란 자신의 일생을 좌지우지하는 결정으로서, 결혼 이후에는 아이들을 낳고 기르는 일을 도맡아야만 했으며, 더더욱 남편에게 의지할 수밖에 없는 존재가 되었다.

같은 시기 또 다른 목사이자 애머스트 대학의 총장이던 헤만 험프리Heman Humphrey(1779~1861)는 가정을 어떻게 지킬 것인가에 관한 책자에서 "모든 가족은 하나의 작은 국가이며, 그 자체 안에서 하나의 제국이며, 가장 사랑스러운 감정에 의해 결합된, 그리고 가장patriarchal head에 의해 지배된"고 언급하면서, 이 지상에는 어떠한 권력도 이러한 가부장적 지배에 간섭할 수 없다고 주장했다.[31]

위와 같은 주장을 어느 지역보다도 남부의 여성들이 더 잘 받아들였다. 노예제의 존속을 통한 가부장적 질서를 유지하는 사회였기 때문에 더더욱 그러했을 것이다. 예컨대, 조지아주 오거스타Augusta 출신이자 여성참정권운동에 활발하게 참여한 거트루드 토머스Gertrude Thomas가 있다. 그녀는 평생 일기를 쓴 것으로 유명한데, 1855년에 기록한 일기의 내용을 들여다보면 그 시대 남부의 여성관을 짐작할 수 있다. "그것은 나의 여성적 본성에 잘 맞는다. 나는 남편을 우러러보는 것이 기쁘고 나보다 강한 남편에게 보호받으며 나의 여성적 연약함을 느끼는 것을 좋아한다."[32]

이러한 변화와 더불어 여성들에게 어머니이자 아내로서의 의무를 강조하는 책들이 늘어나기 시작했다. 특히 미국적 가치를 앞장서서 만들어내던 뉴잉글랜드 지방이 그러했다. 18세기까지만 해도 모성의 발휘는 여성들이 해야 할 여러 역할 중 하나였지만, 이때부터는 양육이 여성의 의무 중에서 으뜸이 되었다. 그리하여 이 시기 많은 책들이 가정성의 핵심을 남편과 아이들에 대한 종속에 두고 있었다. 그리고 이렇듯 여성성을 강조하는 변화는 산업화가 진행되고 동시에 가정에서 여성의 생산적 기능이 약화되는 상황과 일치하고 있었다.

바야흐로 가사노동은 가족에 대한 주부의 애정표현으로 묘사되기 시작했다. 공적 영역과 사적 영역의 분리는 결국 가정이 직장의 소외되고 스트레스로 가득 찬 기계적인 질서로부터 피난처 역할을 해주기를, 그리고 오락과 정서적 지지와 성적 만족을 제공하는 장소이기를 요구받는다는 것을 뜻했다. 이 모든 요구를 충족시켜야 하는 부담은 주부의 몫이었다.

그렇지만 여성의 자리는 가정이고 남성의 자리는 일터라는 영역 구분을 고정시킨 성적 분업체계는 노동계급의 경우 잘 작동할 수 없었다. 일단, 남편의 소득만 가지고는 생활이 쉽지 않았다. 따라서 여성과 아동이 성인 남성 임금의 절반이나 3분의 1 수준으로 받으면서도 일을 하고자 했기 때문에 고용주 입장에서는 공장에 더 많은 기계화와 자동화를 통해 여성과 아동의 노동이 가능하게끔 산업적 조건을 바꾸고자 했다.

가정성을 옹호한 여성들

이 시기에는 주부를 주인공으로 하는 소설들이 많이 등장했으며, 집안 살림살이를 진지하게 다루는 책들 또한 출간되었다. 흥미로운 점은 많은 경우 작가들이 여성들이었으며 나름 사회개혁가이자 교육자이기도 했다. 여권주의자이자 노예제 폐지론자인 리디아 차일드Lydia Maria Child(1802~80)는 1832년에 『검소한 미국 주부The American Frugal Housewife』를 썼으며, 잡지 편집자이자 작가였던 세라 헤일Sarah Josepha Hale(1788~1879)은 1841년에 『훌륭한 주부The Good Housekeeper: Or The Way to Live Well and To Be Well While We Live』를 저술했다. 이 책은 요리를 중심으로 여하히 가족의 건강과 안녕을 챙길 수 있는지에 관한 내용을 담고 있었다.

교육자이자 작가인 캐서린 비처Catharine Beecher(1800~78)의 『가정경제론A Treatise on Domestic Economy』 또한 1841년에 출간되었다. 이 책은 15판이나 발행되면서 후대에 많은 영향력을 행사했다. 이 책에서 비처는 그야말로 훗날 가정학의 고전으로 취급될 정도로 가정의 살림살이를 경제적 관점에서 여하히 합리적으로 혹은 효율적으로 할 것인지에 관한 선구적인 내용을 싣고 있었다. 또한 책의 부제를 '가정과 학교에 있는 젊은 숙녀들을 위한 사용서'라고 명시했듯이, 집 혹은 학교에 있는 젊은 여성을 위한 책이라는 점을 분명히 했다.

이 여성 작가들의 공통점은 당시 여성들에게 교육의 기회가 열려 있지만 현실적으로 직업을 선택하는 데 많은 제약이 있다는 점에서 미국의 중산층 여성들에게 가정에 충실하고 가사노동을 '지상에서 가장 숭고한 임무'처럼 여기도록 격려했다는 것이다.[33]

특히 『가정경제론』은 여성에게 살림살이를 합리적으로, 나아가 과학적으로 접근해야 한다는 점을 강조하여 훗날 '가정과학 운동'의 효시로 간주되었다. 주부들에게 가사노동과 가정관리를 주먹구구식이 아닌 체계적으로 학교라는 공간에서 가르쳐야 한다는 주장들이, 나아가 가정관리를 학문적으로 접근하는 것이 가능하다는 주장들이 19세기 후반 미국에서 설득력을 갖게 되었다. 그리고 이러한 운동에 중간계급 출신의 개혁을 지향하는 여성들이 대거 참여했다.

02

'가정(경제)학'의 탄생

The birth of domestic science/home economics

• • •

19세기로 접어들면서 더 많은 일자리가 미국 여성들에게 제공되었다. 이미 1830년대가 되면 몇몇 형태의 일자리에서 여성들이 일하고 있었다. 예컨대, 책 제본이나 바느질 가르치기, 면 공장에서 일하기, 그리고 가내하인 등을 들 수 있다. 그럼에도 교육을 제대로 받은 여성은 소수에 지나지 않았다.[1]

1870년대 이후가 되면 여성은 점점 더 많은 일자리를 차지하게 되었지만, 동시에 집안일과 관련된 직업에 종사하는 여성의 비율은 점차 줄어들었다. 1920년 인구조사에 따르면, 하인의 숫자가 분명하게 줄어들었음을 보여준다. 반면 판매직 여성이나 타이피스트, 서기, 속기사, 교사 등 서비스 직종과 사무직 여성들의 숫자는 가장 큰 비율로 증가하고 있었다. 이러한 산업화에 따른 변화는 가정의 중요성이 상실될지 모른다는 우려를 낳았으며, 가정경제학 교육이 시급하게 만들어질 필요가 있다는 요구가 제기되었다.[2]

그 배경을 살펴보자면, 미국에서 일어난 산업혁명은 모순적 결과를 낳았는데, 우선적으로는 가정과 일터를 분명하게 구분하면서 여성의 고유한 자리를 집안으로만 고정시키고자 했지만, 동시에 노동시장에서는 성인 남성보다 저렴한 임금을 주고도 일을 시킬 수 있는 일자리가 많이 만들어지기 시작했다. 덕분에 미혼여성과 주부들이 가정 밖에서 일자리를 찾자, 가족의 해체 혹은 위기의식을 느낀 보수적 엘리트들과 그들의 생각과 궤를 같이하는 여성 개혁자 및 교육자들은 여성 고용률을 낮추기 위한, 즉 여성들을 집안에 머물게 하기 위한 대책이 필요하다고 생각했다. 즉, 집안일이라는 것이 단순히 반복되는 허드렛일이 아니라 나름 과학적 접근이 필요한 일이라는 점을 강조하고자 했다. 따라서 그들은 가정과 가정관리에 대한 교육이 이러한 상황을 타개하는 데 도움이 된다고 생각했다. 교육용 프로그램을 만들고 제공하여 '가정과학domestic science' 혹은 '가정경제학home economics'을 확산시키는 것이 자신들의 주요 임무 중 하나라고 본 것이다. 그 결과 많은 4년제 주립대학에 다양한 프로그램들이 만들어졌다.[3]

19세기 미국 지배계급의 백인 남성적 시각에서 볼 때, 진정한 여성 숭배의 전제 조건은 가정성·도덕성·여성성의 삼위일체로 이루어져 있었다.[4] 그런데 남북전쟁 이후 19세기 후반 산업화와 도시화가 가속화되면서 공적인 영역과 사적인 영역의 분리가 흔들리고, 가정의 중요성과 주부의 고유한 역할이 위협을 받고 있다고 생각한 일군의 중간계급 사람들의 주도로 가정과학은 운동 차원에서 전개되었으며, 얼마 지나지 않아 새로운 학문으로 자리잡게 되었다. 그렇다면 19세기 말 20세기 초 가정과학운동이란 구체적으로 무엇이었을까.

1. 엘런 리처즈, 가정을 과학으로 포장하다

가정을 경영하라 - 가정학의 기원

19세기의 마지막 4반세기 동안 미국의 중간계급 여성들은 이전 세대보다 더 많은 여성의 권리를 원했으며, 그러한 목표를 달성하고자 투쟁했다. 그렇지만 대체적으로 그녀들은 남녀 간의 결혼을 바람직하게 생각했으며, 이혼은 가능한 한 피하고자 했다. 그러나 공적인 공간이 아닌 사적인 공간에서는 "아이들에 대한 통제권, 경제권, 또 가족과 관련된 문제들의 결정권을 손아귀에 넣으려 했다". 즉, 이들은 이제 더 이상 남편의 권위를 무조건적으로 혹은 절대적으로 인정하지는 않았던 것이다. 바야흐로 고등교육을 받고 교직이나 간호직 혹은 사회사업 등에서 자신의 목소리를 내고자 하는 '신여성New Woman'이 등장한 것이다.[5]

이 시기에는 또한 여성들의 고등교육을 위한 여자대학들이 만들어지는데, 바사 칼리지(1861년 창립)를 선두로, 웰즐리 칼리지(1870년 창립), 스미스 칼리지(1871년 창립), 브린 모어 칼리지(1885년 창립), 마운트 홀리오크 칼리지(1888년 창립) 등이 대표적이다. 우리가 익히 알고 있는 아이비리그의 대학들이 (그것도 1950년대까지) 여성들에게 교육의 기회를 제공하지 않았기 때문에 고육지책으로 사립여자대학들이 등장한 것이다. 물론 공립교육기관인 주립대학들은 처음부터 남녀공학으로 출발했다. 또한 여성들만을 위한 클럽과 자발적 단체들도 형성되었다. 그 결과 1870년에는 1만

1000명의 여성(전체 학생의 21퍼센트)이, 1880년에 이르러서는 4만 명의 여성(전체 학생의 32퍼센트)이 대학교육을 받고 있었다.

그럼에도 당시 여성을 위한 교육은 대부분 "훌륭한 결혼 상대를 만나기 위"해서였으며, 핵심은 "현모양처를 길러내는 데" 있었다. 이러한 생각은 19세기 여성들의 권익을 위해 노력했던 여성 저술가들의 경우도 예외는 아니었다. 예컨대, 당대 영향력 있는 여성잡지였던 『고디의 레이디 북Godey's Lady's Book』을 편집한 작가 세라 헤일Sarah Josepha Hale(1788~1879)조차도 "궁극적인 여성의 소명은 내조자이자 주부의 역할이기 때문에 가사에 대한 교육이 다른 교육보다 우선시되어야 한다는 데 기꺼이 동의했"던 것이다.[6]

사실상, 가정과학은 위의 문제들을 해결하기 위한 하나의 이념이라기보다는 하나의 학문 분야로 시작했다. 그것은 일찍이 여성교육가인 캐서린 비처로부터 시작되었다고 할 수 있다. 비처는 1840년대에 가정에서 전개되는 일상의 일들을 진지한 학문의 영역으로 만들고자 했다. 위에서 언급했다시피, 비처는 1841년에 중간계급 여성들을 위하여 『가정경제론』을 썼다. 37개의 장으로 구성된 이 책은 의식주 및 아이 키우기와 관련한 집안일 전반에 대한 조언을 적고 있다. 당시 요리법에 관한 제대로 된 책조차 변변히 없던 상황에서 비처의 책은 미국 여성이 직면한 가정사 문제들을 다루었다는 점에서 획기적이었다.[7]

그 후 『톰 아저씨의 오두막』을 써 유명해진 동생 해리엇 비처 스토Harriet Beecher Stowe(1811~96)와 더불어 1869년 가정학을 학문으로 만들 수 있는 이론적 토대를 제공하는 『미국 여성의 가정 혹은 가정과학의 원리: 경제적이고 건강하며 아름다운 기독교 가정을 형성하고 유지하는 안내서The American Woman's Home or Principles of Domestic Science: Being A Guide to the Formation and Maintenance of Economical, Healthful, Beautiful and Christian Homes』라는 제법 긴 제목의 저서를 출간하기에 이르렀다. 이 책은 잡다한 집안일에 질서를 부여하고, 나아가 나름 집안일을 과학적으로 접근하여 여성들이 해야 할 일을 최소화·단순화시키는 것을 목표로 했다. 예컨대, 그림 2-1을 보면 스토브 룸 stove room 공간과 부엌 사이에 여닫이문sliding doors을 만들어 부엌에서 나오는 '열과 냄새 막기'를 제안하거나, 부엌을 나름 체계적으로 배치해놓았다. 찬장 또한 부엌과 스토브 룸에 질서 있게 배치되어 있었다.[8]

이 책에서 비처 자매는 어머니 혹은 주부가 주체가 되어 가정

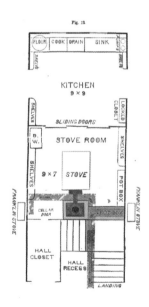

2-1. 『미국 여성의 가정 혹은 가정과학의 원리: 경제적이고 건강하며 아름다운 기독교 가정을 형성하고 유지하는 안내서』, 33쪽.

을 관리한다고 상정했다. 남성인 왕이나 황제가 거대한 영토를 다스리듯이 가정 또한 그렇게 다스린다고 생각했다는 말이다. 즉 가정주부는 "왕관을 쓰고 지상의 가장 위대한 국가의 이익을 공공연하게 통제하는 사람에게 기대되는 것보다 더 많은 다양한 일을 요구받고 더 어려운 의무가 부과되는, 제국의 통치자"로 간주되었다. 그리하여 가정이야말로 "천국을 실현한 가장 적합한 지상의 예"라고 주장하기에 이르렀다. 그렇다고 캐서린 비처가 여성의 역할이 가정에만 머문다고 해서 '제한적'이었다고 생각한 것은 아니었다. 차라리 남성이 아닌 주부로서의 여성이 가정을 더 잘 '경영'할 수 있어 공적인 영역과 비슷한 역할을 할 수 있다고 본 것이다.[9]

캐서린 비처의 영향력 덕분에 1870년대 이후 여러 주립대학들, 특히 모릴법Morrill Act에 의해 토지를 받은 주립대학and-grant university에서 미래의 농부 아내가 될 여성들을 위하여 가정과 관련된 과목을 개설했다. 즉, 1870년대 이후에야 비로소 대학의 교과과정에 포함되기 시작한 가정경제학은 대학에서 여성에게 제공되는 주요 교과목 중 하나였다. 하지만 무엇보다도, 미국의 고등교육에서 가정경제학이 영향력을 행사하게 된 것은 여성 고용의 패턴에서 변화가 생겨났기 때문이다. 당시 중산층 가정이면 거의 모든 집에서 가내하인을 두고 있었는데, 하인으로 이용할 수 있는 인력이 풍부하거나 미국 태생의 백인 여성 고용률이 증가하지 않았다면 가정경제학에 대한 대학의 수요는 당연히 낮았을 것이다. 그러나 남북전쟁 이후 미국에서 산업화가 가속화되면서 가내하인으로 일하는 여성의 수가 줄어들고, 서기직이나 전문직 같은 일자리에 여성 참여가 늘어났다. 또한 공장에서 일하는 여성들의 참여율이 안정화되면서 미국적 가치, 특히 백인 중간계급의 가치가 변화하기 시작했다. 그리하여 이러한 인구학적 변화에 대한 대응책으로서 보수적인 지배계급은 가정경제학을 하나의 해답으로 제공했던 것이다.[10]

이렇듯 중대한 사회경제적 변화로 인해 사회의 보수적 엘리트 층들은 기존 질서가 흔들리고 위기 상태로 가고 있다고 생각했다. 이들은 대안으로서 가사일이 충분히 의미 있는 직업이라는 점을 여성들에게 일깨워주고자 했다. 가정과학운동의 지도자들이 이러한 시각에 반드시 동의한 것은 아니지만, 적어도 가정과학 교육을 통해 가정을 관리하는 것이 공장이나 상점에서 일하는 것보다 더 중요하다는 점을 가르치고자 했다.[11]

그런데 가정경제학이 대학에 개설된 것은 당시의 사회경제적 상황에 따른 흐름이었지만, 그 시기와 내용은 지역별로 상이했다. 북동부 지역에서는 1870~1920년 사이 이민이 증가하면서 이민자 출신의 백인들이 증가하자, 1870년대와 1880년대 뉴욕이나 보스턴, 시카고, 필라델피아 등에 요리학교가 만들어지기 시작했다. 이러한 요리학교의 출현과 이민자들을 위한 인보관 운동settlement house movement이 겹치는 것은 결코 우연이 아니었다. 바로 이 이민자들 가운데서 가내하인이 주로 공급되고 있었기 때문이다. 이들 요리학교는 많은 경우 이 지역의 중간계급 이상의 백인들 가정에 더 나은 가내하인을 공급하고자 했다.[12]

중서부 지역에서는 1900년까지도 소수의 여성들만이 공장에서 일했다. 이 지역은 대다수가 농업에 종사했고, 소수의 미국 태생 백인 여성들이 농장에서 일하고 있었다. 19세기 내내 미국 전역에서는 농촌에서 도시로의 이동이 현저했다. 그렇지만 이 지역에서는 1870년 이전까지 서부로의 이동 때문에 당시에는 이러한 이동이 주목을 받지 못했다. 그럼에도 전반적으로 농촌 인구는 전체 인구에서 차지하는 비율이 상대적으로 점차 줄어들고 있었다. 그렇기 때문에 이 지역에서 농업 및 가정경제학 교육은 쇠락하고 있는 다수 백인들이 농촌적 삶을 방어하고자 하는 한 방편이 되었다.[13]

남부 지역에서는 이민자 출신의 백인은 무시할 만한 숫자였으며 1920년까지도 여성 노동자는 미국 태생의 백인과 흑인뿐이었다. 흑인 여성들은 무려 75퍼센트가 일을 하고 있었는데, 주로 하인, 세탁부 그리고 농장 노동자였다. 이러한 인구학적 차이로 인해 남부에서의 가정경제학운동이나 교육은 북동부나 중서부와 다를 수밖에 없었다. 남부에서 제일 먼저 가정경제학 과목을 개설한 곳은 1907년의 켄터키 대학과 테네시 대학이었다. 이들 대학에서 이 과목을 개설한 이유는 우선적으로는 '과학적 훈련'을 받은 교사의 교육을 통해 백인 여성을 가정이라는 최고의 천직에 적응시키려는 것이었으며, 가내하인이 없을 경우를 대비하여 가정을 관리할 수 있도록 하기 위해서였다.[14]

요약하자면, 북동부 지역에서의 가정경제학은 요리학교에서부터 출발했다. 이 지역 고유의 이민 및 가정부 문제를 해결하고자 하나의 해결책으로서 요리학교가 시작된 것이다. 따라서 북동부 지역의 주립대학에서는 여성들에게 일자리보다는 가사일을 준비시킬 목적으로 가정경제학을 제공했다. 반면, 중서부와 서부 지역에서는 여성들에게 '전통적 규범과 가치관'을 가르칠 목적으로 가정경제학을 가르쳤다. 그러나 남부의 백인 주립대학에서는 인종 문제와 교육받은 백인 여성들, 그리고 농본주의적 가치관으로 인해서 19세기 말까지도 가정경제학을 가르치지 않고 있었다. 다만 흑인 주립대학에서는 흑인 여성들에게 가능한 일자리를 제공할 목적으로 가정경제학을 교과과정으로 받아들였다.[15]

여성의 필수과목, 가정경제학

19세기 후반 대학교육을 받은 미국 여성이 선택할 수 있는 직업 혹은 전문직은 별로 없었다. 법조계나 의학계는 남성들에 의해 철저히 차단되어 있었다. 사회사업은 아직 하나의 전문직이 아니었다. 그나마 교사직이 거의 유일했는데, 낮은 임금과 낮은 사회적 지위 상태에 있었다. 그렇기 때문인지 당대의 많은 페미니스트들은 가정과학에 흥미를 보이고 있었다. 『우먼스 저널 Woman's Journal』의 1898년 어느 기사는 가정과학과 기술을 전공하는 졸업생들이 신학이나 법학 혹은 의학만큼이나 인정을 받는다고 지적하면서, "훌륭한 가정만큼 가치 있는 것이 무엇이겠느냐"고 반문하고 있었다.[16]

가정과학을 학교에서 여학생에게 가르쳐야 하는 과목으로 만드는 데 커다란 공헌을 한 19세기 말 20세기 초 가정과학운동의 중심에 서 있었던 여성은 엘런 리처즈Ellen Swallow Richards(1842~1911)였다. 그녀는 바사 칼리지를 졸업한 후, 매사추세츠공대(MIT)에 특별학생 조건으로 입학한 첫 번째 여성이었다. 그리고는 1873년 그곳에서 여성 최초로 화학 학위를 받았다. 졸업 후 대학원 과정에 진학했지만 석사 학위는 여성이라는 이유로 계속적으로 지연되다 1886년에야 받을 수 있었다. 그 후 대학에서 정규직을 잡고자 했지만 강사로 만족해야만 했다. 당시 미국 사회는 여성이라는 이유만으로도 대학교수 자리를 제공하지 않았다.

엘런 리처즈는 여성에게 있어서 가정의 의미란 무엇인가를 묻는 질문에 다음과 같이 답했다. "아이들 돌보기는 70년 중에서 5년 혹은 10년을 차지할 뿐이다. 여성들은 인생의 나머지를 무엇을 하며 지내야 할까? …… 당신들은 그녀들을 실잣기, 옷감 짜기, 비누 만들기를 하는 그녀들의 할머니가 있던 곳에 놔둘 수는 없다. 그때는 집에서 언제나 무언가를 만들던 시절이었다. 지금의 집안은 무언가가 다 만들어진 것뿐이다."[17] 리처즈는 변화하고 있는 가정, 특히나 산업혁명이 진행되면서 집에서 의식주와 관련된 것을 생산하던 시기에서 주로 소비하게 된 시기로 이행하던 중간계급의 가정이 안고 있는 사회적 문제들을 해결하여 여성과 주부들에게 희망을 주고 싶어했다.

캐서린 비처의 가정과학을 따르던 사람들과 19세기 말 20세기 초 가정과학운동을 추진하던 사람들 사이에는 큰 차이가 있었다. 후자의 사람들이 십자군운동 같은 열정을 가지고 가정과학을 지지했으며, 무엇보다도 가정과학을 과학과 이론으로 무장하여 하나의 학문으로서 체계적으로 정립하고자 했다. 그들에게 가정과학이란 조리법 이상이며, 가정살림을 잘 꾸리는 것 이상이며, 나아가 교과과정에 포함되는 하나의 과목 그 이상이었다. 그들은 가정이라는 공간에서 살아가야 하는 여성들, 무엇보다도 백인 중간계급 여성들에게 필요한 도덕성을 부여하고 동시에 그 공간을 과학으로 포장하고자 했다.

따라서 가정과학운동의 지지자들은 최신 과학이론을 가정에 적용시키고자 했으며, 가사노동에 있어서의 효율성을 강조했다.

그들은 요리학교를 개설하여 영양학적 지식 등과 함께 어떻게 하면 음식을 안전하게 먹을 수 있는지 등도 주부들에게 전수시키고자 했다. 가정과학운동의 개척자로서 리처즈는 "특정 무게의 감자가 조리 후에 어느 정도의 열량을 낼지 정확히 계산해내는 요리사라면 단순 노동직은 아니지요"라면서 주부의 정체성을 전문직의 반열로 추켜세우기도 했다.[18]

가정과학을 지지하는 사람들은 나아가 가정 그 자체의 '총체적 변환'을 요구했다. 19세기 전반의 가정에 대한 부르주아적 편견, 즉 달콤한 말과 사근사근한 태도를 지닌 여성이 일에 지쳐 돌아오는 가장을 기다리고 있는 이미지는 버려야만 했다. 그들 입장에서 가정은 더 이상 밀림 같은 사회로부터 격리된 장소도, 피난처도 아니었다. 가정은 '과학적 기업'이 되어야만 했다. 그리하여 헨리에트 굿리치Henriette Goodrich는 1902년 레이크 플래시드 회의Lake Placid Conference에서 가정과학은 "가정을 산업적 조건들과 사회적 이상의 조화를 이루는 것을 목표"로 하며, 가정이야말로 남성들을 만들어내는 "사회적 작업장"이라는 것을 받아들여야 한다고 주장했다.[19]

이제 가정과학은 운동의 차원으로 승화되었다. 엘런 리처즈를 중심으로 그녀와 생각을 같이하는 몇몇 사람들이 가정경제학운동을 조직적으로 펼쳐나가기 시작했다. 이 운동의 대다수 참가자들은 북동부 지역의 중간계급 출신 백인 여성과 남성들이었다. 물론 참석자의 절대 다수는 고등교육을 받은 여성들이었다. 우리는 그 단초를 뉴욕주 레이크 플래시드 회의에서 찾아볼 수 있다. 1899년 레이크 플래시드에서 첫 번째 회합을 가진 그들은 1908년까지 10년에 걸쳐 매년 회의를 개최하면서 자신들의 생각을 정리하고, 명료화하고, 세를 결집했다. 교사에서부터 언론인, 사회개혁가들도 참가했다. 이 10년 동안 레이크 플래시드 회의는, 리처즈의 희망대로, 주로 교육과 전문가주의에 집중했다. 그 결과 그들은 가정과학을 미국 내에 널리 알리고, 그들의 이론을 정교하게 가다듬을 수 있었다.[20]

리처즈는 일생을 통해 다음과 같은 세 가지 주제에 천착했다. 과학을 전폭적으로 신뢰할 것, 중간계급 백인 여성에게 더 많은 교육이나 사회적 활동을 제공할 것, 가정을 사회변화의 시발점으로 삼을 것. 특히나 리처즈는 과학을 통해 축적한 자신의 지식으로 가정과학을 체계화시키고 싶어했다.[21]

리처즈는 레이크 플래시드 회의에서 자신의 신념을 분명히 밝혔다. 그녀는 자신이야말로 "과학이 모든 것을 해결한다는 신념을 지닌" 사람이라고 언급했다. 나아가 가정과학운동의 주요 목표 중 하나가 "가정생활을 향상시키기 위하여 현대과학의 모든 자원을 활용"하는 것임을 분명히 했다.[22] 하지만 가정에 여하히 최신의 과학적 결과를 적용할 것인가에 관심이 있었던 것이지, 가정을 과학적 연구의 대상으로 삼겠다는 생각은 결코 아니었다. 따라서 그녀는 어떻게 하면 과학을 여성들에게 필요한 학문인 가정과학에 활용할 수 있을까를 고민할 수밖에 없었다. 언젠가 그들이 대학을 다니면서 과학적 원리를 응용하여 가정뿐 아니라 인류의 삶까지도 개선하는 데 도움을 주기를 바랐다.

당시에는 1893년 시카고 세계박람회에서 창립된 전국가사경제학협회National Household Economics Association가 이미 존재하고 있었다. 미국 중간계급 여성들의 단체였는데, "가정의 모든 분야에서 숙련 노동을 확보하는 것"을 설립 목적으로 하고 있었다. 리처즈는 이 단체를 대체하는 새로운 전국 단위의 전문적 단체를 만들고자 1899년 레이크 플래시드의 첫 번째 회합 때부터 간접적으로나마 영향력을 행사했다. 그녀의 의도대로 그해 모임에서의 15개 주제 중 10개가 여성의 교육과 관련된 것이었다.[23]

1903년에는 레이크 플래시드 회의 참석자가 700명을 넘어설 정도로 전국적인 모임이 되었으며, 이해에 전국가사경제학협회는 여성클럽총연맹General Federation of Women's Clubs에 흡수되면서 자연스럽게 해체되었다. 이 협회의 마지막 회장은 "이제 레이크 플래시드 회의가 (자신들의 단체와) 동일한 노선을 따라서 훨씬 더 나은 일을 하고 있다"고 고백했다.[24]

1908년 레이크 플래시드 회의에 참석했던 사람들은 미국가정경제학회American Home Economics Association를 창설했으며, 초대 회장으로 리처즈를 선출했다. 미국가정경제학회는 새로이 출범하면서 "가정, 제도적 가구와 공동체에서의 생활조건 개선"이 학회의 임무라고 선언했다. 이 학회는 가정경제학을 "의식주의 경제적·위생적, 그리고 심미적인 면에 관한 학문"이라고 정의했다. 동시에 학회의 학술지로서 『가정경제학회지Journal of Home Economics』를 발행했다. 리처즈는 개인적으로 새로 발족하는 단체에 '가정과학'이라는 명칭을 붙이고 싶어했지만, 다수 동료들의 희망에 따라 '가정경제학'이라는 명칭으로 결정되었다.[25]

미국가정경제학회와 회원들의 적극적인 활동으로 가정경제학은 훌륭한 여성을 위한 교육의 하나로 중고등학교에서 필수 과목이 되어갔다. 이 과목을 통해서 학생들은 음식과 관련된 화학이나 영양학, 경제학, 사회학, 심지어 박테리아학과 생물학 또한 배울 수 있었다. 1916년에 이르러서는 미 전역에 있는 195개 대학에서 가정경제학을 수강하는 학생 수가 1만 7778명에 달했다. 1917년에는 450개의 비정규 과정에서 가정경제학을 가르쳤으며, 수강생은 2만 7000명에 이르렀다. 또한 1917년의 스미스-휴즈법Smith-Hughes Act을 통해 '소녀와 여성들'에게 가정관리와 연관된 과목을 제공하는 학교에 대해서 연방정부가 보조금을 제공할 수 있게 되었다. 그 결과 가정경제학은 초등학교부터 대학교에 이르기까지 미국 여성들이면 누구나 들어야 할 과목으로 자리잡았다. 가정과학 혹은 가정경제학 과목은 이제 미국의 여성이면 반드시 들어야 하는 필수과목이 되었지만, 남성에게는 그러한 기회가 주어지지 않았다. 아니, 가정은 남성의 영역이 아니었다. 그러한 이데올로기를 지지하고 강화시킨 결과가 가정과목의 필수화였다.[26]

2. 가정에서의 '관리 혁명'을 꿈꾸다

가정과학운동은 국가의 효율성 추구와도 연관이 있었다. 제국주의 시기 서구 열강들 사이에서 신체 건장한 군인은 기본적 자원이었다. 그리하여 20세기 초, 의도했건 혹은 의도하지 않았건 국가의 효율성을 높이려는 사회운동들이 전개되었다. 하나는 가정위생운동이었고, 또 하나는 가사노동의 효율성을 높이려는 운동이었다.[27] 이 두 가지 운동은 다른 어느 집단보다도 가정과학운동을 지지하는 사람들에 의해 본격적으로 시행되었다. 이들에게 과학과 효율은 중요한 키워드였기 때문이다.

질병 예방은 집안에서부터

1870년대 미생물학자인 프랑스의 루이 파스퇴르와 독일의 로베르트 코흐가 특정한 질병의 원인으로 세균을 주목한 이래, 결핵, 장티푸스, 콜레라, 디프테리아 등의 전염병이 세균 때문에 발생한다는 것이 하나의 확고한 이론으로 자리잡게 되었다. 즉, 세균설germ theory을 정립한 것이다. 그리하여 1890년대가 되면 질병들이 공기가 나빠서거나 체액의 균형이 깨졌기 때문이라는 주장을 더 이상 할 수 없게 되었다. 사람들은 눈에 보이지도 않는 미세한 세균이 사람들을 전염시킨다는 것을 알게 되었다. 그렇다면 새로이 밝혀진 이러한 전염의 위협에 대해서 누가 책임을 져야 할 것인가? 대다수 의사들은 여성, 특히나 주부를 지목했다.[28]

오물이나 먼지 등이 질병을 일으키는 세균의 온상이라는 것이 밝혀지면서, '안락함과 도덕성이 과학과 결합'하게 되었다. 이후 대중잡지들은 세균에 관한 기사와 많은 사람들이 어떻게 세균에 접촉하게 되는지에 관한 기사를 쏟아냈다. 이러한 시대적 상황과 맞물려 사실상 19세기 후반부터, 특히나 1890년대 이후 미국이나 서유럽에서는 공중위생과 개인위생을 강조하기 시작했다. 특히나 개인의 위생습관을 고치기 위해 앞장서서 개혁에 나선 사람들은 전문직을 포함한 중간계급 출신들이었다. 이들이 나서서 '위생과 건강이 모든 사회문제의 근원에 놓여 있다'는 관념을 우선적으로 같은 계급 사람들에게 심어주는 데 성공했다.[29]

가정과학운동의 기수들은 세균설을 그들의 이론적 근거로 삼았다. 그들은 청결의 개념이 단순한 청소에서 '내부의 위험한 적들'에 대항할 수 있는 위생개혁운동으로 바뀌어야 한다고 주장했다. 여기서 그들은 고등교육을 받은 여성들이 나설 수 있는 명분을 찾아냈다. 예컨대, 『가사 경제학Household Economics』(1897)을 저술한 사회개혁가 헬렌 캠벨Helen Stuart Campbell(1839~1918)은 오래된 가정의 기술들, 예컨대 도축이나 밀가루 빻기 등은 산업화를 통해 19세기 후반이면 공장의 영역으로 넘어가지만, 청결은 여전히 여성의 영역이라고 보았다. 집안 곳곳에 쌓인 먼지나 제대로 처리 못한 음식찌꺼기들, 오래되어 찌든 침구류 등이 가족 건강을 위협하는 상황에서 가정, 나아가 '세상을 깨끗하게 유지하는 것'이야말로 여성이 해야 할 중차대한 임무 중 하나라고 주장했다.

또한 리처즈도 청결이야말로, 그 비용이 얼마나 들건 간에, 자신의 시대가 직면한 '위생적 필수'라는 강력한 주장을 펼쳤다.[30] 일찍이 1887년 리처즈는 자신의 제자이자 동료인, 훗날 시카고 대학에서 여성 학장으로 있으며 미국 고등교육에 영향력을 끼친 매리언 탤벗Marion Talbot(1858~1948)과 함께 "위생 원칙에 대한 지식은 모든 여성의 교육에서 본질적인 부분으로 간주되어야 한다"고 주장했다. 즉 위생교육이 가정과학운동의 핵심이라고 선언한 것이다. 나아가 리처즈는 "청소나 빨래는 모두 위생을 위한 과정이지, 일부 사람들의 생각처럼 한낱 전통이 강요하는 고역에 불과한 것은 아니"라면서 주부들에게 청소와 빨래가 고된 일이지만 가족의 건강을 지키는 보람찬 일이라고 여성들의 가사노동을 정당화했다.[31]

가정경제학자들의 과학적 청결에 관한 지식은 유용했으며 공공보건의 실제와도 일치했다. 그들의 전염병에 대한 지식은 중간계급뿐 아니라 노동계급이나 이민자들, 농촌 거주자, 당시에는 최하층계급이었던 흑인들까지도 실천할 수 있는 의미 있는 것이었다. 당시에는 두 가지 방법으로 청결에 대한 교육이 제공되었다. 하나는 이성에 호소하는 방식으로 과학적으로 증명된 여러 세균들의 존재를 알려주는 것이며, 또 하나는 감성에 호소하는 것으로서 더러움과 더러움이 낳는 질병의 존재를 알려주어 공포나 불안 그리고 죄책감에 호소하는 방식이었다. 효과라는 관점에서 보자면 이러한 감성에 대한 호소가 과학적 논리보다 훨씬 더 영향력이 있었지만 말이다.[32]

그러니 위생 개혁가들은 불안감을 조성해서 청결의식을 고양시키고자 했다. 조금이라도 집안이 더럽다거나 개인의 몸이 지저분할 경우 질병의 원인이 된다고 말이다. 그러나 세균이나 질병은 현미경 따위로 그 존재를 확인할 수 있지만, 아시다시피 더럽다는 것은 상대적인 것이지 절대적인 개념이 아니다. 더군다나 더러움의 기준은 개인에 따라서 천차만별이다. 그럼에도 위생 개혁가들은 청결이 주부의 주요 임무 중 하나라고 주장했다.[33]

또한 이들은 주부들에게 "가정과 가정 밖의 질병으로 가득 찬 세계를 주의 깊게 관찰"할 것을 요청했다. 물건을 구입할 때 언제나 세균을 의식해야 한다고 주지시킴으로써 제조업자건 유통업자건 반드시 위생의식을 지니고 실천해야 한다고 압박을 가했다. 이제 그들은 연방정부의 보건 담당부처 사람들보다 더 영향력을 발휘하게 되었다.[34]

건강과 청결함의 연관성이 과학적으로 증명되었지만, 그렇다고 해서 가정과학 개혁가들이 청결만을 강조한 것은 아니었다. 불결하다고 해서 반드시 병을 불러들이는 것은 아니며, 더러움이 곧 질병의 원인은 아니기 때문이다. 그럼에도 19세기 말부터 더러움과 무질서가 병의 원인으로 지목됨으로써 "비이성적인 우리의 두려움"은 합리화되었다. 사실상 청결과 불결은 미추美醜만큼이나 지극히 주관적인 관념이었음에도 불구하고 말이다.[35]

그렇다면 왜 이렇게 당대의 사회개혁가들을 비롯한 가정과학 지지자들은 위생과 청결에 집착했을까? 그들에게 위생과 청결은 가족을 지키고 나아가 국가를 지키는 일이었기 때문이다. 만약 위생 상태가 엉망이거나 집안이 더럽다면 개인이 질병에 걸리거나 신체발육에 문제가 생길 테고, 그리하여 세균이 사회 전체로 전파되면 개인의 건강은 물론 국가의 안녕마저 해칠 수 있다고 생각했다.[36]

게다가 산업화에 따라 가속화되는 도시화와 이민의 확대는 지배계급을 놀라게 하기에 충분했다. 더 많은 사람들이 제한된 공간에 모이고, 나아가 깨끗하지 못한 환경에 노출되기에 이르렀기 때문이다. 질병과 전염병에 관한 새로운 과학적 이론들이 자리잡으면서 공중위생은 더 중요해져만 갔다. 1880년대 이후 연방정부나 시정부는 공공보건을 관장하는 부서를 만들면서 수돗물 여과장치나 하수도 시스템, 쓰레기 청소 등을 주요한 위생 서비스로 생각하기 시작했다. 따라서 질병 예방과 관련한 집안에서의 위생은 초기 가정경제학운동이 지향하는 주요 임무 중 하나였다. 가정에서의 질병 예방이야말로 과학을 가정에 응용할 수 있는 '완벽한 예시'로 보였다. 이것이야말로 여성이 연구자로서, 교육자로서, 그리고 어머니로서 달려들 수 있는 훌륭한 영역이었다.[37]

가정과학운동의 실제적인 영향을 받은 사람들은 1900년에서 1920년 사이에 학교에서 교육을 받고 전간기戰間期, 즉 양차 세계대전 사이에 졸업 후 어른이 된 세대였다. 따라서 학교와 가정

모두에서 위생 교육을 받고 자란 첫 세대였다. 이렇게 자란 세대가 1920년대와 1930년대에 가정을 꾸리고 자식들을 키우면서 유달리 집안의 위생을 강조했다는 것은 어찌 보면 당연하기도 했다.[38] 청결의 미덕과 위생 숭배를 당연시하는 세대였던 것이다.

유감스럽게도 가정과학 개혁가들의 이러한 청결에의 집착은 최종적으로 기업의 이익으로 귀결되었다. 비누나 위생 관련업체들은 대량생산이 가능하면서도 이윤을 많이 남길 수 있는 위생 관련 제품들을 생산해냈다. 또한 광고를 통해 자사 제품들을 발빠르게 선보이면서 주부들의 공포와 죄책감에 호소하기 시작했다. 예컨대, '히게이아Hygeia' 아기 젖병은 자사 제품이 안전하며 유아에게 세균을 옮기지 않는다고 광고했으며, '플라이-톡스Fly-Tox' 살충제는 무방비 상태인 아이들을 보호할 수 있다고 선전했다. '바우어 앤 블랙Bauer & Black' 외과용 붕대는 무릎을 다친 어린이를 상처가 덧나지 않게 '회색 유령'으로부터 지켜줄 수 있다고 주장했다. '리솔Lysol'사는 청결 및 여성위생과 관련된 업체로서 살균소독제 광고를 통해 집안을 정교하게 나누어 각 공간마다 위험이 도사리고 있다고 주부들에게 경각심을 불러일으켰다. 그리하여 문의 손잡이조차도 아이들을 질병에 노출시킬 수 있다는 경고가 공공연하게 퍼져나갔다.[39]

물론 가정을 지키는 파수꾼이자 상품 구매의 주도권을 쥔 주부들이 이러한 광고의 무고한 희생자들이기만 한 것은 아니었다. 그렇지만 집안의 더러운 먼지가 아이들의 건강을 해칠 수 있고, 지저분한 부엌에서 세균이 자랄 수 있고, 빨래와 세탁이라는 힘든 일을 대신해서 더 잘할 수 있다는 제품 광고의 메시지를 보고서도 무시할 수 있는 주부는 거의 없었다. 선택의 우선적 문제는 경제력이었지 제품의 품질이 아니었다. 문제는 이 광고들이 결국은 기업체들이 원하는 새로운 여성상과 가정 이데올로기를 전파하고 있었다는 것이다.

이들 업체들은 광고를 통해 주된 소비자인 주부들에게 공포감과 불안감을 깊이 심어주었다. 결국 위생 개혁가들의 교육이나 홍보물보다 몇몇 기업 제품들의 광고가 훨씬 더 강력하게 위생 관념과 청결 수준을 중간계급, 나아가 노동계급 주부들에게 심어주었다. 생각해보라. 영유아의 사망률이 오늘날보다도 5배가량 높다면, 어느 주부인들 이들 제품의 선전에 귀를 기울이지 않겠는가. 당시 거의 모든 어머니들은, 특히나 중간계급 이상의 여성들은 여하히 '과학적 집안 청결'로 가족들을 보호할 수 있을지 그 방법을 알고자 갈망했다. 결국 기업의 상업주의가 승리한 것이다.[40] 이 광고들은 가정의 위생과 청결이 주부 혼자만의 힘으로 될 수 없다는, 또한 세제가 되었건 소독제가 되었건, 기업에서 만든 제품의 도움 없이는 불가능하다는 메시지를 전달한 셈이 되었다.

'과학적 관리'의 키워드, 효율

대부분의 학자들은 대량소비사회가 미국에서 실현된 것은 1920년대가 지나서였다고 본다. 소비사회의 기원이 영국은 17세기, 프랑스는 19세기 후반이라고 하더라도 대량소비사회의 본격적 출발은 미국임을 부정하기는 어려울 것이다. 그리고 대량소비사회의 전제조건이 무엇보다도 포디즘과 테일러리즘임은 주지의 사실이다. 포디즘은 물질적 조건을 대량생산이 가능한 방식으로 바꾼 것이며, 테일러리즘은 노동의 조건을 포디즘에 맞춰 '과학적 관리'라는 이름하에 노동자들을 합리화·표준화하려는 일련의 작업이었다. 이러한 과정이 공장이 아닌 가정에서도 적용되었다. 가전제품들이 대량으로 생산되고, 부엌의 동선을 최소화하는 등의 과학적 관리라는 지침 아래 주부들은 합리화와 표준화를 지향하게 되었다. 크리스틴 프레더릭Christine Frederick(1883~1970) 같은 가정학자들의 계몽과 선도로 가정의 합리화 운동은 더욱 박차를 가했다.

이제 가정과학운동을 주도하는 사람들의 초미의 관심사는 매일매일 반복되는 가사노동을 어떻게 효율적으로 관리할 수 있을까였다. 이들은 주부의 육체적 노동의 낭비적 요소를 줄이기 위하여 가사노동을 '체계적인 일'로 만들어야 한다고 생각했다. 가사노동을 '가정과학'이라는 이름으로 체계적으로 연구하고자 한 것이다.[41]

20세기 초 미국에서 혁신주의 운동이 절정에 달했을 때, 주요 키워드 중 하나는 '효율'이었다. 역사가 새뮤얼 하버Samuel Haber가 "세속적 대각성secular Great Awakening"이라고 부를 만큼 효율은 이 시기의 시대정신이었다.[42] 초창기 미국가정경제학회가 여성들의 사회적 참여를 주창하다가 시간이 지날수록 그 강조점이 '과학적 관리'로 이동해간 것도 이 때문이다. 리처즈의 과학에 대한 신념도 어떤 면에서는 과학적 관리를 낳을 수 있는 전제조건이 되었다.[43] 따라서 가정과학운동을 이끌어가는 사람들은 가정 내의 효율을 위해 주부들이 가정에서의 낭비적 요소들을 찾아내고 정리하고 없애는 데 앞장서야 한다고 주장했다. 20세기 초반부터 산업 분야에서 혹은 공장의 영역에서 본격적으로 진행되던 테일러주의와 그것의 핵심인 과학적 관리는 중간계급 가정 개혁가들에게는 가사노동에서도 적용될 수 있는 매력적인 롤 모델이었다. 그리고 프레더릭 테일러가 과학적 관리에서 강조하던 '효율'은 이들에게 따라야 할 구호가 되었다. 즉 산업 현장에서 테일러주의가 과학적 관리를 실천하듯이, 주부들은 가정에서의 과학적 관리를 통해 가정 내의 무질서와 반복적 일을 줄여야 한다고 강조했다.

그리하여 가정과학 혹은 가정경제학의 주요 임무 중 하나는 '가정관리home management'가 되었다. 예컨대, 부엌이 공장은 아닐지라도 일관작업과 동작연구를 통하여 단조롭고 지겨운 부엌일을 줄이고 시간을 절약할 수 있다고 보았다. 그렇기 때문에 엘런 리처즈는 주부들의 '낭비된 동작'을 혐오했다.[44]

나아가 엘런 리처즈는 과학이야말로 가정에서 이루어지는 여성의 일을 "끝없는 모험"이자 "새로운 지식에의 추구"로 이끈다고 주장했다. 또한 과학의 진보로 인하여 주부들이 전문가의 도움을 받을 수 있다고 보았다. 예컨대 어떠한 주부일지라도 "나는 (지금) 하고 있는 일을 더 잘할 수 있을까요?"나 "우리 집 배치가 위생적으로 올바른가요?"라든지 "내 옷차림의 색상이나 재질이 잘 어울리나요?" 혹은 "내가 시간 관리를 정말 잘하고 있나요?" 등의 문제에 대해서 전문가의 의견을 요청할 수 있었다. 과학의 진보에 맞춰 집안일을 재검토하는 것이야말로 가정과학이 부여한 최초의 화이트칼라 직업 중 하나였다.[45]

그렇지만 본격적인 가정에서의 효율 추구는 크리스틴 프레더릭이라는 열정 넘치는 가정경제학자의 손에 맡겨졌다. 학자라기보다는 선전가에 가까운 그녀는 훗날 기업을 위해 일하기도 했다. 프레더릭은 테일러리즘의 추종자이기도 했는데, 자신의 신념을 열정적으로 전파시키고자 했다. 프레더릭의 책『가사 공학: 가정에서의 과학적 관리Household Engineering: Scientific Management in the Home』등은 제1차 세계대전 직후 유럽에 전 파되어 독일을 비롯한 여러 국가에서 가정과학운동에 종사하는 사람들에 의해 번역되고 소개되고 적용되기도 했다.[46] 결과적으 로 그녀만큼 대중적으로 미국 사회에 가정과학을 전파시킨 사람 도, 테일러주의가 공장에서 효율을 가져다주었듯이 가정에서도 테일러주의를 적용하면 효율적으로 관리할 수 있다고 설파한 사 람도 거의 없었다.

프레더릭은 대범하게도 가정에서의 '관리 혁명'을 꿈꾸었다. 남성이 공장이나 작업장에서 능률적으로 일하듯이, 여성 또한 집안에서 능률적으로 일해야 한다고 보았다. 특히나 청결에 대 한 가정과학적 지침이 더 많은 노동을 필요로 할 때, 프레더릭은 더 적은 노동을 약속했다. 『효율적인 집안 돌보기Housekeeping with Efficiency』(1913년)라는 그녀의 책 서문을 보면, "수많은 여성 들처럼 나 또한 부엌 테이블, 싱크대 그리고 다림질판 위에서 불 필요하게 몸을 구부리지 않았던가?"라면서 자신도 여타 미국의 여성들처럼 가사일을 비효율적으로 해왔다고 고백한다. 그러면 서 이제부터라도 다림질판은 주부가 허리를 숙이지 않고 다림질 할 수 있게끔 적당한 높이를 유지해야 한다거나, 시간표는 매일 의 일과 및 주간 일과 단위로 만드는 등 산업 분야에서의 효율의 원칙을 준수하면 많은 주부들이 더 많은 자유시간을 가질 수 있 다고 주장했다.[47]

나아가 프레더릭은『가사공학』에서, 위에서 잠깐 언급했던 것 처럼, 테일러의 '과학적 관리'를 공장이 아닌 가정에 응용하고자 했다. 과학적 관리의 핵심 중 하나는 효율(성)이었다. 따라서 프레더릭은 부엌을 효율적으로 활용하는 데 테일러주의를 적용하고자 했다. 즉 주부들의 작업공간은 당연히 부엌이며, 부엌과 공장이 어떻게 유사한지를 제시한 것이다. 공장의 노동자와 마찬가지로, 주부들도 가사노동시간을 절약하기 위해서는 부엌의 동선을 최소화해야 하며, 그러기 위해서는 부엌에 놓은 주방 기구와 설비 등을 재배치해야 한다고 주장했다. 그녀는 도면을 통해서 나쁘게 배치된 부엌과 효율적으로 배치된 부엌을 보여주면서 자신의 주장을 주부들에게 설득시키고자 하였다.[48]

아래 그림에서 보다시피, 왼쪽의 부엌은 주부의 동선이 정신 사나울 정도로 질서가 없어 보이는 구조이며, 오른쪽의 부엌은 주부의 동선이 1)음식을 준비하는 것에서부터 시작하여 2)음식을 만들고, 그런 다음 3)설거지를 끝내면서 나오는 그야말로 체계적으로 낭비 없이 움직이는 구조로 되어 있다. 프레더릭은 효율성을 반영한 오른쪽의 부엌 설계를 통해 주부들에게 최적의 부엌을 제시하고자 했다.

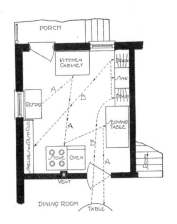 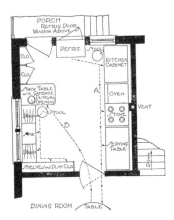

2-2. (좌) 주부의 동선이 복잡한 부엌. (우) 주부의 동선이 단순한 부엌.

그렇지만 결과적으로 '과학적 관리' 기술이 가정에 제공해주는 것은 별로 없었다. 일단, 가사일이 시간-동작 연구로 절약되기에는 그 단위가 작았으며, 공장에서는 수천 개의 감자 껍질을 벗기는 데 사용된 과학적 관리 프로그램이 불과 4인의 가족을 위해 사용하기에는 거의 의미 없는 것이 되기 때문이었다.

예를 들어, 동시대 경제학자인 헤이즐 커크Hazel Kyrk도 지적했듯이, 어떤 주부가 당근으로 요리를 하는 데 드는 시간을 5분의 1로 줄이는 방법을 개발했다손 치더라도 일주일에 두 번 당근을 요리한다면 절약되는 시간은 1년에 겨우 5시간뿐이었다. 따라서 테일러의 '과학적 관리'는 사실상 한 명의 주부를 위한 부엌에서는 거의 불필요했다. 주부들에게 가정에서의 '과학적 관리'라는 것은 그저 추가된 노동을 의미할 뿐이었다. 그것이 단지 "여성들의 전통적인 가사 임무에 일련의 새로운, 시간을 잡아먹는 활동들을 더했"기 때문이었다.[49] 그것은 일을 줄이기는커녕 더 많은 일을 낳았다. 결국 그들이 제안하는 집안일에 대한 효율적인 방식과 접근은 효율적이지 못했다. 대량생산에 필요한 최소한 수백 명의 노동자를 효율적으로 관리하기 위해 만들어진 프로그램인 '과학적 관리'를 겨우 한 사람의 주부를 위해, 그것도 겨우 부엌 크기의 공간에서 적용하기에는 규모가 너무 작았던 것이다.

그럼에도 가사관리에 대한 새로운 개념은 성공적이었다. 가정과학자들은 '과학적 관리'가 공장에서 효율을 증진시키듯이 가정에서도 효율을 증진시킬 수 있다고 믿었다. 더 나은 효율과 더 많은 자유시간을 만들어줄 것인 양 말이다. 이제 주부는 회사처럼 사장이나 부장으로 포장되었다. 그리고 가정을 관리하는 것도 회사를 운영하는 것처럼 도전적인 일이라고 끊임없이 상기시켰다. 결국 이러한 비즈니스와 관련된 유추로 여성들에게 가정이라는 공간을 다스리는 것이 "중요하고, 어렵고, 보상이 따르는" 일이라는 믿음을, 나아가 바깥에서 직업을 가진 여성보다 가정의 주부가 더 바람직하다는 믿음을 심어주고자 했던 것이다.[50] 그러니까 비효율적인 주부를 자신들이 주장하는 과학적인 가정관리를 통해 효율적인 주부로 만드는 것이 그들의 목표였지, 여성들을 주부의 자리에서 벗어나 남성들 영역에 같이 참여할 수 있게 한다는 것은 애당초 그들의 목표가 아니었다.

'현대적 방식에 의해 해방된 시간에 우리는 무엇을 할 것인가?'라는 주제의 1902년 레이크 플래시드 회의에서 앨리스 노턴 Alice Norton은 '자기 계발'의 가능성을 언급했다. 직업으로 집안 돌보기를 선택한 여성은 그것을 자신의 비즈니스로 만들어야 한다면서 "가정과학으로 인해 만들어진 자유시간을 가정과학을 연구하는 데 사용할 수 있다"고 주장했다. 크리스틴 프레더릭도 여성들이 좀더 효율적으로 일하면서 만들어진 자유시간을 "그녀들의 기준"을 향상시키는 데 사용할 수 있다고 생각했다. 그리하여 보수적 지배계급이 우려했던, 사회개혁가들이 실현하고자 했던 '가정의 빈 공간'이 채워질 수 있게 되었다.[51]

이제 새로운 가정경제학은 가정이란 주부가 지배하는 '관리의 장소'이자 과학을 응용하여 일상의 단조로운 일들을 제거하고 '가족생활의 질'을 끌어올리는 일을 하는 곳이어야 한다고 가르쳤다. 또한 가정을 "건강하고 행복한 시민"을 키워내는 일종의 "가내 공장domestic factory이 위치하는 산업의 장소"로 자리매김하고자 했다.[52]

3. '부엌 없는 가정'의 벽

결국 가정과학운동의 목표는 산업사회가 설정한 남녀의 고유한 영역을 인정하는 것이며, 여성의 고유한 영역인 가정도 남자들이 공장을 과학적으로 관리하듯이 과학적으로 관리되어야 한다는 것이었다. 따라서 가정경제학자들은 여성들에게 사회의 전문직을 추구하기보다는 주부로서 부엌에 머물라고, 나아가 가정생활을 향상시키는 것에만 관심을 가지라고 여성들에게 조언했다.[53]

예컨대 크리스틴 프레더릭은 가정경제학의 사회적 의미를 부정하며 여성들이 다시 부엌으로 돌아가야 한다고 주장했다. 본인이 바로 직업이 있는 여성, 그것도 전문직에 해당하는 직업을 가진 여성이었으면서도 말이다. 심지어 1914년에 한 발언은 유명한데, "우리의 가장 큰 적은 직업이 있는 여성"이라는 과격한 주장을 했다. 나아가 "가정 가꾸기와 모성에 관한 과학은, 효율적인 계획대로 따른다면, 어떠한 여성에게도 열려 있는 가장 영광스러운 직업이 될 수 있다"고 강조했다. 커리어 우먼을 꿈꾸는 여성들에게 '과학적 가사 챙기기'야말로 좋은 대안이 될 수 있다고 본 것이다.[54]

당시 가정과학운동의 중심인물이었던 리처즈는 가정경제학을 대학 다니는 여성들에게 경력을 쌓기 위한 학문으로, 즉 전문직을 위한 학문으로 만들고자 하였으나, 가정과학운동에 참여한 다수의 사람들은 다른 견해를 가지고 있었다. 리처즈의 대척점에 선 그들은 가정경제학을 기존의 방식대로 요리나 양재 등을 더 잘할 수 있도록 기술을 습득하거나 '하인을 더 나은 방식으로

훈련'시키는 수단으로 활용해야 한다고 보았다. 따라서 세력 간의 갈등은 불가피했다.

특히나 가정과학운동에 관심을 가지고 참여하는 남성들이 그러했다. 이들은 가정을 '하나의 물리적 공간'으로만 이해하려 했으며 남성의 통제하에 가정이 다스려지는 것을 당연시했다. 예컨대, 1908년의 1차 미국가정경제학회 모임에서 연방정부의 농업부에 근무하던 존 해밀턴은 가정경제학자들에게 농촌에 내려가 농촌 사람들에게 각자의 가정에 화장실을 어떻게 설치할 것인지를 알려주라고 권고하기도 했다.[55] 변기와 욕조가 어디에 어떻게 위치해야 하는지는 집을 안락한 공간으로 만들어야 하는 주부의 몫이라고 생각했기 때문이다.

이러한 갈등을 봉합해보려는 노력의 와중에도 리처즈는 미국가정경제학회의 일부 사람들과는 다른 노선을 견지하고 있었다. 리처즈를 비롯한 멜빌 듀이Melvil Dewey, 앨리스 노턴이 한편이었다면, 앨리스 초운Alice Chown, 매리언 탤벗, 벤저민 앤드루스 Benjamin Andrews는 다른 편에 있었다.

우리는 가정과학운동이 태동한 시기가 빅토리아 시대임을 잊어서는 안 된다. 이 시대는 계급을 의식하고 있던 수직적 사회였다. 중간계급 사람들의 경우, 자신들의 지위가 밑으로 떨어질까 노심초사하며 자신의 지위를 상승시키려고 안간힘을 쓰던 시대였다. 그렇기 때문에 가정에 있는 주부들조차 전문화되어야 한다고 생각했으며, 또한 가정을 "사물의 관리the management of things"를 통하여 효율이 가득한 비즈니스의 공간으로 만들고자 했다.[56]

가정과학운동에 참여한 많은 사람들은 자신들이 미국 사회에서 전문인으로 대접받아야 한다고 생각했다. 게다가 리처즈는 대체적으로 당대 주도세력의 이념과 신념을 신봉했으며, 그녀의 의견과 다른 사람들의 생각은 무시했다. 그 결과 가정과학운동의 지도자로서 그녀의 지도력은 권위주의적이었으며, 심지어 어느 정도는 무오류성의 가능성을 견지한 것으로 보인다. 레이크 플래시드 회의 참가자들은 대부분 그녀의 지도력을 거의 무비판적으로 따랐으며, 심지어 견해나 의견조차도 스스로 생각하기보다는 그녀의 것에 복종했다.

시간이 흘러 1984년 미국가정경제학회 탄생 75주년을 기념하는 자리에서 마조리 브라운은 이러한 방식으로 진행된 10년간의 레이크 플래시드 회의가 결국 오늘날까지도 학문으로서의 가정경제학에 영향을 미치고 있는 것이 문제라고 냉정하게 분석했다. 그 결과, 오늘날 미국의 가정경제학자들은 직업으로서의 가정경제학에서 무엇이 모순이고 무엇이 실패였는지를 제대로 인식하지 못했다는 것이다.[57]

무엇보다도 초창기 가정과학운동에 참여했던 사람들은 페미니즘에의 헌신이라는 약속을 지키지 못함으로써 결정적으로 실패를 인정해야만 했다. 가정과학운동은 결과적으로 가정에 머무는 여성들을 전문가 집단으로 만들기는커녕, 그저 방대한 단순노동자로 남겨놓았을 뿐이었다.[58] 주부들에게 합리성과 효율성을 가르치며 전문가가 되라고 했지만 사실상 아무도 그러한 정신으로 무장한 주부들을 전문가로 받아들이거나 인정해주지 않았다. 결국 시간이 지나면서 여성의 권리를 고양시키고자 했던 페미니즘과는 점차 거리가 멀어져갔다. 변화하는 미국의 가정문제에 대해서도 보다 나은 개혁적인 생각을 제시할 수 없었던 그들은 어떤 면에서는 빅토리아 시기 미국의 주류 세력이 만들어놓은 공적인 영역과 사적인 영역의 구분을 넘어서고 싶지 않았던 것이다. 즉 가정경제와 정치경제의 구분, 그리고 영역 분리 이데올로기를 그대로 수용하고 있었다.

다른 측면에서 논리를 연장시켜 보면, 집에서 하는 청소나 요리, 나아가 육아는 왜 외부의 특정한 전문가 집단이나 산업에서 할 수 없는지 의문을 표시할 수 있다. 가정과학운동에 참여한 리처즈와 동료들도, 이전에는 집에서 만들던 비누나 옷을 현재는 공장에서 더 나은 품질 상태로 생산한다는 것을 인정했다. 나아가 10차 레이크 플래시드 회의에서는 협동조합co-operative을 통한 공동구매의 가능성을 논의한 적도 있었다. 그러나 그 회의에서조차 협동조합 방식의 가사 돌보기는 '비참한 실패'라고 판단되어 기각되었다.[59] 결국 이들은 새로운 방식의 집안일에 대해서 진지한 답변은 회피한 채 새로운 시도들에 대해서 부정적인 의견을 드러냈다.

그러나 이에 대해 질문하고 답한 사람이 있었다. 바로 미국의 작가이자 사회개혁을 지향한 페미니스트인 샬럿 퍼킨스 길먼 Charlotte Perkins Gilman(1860~1935)이었다. 길먼은 가정과학의 논리적 허점을 비판하면서, 가정의 규모 그 자체 때문에 가사노동의 합리화가 불가능에 가깝다고 보았다. 그리고 한 사람이 가족의 나머지 식구들을 위해서 요리한다는 것 자체가 불합리하다고 생각했다. 논리적으로 생각해본다면, 여러 가정이 아파트 같은 하나의 공동주택에 살면서, 모든 가구에 부엌을 배치하고, 모든 주부가 비슷한 시간대에 식사를 준비하기보다는 차라리 전문가인 요리사가 식사를 제공하는 것이 합리적이라고 보았다. 왜냐하면 "건강하고 영양가 있는 식사를 준비하는 것은 과학"이며 따라서 전문가의 손에 맡기는 것이 일반 주부가 하는 것보다 더 바람직하기 때문이라는 것이 길먼의 주장이었다. 나아가 청소, 세탁 및 육아에 이르기까지 전문교육을 받은 직원들로 구성된 '가정 산업home industry'이라는 규모의 합리화야말로 여성들 또한 남성들과 동등하게 노동의 영역에서 일을 할 수 있게 만든다고 주장했다. 즉, "완전히 전문화된 가정관리 체계"를 제시했던 것이다.[60]

길먼은 가정경제학자들의 견해와는 달리 가정과 가사노동에 대한 완전히 새로운 대안을 제시했다. 놀랍고도 대담한 방식으로 길먼은 가정과학에서 제시하는 개별적인 가사노동의 합리화보다는 배달 서비스를 통한 '부엌 없는 가정kitchenless house'을, 전문청소업체를 통한 청소를, 훈련된 교사와 간호사를 통한 육아를 제시했다. 즉, 가사노동의 전문화를 통하여 외부의 전문가가 특정의 가사노동을 담당할 경우, 여성은 자신의 능력에 따라 전문직을 선택할 수 있게 된다고 보았다. 그렇게 되면, "경제적으로 자유로워진 어머니는 가정의 하인house-servant이 아니라 세계의 하인world-servant이 될 것이며, …… 아이들에게 이전보다 훨씬 더 많은 가능성을 지닌 존재가 될 수 있다"고 길먼은 주장했다.[61]

그녀는 당대의 일부 사회주의자나 페미니스트들의 주장과는 달리, 남편과 아내가 집안일을 공평하게 나누어 갖자는 식으로 주장하지 않았다. 어찌 보면 길먼은 그러한 주장을 넘어 주부를 청소와 빨래하기, 음식 만들기와 치우기, 나아가 아이들 키우기에 이르기까지 이 모든 단순하지만 해도 해도 티나지 않는 힘들기만 한 가사노동의 진정한 해방을 새로운 방식으로 진지하게 제안했던 것이다. 길먼은 어떠한 비용도 지불되지 않는, 즉 무급의 가사노동을 임금을 줄 수 있는 전문화된 산업으로 만들어 집안일을 '사회화'할 수 있다고 생각했다. 그러나 유감스럽게도 이러한 그녀의 주장은 당시 극소수의 견해일 뿐이었다. 주류의 사회개혁가들조차 진지하게 당시 여성들만이 담당해야 하는 가사노동의 대안에 대해서 거들떠보지도 않았다. 그녀의 글을 읽었다손 치더라도 실현 불가능한 유토피아적인 생각일 뿐이라며 무시했다.

반면 리처즈는 당시 가정과학운동에 참여한 교육자나 개혁가들과 더불어 1890년대 이후 미국의 여성들을 소비자로서의 정체성으로 자리매김하는 것을 주요한 주제로 생각했을 뿐이다. 그리하여 1900년경이 되면 여성들, 특히 중간계급 여성 주부들을 시민이자 '이성적 소비자rational consumer'로 만들려는 야심찬 목표를 설정하게 되었다. 그러나 미국의 중간계급 백인 여성들은 '이성적 소비자'가 되기보다는 많은 경우 대기업 광고를 무비판적으로 추종하는 소비자로 남아 있게 되었다. 그 결과 오늘날 미국의 대다수 주부들은 가정과학운동에 전념하는 교육자들이 아닌 광고의 조언을 받아 집안일을 하고 있는 형편이다. 예를 들어, "리솔Lysol 스프레이로 가정을 보호"하고, "당신의 손님들로 하여금 레몬 비홀드Lemon Behold 가구 광택제를 시샘하게 만들"고 "미스터 머슬Mr. Muscle 스토브 청결제로 오븐 내부를 광택나게" 해야 하는 식이다.[62]

20세기 중반 무렵까지 초창기 가정과학운동의 선구자들이 생존했다면, 아마도 그들은 자신들의 목표가 상당히 달성되었다고 만족해했을지도 모르겠다. 일단, 청결의 기준이 무균 상태 가까이까지 높아졌다. 또한 가정은 외부의 전문가들, 특히 가사제품 제조업자나 광고업자들에게 개방되다시피 했다. 주부들은 전문가의 조언에 따라 가정을 꾸려나가면 전문가 수준이 될 수 있다고 생각하게 되었다. 리처즈는 기계화와 전기화가 본격화되면서 주부들이 집안에 있는 모든 기계류를 관리할 수 있는 엔지니어이기를 꿈꿨던 적이 있다. 그러나 '올바른 생활'의 기치를 사업체나 제조업자에게 넘긴 사람들은 다름 아닌 가정과학운동에 앞장섰던 개혁가들 자신이었다. 가정경제학자들은 전시회 등에서 브랜드 이름을 전시하고 나아가 추천의 의미로 'Good Housekeeping' 마크를 붙여주었을 뿐이다.[63]

앞서 언급했던, 크리스틴 프레더릭의 인생 경로는 가정과학운동의 진화 궤적을 단적으로 보여준다. 프레더릭은 가정관리 전문가로서 가정과학운동에 앞장섰지만, 나중에는 가사기술의 상업화에 관심을 기울이면서 1927년 가전제품 회사의 마케팅 자문으로 자리잡았다. 심지어 그녀는 광고업자들에게 무차별적인 광고를 지양하고, 광고 대상이 되는 여성들을 연령별·소득별로 세분화하여 광고해야 한다는 등의 친기업적인 발언을 아끼지 않았다.[64] 프레더릭은 자신의 책『소비자 여사에게 판매하기Selling Mrs. Consumer』(1929)에서 주부들에게 궁극적으로는 소비자로서 미국의 기업이 제공하는 가사제품을 구입하여 가정에서의 효율과 만족감을 높일 것을 제안했다. 그렇지만 여기에 '이성적 소비자'가 들어갈 공간은 없어 보인다.

무엇보다도 가정과학운동은 내재적으로 커다란 약점을 지니고 있었다. 그 운동은, 사회학자인 린다 프릿슈너Linda Fritschner

도 날카롭게 지적했듯이 "지나간 질서를 보존하고 변화를 미연에 방지"하려는 보수적인 시도에서 출발하였다. 그것은 사실상 19세기 말 20세기 초 미국 사회가 더 많은 여성을 기업에서 고용하고, 전통적 가치가 변화하는 모습을 보여주고 있을 때 그러한 추세를 저지하려는 의도에서 나왔기 때문이다. 그래서 특히나 더 많은 중산층 여성들을 가정에 머물게 하기 위하여 가정과 가사 챙기기를 그녀들이 지켜야 할 지상 최고의 가치로 만들고자 했다. 그 결과 당시 교육받은 여성들의 결혼이 늦어지는 것에 대한 하나의 처방으로서 가정경제학이 제시되기도 했던 것이다. 어떤 면에서 가정경제학은 가정과 비즈니스를 동일시하게 하여 주부들로 하여금 가정의 '관리자'라는 인식을 심어주었지만, 인류학자 맥신 마골리스Maxine L. Margolis의 지적처럼, 결과적으로 여성들을 집안에만 머물게 하는 "정교한 이론적 근거"를 제공했을 뿐이다.[65]

1920년대 이후 가정(경제)학의 보수화

비록 가정(경제)학이 하나의 학문으로 자리잡아갔지만, 1910년대와 1920년대를 통해 전문가주의라는 이름하에 점점 더 가정이나 여성에 대한 보수적 시각으로 바뀌어감으로써 가정(경제)학은 사회개혁적 지향에서 개별적인 가정으로 그 관심범위를 좁혀나갔다. 특히 1920년대 이후 가정(경제)학은 확연하게 성격이 바뀌었다. 즉, 사회적 관심을 줄이기 시작한 것이다. 대신 소비사회적 가치관에 맞추어 기업과 잦은 연관을 맺게 되었다. 많은 경우, 가정효율 전문가들은 가스 및 전력회사의 후원 아래 자신들의 연구를 진행했으며, 다수의 가정경제학자들도 대기업에 들어갔다.

그들은 심지어 자신이 하는 일을 '가사 꾸리기의 비즈니스' 혹은 '가사노동의 전문직'이라고 생각했기 때문에 효율 전문가로 활동하기보다는 차라리 새로 출시된 가전제품 판촉직에서 일하는 것을 정당화했다. 1930년이 되면 미국가정경제학회는 자신들의 임무를 축소하기 시작했다. 즉, 단지 "가정생활 기준의 발전과 증진은 개인을 만족시키고 사회에 유익할" 것임을 천명했다. 이 학회는 향후 개별 가정에 초점을 맞출 것이며 사회적 참여를 하지 않는 방향으로 선회한 것이다.[66]

그렇지만 가정(경제)학은 20세기 내내 미국의 대학에서 주요 학문 중 하나로 자리매김했다. 그러나 20세기 후반 들어 운동으로서의 가정과학운동은 소멸해갔으며 단지 학과로서 그 존재를 유지해왔을 뿐이다. 1980년대 전반 미국 대학생들에게 장래 어떤 직업을 선호하는지를 묻는 조사를 통해 우리는 그러한 상황을 단적으로 짐작할 수 있을 것이다. 설문 조사의 결과를 보면, 1982명의 대학 졸업반 학생들에게 36개의 직업군 가운데 희망하는 연구 분야를 선택하라고 했을 때 가정(경제)학은 34위를 차지했다. 그 밑으로는 인종연구와 직업교육 분야가 있었을 뿐이다. 가정학 탄생 75주년을 즈음한 평균적인 미국인들의 선택이었다. 이것이야말로 1980년대 미국에서의 가정학의 위상을 단적으로 보여준다.[67]

다시 한번 강조하지만, 가정과학운동은 근본적으로 산업혁명으로 인한 급격한 사회 변화에 대한 보수적 응전이기도 했다. 무엇보다도 가정과학운동의 지도자들이 추구했던 것은 기존의 여성의 위치를 잘 보존하고, 가정을 의미 있는 공간으로 만들어 여성을 집에 머물게 하거나 주부들이 '모성'과 '가정성'을 신성하게 여기게끔 하는 것이었다. 결국에는, 그들이 의도했건 아니건, 여성들의 사회 진출이 증가하는 추세에 저항하고자 했던 것이다. 물론 여기서 주 대상은 이민 출신이 아닌 백인 중산층 여성이었다. 1920년대와 1930년대 가정과학운동이 본격적으로 보수적 성격을 띠게 되면서 그나마 1900년대와 1910년대 혁신주의 시대하에서 초기 운동이 지녔던 사회개혁 지향적 역할은 상실되었다. 1902년 4차 레이크 플래시드 회의에서 가정경제학을 옹호하던 사람들의 주장, 즉 "가정은 마음과 가슴에 있는 것이지, 부엌에 있는 것이 아니다"라는 경구는 이미 철지난 얘기가 되어버렸다.[68]

●

03

가내하인에서 전기하인으로

●

From domestic servant to electric servant

●●●

1. 기술변화는 사회변화를 가져왔을까

적어도 1970년대까지 주류 학계의 해석에 의하면, 18~19세기 산업혁명 이후 산업화가 진행되면서 먼저 가정이 일터와 분리되었다. 그 결과 남성은 가장으로서 일터에서 노동력을 제공하여 임금을 받아오고, 여성은 가정의 수호자로서 '가정성'에 충실하고 전업주부로서 '가사노동'에 전념해야 한다는 이념이 정당화되었다.¹

그 이전에는 가정이 생산과 소비의 영역 모두를 포함하고 있었지만, 산업화와 기계화가 진행된 결과 가정은 생산의 영역이 거의 다 제거되고 그저 소비의 영역만 남았다는 해석, 특히 탤컷 파슨스류의 기능주의 가족사회학의 입장이 그러했다. 이러한 사고는 일반인들에게 스며들어 가정 내에서 오래된 생산 형태가 '기술적 합리성의 적용'으로 조만간 사라질 것이라고 믿게끔 했다. 예컨대, 주방에서의 조리 시간을 절약하기 위해 '패스트푸드'가 만들어지고, 집안의 힘든 일을 줄여주기 위해 세탁기나 다리미 등의 '노동절약적 기구'가 발명되었다고 보았다.[2] 따라서 19세기 말 이후 미국의 가정에서는 전기화가 진행되면서 진공청소기, 토스터, 다리미, 세탁기 같은 '전기하인'이 가내하인[3]을 몰아내면서 주부의 할 일을 줄여주고 나아가 궁극적으로는 가사노동으로부터 해방시켜줄 수 있을 거라는 낙관적 신념으로 가득차게 되었다.

사실상 이러한 주장은, 웬만한 중간계급 이상의 가정에서는 가내하인 혹은 가정부를 고용하고 있었으며 20세기 들어서면서 가내하인들이 줄어들고 있었기 때문에, 이러한 사회적 변화가 '전기하인'으로 불린 가전제품(domestic) electric appliances을 통한 기술적 변화 때문에 가능했다는 전제하에서 가능했다. 19세기의 지배적 이데올로기인 여성의 영역인 가정을 제대로 지키려면 주부 혼자만의 힘으로 중산층의 집을 관리하기란 여간 힘들지 않았다. 따라서 남녀 간의 영역 분리주의를 지키기 위해서라도, '가정성'과 '여성성'을 유지하기 위해서라도 가내하인은 반드시 필요했다고 볼 수 있다. 게다가 빨래와 세탁을 할 때는 가내하인으로 모자라 세탁부도 별도로 불러오거나 혹은 세탁소에 세탁물을 맡기거나 해야 했다.

그렇다면 과연 기계를 본격적으로 이용하면서, 거기에다 전기가 가정에 보급됨으로써 노동절약형 가사제품들이 등장하고, 이로 인해 가내하인의 필요성을 못 느낀 주부들이 하녀들을 내보낸 건지 실증적으로 확인해볼 필요가 있다. 그러니까 시간적으로 먼저 전기하인이 등장하여 가내하인의 역할을 대신하면서 후자가 가정에서 설 자리를 잃게 된 것인지, 그리하여 역사 무대에서 수요공급의 법칙이 적용되는 시장의 논리에 따라 퇴장하게 되었는가가 역사적으로 제대로 된 인과관계적 설명인지 질문을 던지는 것이다.

이 문제에 관해서 기술사가인 루스 코완Ruth Cowan 역시 동일한 질문을 던진다. 가내하인의 숫자가 줄어든 것이 과연 그들을 고용했던 중간계급 가정에서 기계화와 전기화가 실현된 결과인지 혹은 이들 가정에서 가내하인이 감소했기 때문에 그 부족을 메우기 위해 기계화와 전기화가 진행된 것인지를. 그녀의 답변은 양쪽 방향 모두 "동일하게 가능"했다는 것이다.[4] 즉, 가전제품 사용이 늘어나니까 가내하인의 수요가 줄어들고, 가내하인의 수요가 감소하니까 가전제품을 더 많이 구입하게 되는 현상이 벌어지고, 이러한 현상이 또다시 가내하인의 숫자를 줄이는 요인으로 작용했다는 것이다. 이러한 인과관계를 뒤집으면, 가내하인이 줄어드니까 그 대안으로서 가전제품의 사용이 늘어나고, 이러한 제품의 증가는 다시 가내하인의 감소를 촉진했다는 것이다. 물론, 어느 쪽 방향이건 가전제품의 증가와 가내하인 감소 간의 되먹임feedback 현상이 강화되면서, 대략 제2차 세계대전 이후가 되면 가내하인층이 미국 사회에서 거의 사라지게 되었으며, 가전제품의 사용은 중간계급을 넘어 노동계급에까지 파급될 정도로 미국 사회에서는 보편화되었다.

이처럼 코완은 가내하인과 전기하인의 인과관계에 있어 무엇이 원인이고 무엇이 결과인지가 명확하지 않다고 본다. 미국 사회에서 가내하인층의 감소라는 사회변화가 가사기술의 발전이라는 기술변화를 촉진했는지, 아니면 그 역관계가 지배적이었는지 불분명하다는 것이다. 따라서 그녀가 볼 때 하인층 감소라는 사회변화와 가전제품의 보편화라는 기술변화 사이에는 "원인과 결과가 분리되어 있지 않으며" 차라리 이 양자 사이에는 "역동적 상호작용"이 존재한다고 보았다.[5] 페미니스트 사회학자인 주디 와이즈먼도 코완의 견해에 대체적으로 동의했다. 와이즈먼 역시 코완의 주장을 인용하면서, "가내하인의 소멸이 가정의 기계화를 촉진했으며, 이것은 차례로 하인의 소멸을 가속시켰을지도 모른다"고 주장했다. 그러면서 미국에서 가내하인이 줄어든 결정적인 시기를 1920년대로 추정했다.[6]

코완의 이러한 주장은 기술변화가 사회변화를 초래한다고 보는 기술결정론을 반박하는 것이었다. 그렇다고 해서 사회변화가 기술변화를 불러온다는, 이른바 기술의 사회적 형성론에 동조하지도 않았다. 어찌 보면 기술 결정론과 기술의 사회적 형성론 사이의 절충론을 선택한 것처럼 보인다. 와이즈먼도 강조하듯이, 사회변화와 기술변화의 관계는 "근본적으로 불확정적"이다.[7] 역사적 맥락에 따라서 사회변화가 기술변화를 가져올 수도 있고, 거꾸로 기술변화가 사회변화를 초래할 수도 있다는 것이다.

중요한 점은 가사기술이 중산층 가정에서 대규모로 빠져나갈 가내하인을 대신해서, 아니 전기하인으로서 그들보다 더 잘 청소하고 빨래할 뿐만 아니라 심지어 가사노동시간까지도 줄여주고, 덕분에 주부들에게는 편안함과 안락함, 더불어 여가의 시간을 제공해주고 나아가 기혼여성들에게도 일자리를 가질 기회를 제공할 수 있다는 주장이 그 당시에 널리 받아들여졌다는 것이다. 덕분에 가전제품은 커다란 저항 없이 중산층 가정, 나아가 노동자의 가정에서도 환영받을 수 있었다.

2. 중산층과 가내하인

중산층 신분의 증표, 가내하인

일반적으로 19세기까지 미국에서 특히 중간계급 이상의 아내이자 주부로서 여성의 주된 임무는 세 가지였다. 첫째는, 남편의 말과 행동에 순종하는 것이며, 둘째는 육아에 힘써 자식들이 정신적으로나 육체적으로 잘 자라는 것이며, 마지막으로는 가정을 잘 돌보는 일이었다.[8] 바로 이 세 번째가 가사노동의 영역이었다. 집안을 깨끗이 청소하고, 부엌에서 요리하고 설거지하고, 빨래를 세탁하고 다림질하는 등 집안에서 일상적으로 벌어지는 일이었다. 그런데 이러한 집안일의 경우, 앞장에서도 보았듯이, 산업화가 진행되면서 가정에서의 남성 및 아이들의 노동에 해당하는 일들은 상업화되었다. 예컨대, 남자들은 빵을 굽기 위해서 혹은 추위를 이기기 위해서 난로에 넣을 땔감을 해오지 않아도 되었다. 먹을 빵을 만들기 위해 제분소로 밀이나 보리를 가져갈 필요도 없었다. 산업혁명은 집안일을 여성들만의 고유한 영역으로 만든 것이다.

그리하여 산업혁명 이전에도 이후에도, 그것이 '가사'로 불리건 '가사노동'으로 불리건, 집안에서 해야 하는 일들은 힘들고도 단조롭게 반복되고 일이 끝나도 눈에 띄지 않는 성격임에도 불구하고 그저 허드렛일로 인식되었다. 그러니 가사노동은 중간계급의 주부 입장에서 체통 있는 일이 아니었다. 상류층은 진즉부터 자신의 집에 거주하는 '가내하인'들을 거느리고 있었지만, 중간계급의 경우 19세기 전반부터 농촌 출신의 가난한 미혼여성들과 유럽에서 이민 온 미혼여성들을 노동시장에서 값싼 비용으로 이용할 수 있게 됨으로써 가내하인을 한둘 정도 거느릴 수 있게 되었다. 따라서 19세기 미국의 도시에 사는 중간계급에게 가내하인의 존재는 자신들이 중간계급 신분임을 보여줄 수 있는 가장 확실한 방식이었다.[9]

미국의 경우, 여성의 취업에 관련된 체계적인 센서스 자료는 1870년이 되어서야 비로소 만들어졌다. 이 자료에 따르면, 이해 약 100만 명의 여성이 중간계급 이상의 집에서 가내하인으로 상주하면서 서비스를 제공하고 있었다. 그런데 이 수치는 당시 고용 상태에 있는 여성의 절반 정도에 해당되었다. 그리고 당시 임노동에 종사하던 여성은 전체 노동력의 약 12분의 1에 해당했다. 결코 적은 숫자가 아니었다.[10]

19세기에 가내하인은 미국 태생의 백인 여성뿐 아니라 점차 외국 태생의 미혼여성을 통해 공급되었다. 후자의 경우, 이들은 이민을 와서 도시에 정착해 사는 사람들이 거주하는 지역에 많이 존재했으며, 특히 영어라는 언어적 장애가 없는 아일랜드 출신들이 주류를 이루었다. 예컨대 1825년 뉴욕시의 경우, 어떤 구직업체의 통계를 따르자면, 총 2164명이 가정부로 일하고 있었는데, 그중 무려 59퍼센트에 해당하는 인력이 아일랜드 출신이었다. 흑인 여성은 21퍼센트를 차지했고, 당시 기준으로 백인으로 분류되던 잉글랜드, 웨일스, 그리고 스코틀랜드에서 이민 온 여성은 8퍼센트를 차지하고 있었다. 그러니까 뉴욕만 보더라도 겨우 12퍼센트만이 미국에서 태어난 백인 여성이 하인으로 일하고 있었던 셈이다.[11]

시간이 지나면서 점차 중간계급 가정주부들은 주인으로서 하녀들에게 유니폼을 강요하기 시작했다. 자신과 열등한 신분인 가내하인의 차별화된 모습을 남들에게 보여주고 싶어했기 때문이다. 아래 사진(3-1)에서 보듯이, 이 젊은 여성은 전형적인 가내하인임을 보여주는 복장을 하고 있다. 당시 사회개혁가들이 인터뷰한 하녀들은 모두 이러한 복장이 자신들의 직업을 수치스럽게 느끼게 만든다고 토로했다. 영국의 경우도 비슷했다. 1860년대부터 하얀 모자를 쓰고 까만색 드레스를 입고 앞치마를 두른 전형적인 하녀들의 복장이 20세기까지도 지속되었다.[12]

중간계급은 의상을 통해서만 하인들과 구별 짓기를 시도한 것이 아니라 집안의 공간배치를 통해서도 차별화를 시도했다. 그들은 "빅토리아 시대 특유의 사생활에 대한 집착"과 일종의 '전문화'를 통해 집안 여성들만이 머물 수 있는 집안의 공간배치를 요구했다. 이들 가정의 공간은 거실 같은 공적인 영역과 가족들을 위한 사적인 영역으로 분리되었다. 또한, 하녀를 위해서는 내실에서 보이지 않는 방을 배치하고 오로지 뒷계단을 통해서만

3-1. 세탁을 앞둔 하녀. 흰색 모자와 앞치마는 청결함을 드러내고자 함이다.

부엌에 출입할 수 있게 주택을 설계하였다.[13] 이는 하인들을 위한 공간 분리 또한 고용주와 가내 서비스에 종사하는 사람들을 구별 짓기 위한 합법적인 수단이었다.

가내하인들에게는 위와 같은 불편함 말고도 더 심각한 문제가 존재했다. 도대체 중간계급 가정이라는 직장에서는 언제 정확하게 하루 일이 끝나는지 알 수 없었다. 노동과 여가의 시간이 구분조차 안 되던 것이다. 예컨대, 어떤 하녀는 주인 자신은 하루 종일 일도 하지 않으면서, 2층에 앉아 하루에 20번이나 벨을 누르고 심지어 밤 11시까지도 부르곤 했다고 언급하면서, 자신이 마치 '기계'처럼 여겨지는 상황에 대해서 분노했다. 그들은 친구를 만나고 싶어도 밖에 나가 만날 수가 없었으며, 겨우 부엌에서나 만나곤 했다. 나아가 무엇보다도 참기 어려운 상황은 같은 육체적 노동에 종사함에도 불구하고 공장에서 일하는 여성들에 비해 사회적 차별과 경멸은 그들에게만 향했다. 밖에 나가면 상식이 있는 사람이건 아니건 간에 모두 가내하인들하고는 상대하려 들지 않거나 인격적으로 대하질 않았다.[14]

이러한 상황에서 누구든 기회만 된다면 가내하인을 그만두고 다른 직장을 찾으려는 건 너무나 당연했다. 비록 자신들보다 저임금인데다 언제 일을 그만둘지 모르는 상황이었지만 가정부들은 공장에서 일을 하는 동료나 친구들을 부러워했다. 왜냐하면 이들 눈에는 그들이 적어도 고용주로부터 독립적인 지위를 누리는 것으로 보였기 때문이다. 이러한 추론은 사실이었다. 1890년대 한 사회학자는 전직 가정부였던 미혼여성 공장 근무자들이 공장일보다 돈도 더 많이 벌 수 있고, 더 좋은 공간에서 거주할 수 있는데도 왜 공장일을 선호하는지를 조사했다. 그의 연구에 의하면, 그녀들은 무엇보다도 자신이 원할 때 자신이 하고 싶은 일을 할 수 있는, 즉 자신만의 시간을 확보할 수 있기 때문임을 확인할 수 있었다.[15] 즉, 대부분의 가내하인들의 경우, 월급이 많고 잠자리를 걱정할 필요가 없는 조건임에도 사생활이 보장되지 않고 개인적 시간이 허용되지 않는 제약 때문에 기회만 되면 그 일을 그만두고자 했던 것이다.

가내하인 구성의 변화 및 감소

이렇듯 가내하인에 대한 사회적 인식이 나빠지자, 가장 먼저 미국 태생의 백인 미혼여성들이 가내하인이라는 일자리에서 빠져나가기 시작했다. 이들은 빠른 속도로 기회가 되면 바로 가정부 일을 그만두고 저임금에도 불구하고 공장과 백화점이나 연쇄점 chain store 따위의 판매직 혹은 새로 등장하기 시작한 사무직으로 기꺼이 이동해갔다. 이들 다음으로 이민자 백인 여성들 중에서 그러한 이동이 시작되었다.

인구센서스에 기초한 표 1을 보면 좀더 명확하게 인종과 민족에 기초한 가내하인의 구성 변화를 파악할 수 있다. 1860년에도 미국 태생의 백인 여성이 가내하인으로 일하는 비율은 전체 백인 여성 노동력에서 절반 이하를 차지하고 있었지만, 1900년이 되면 20퍼센트 정도로, 그리고 1920년이 되면 9퍼센트를 차지할 뿐이었다. 이들에게는 이 직종이 경멸과 수치심을 불러일으켜 자존감을 떨어뜨리는 업종으로 인식되었기 때문에, 남북전쟁 이후 산업화의 속도가 빨라지면서 교육과 취업의 기회가 상대적으로 더 많이 열리는 상황이 만들어지자 공장을 비롯한 여타 서비스 업종으로 재빠르게 이동하기 시작했다. 그리하여 1920년대가 되

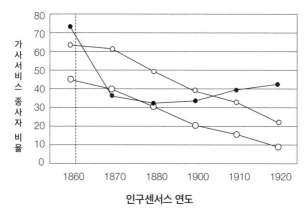

표 1. 인종 및 민족별 가사서비스에 종사하는 여성의 분포, 1860-1920.
출처: Enobong Hannah Branch and Melissa E. Wooten, "Suited for Service:
Racialized Rationalization for the Ideal Domestic Servant from the Nineteenth
to the Early Twentieth Century," *Social Science History* 36, 2(Summer 2012), 181.

면 백인 미혼여성은 거의 가정부 일을 하지 않게 되었다는 것을
의미한다.

두 번째 주요 집단인 백인 이민 여성은 1870년 이후 첫 번째
집단을 뒤따라 비슷한 속도로 가사서비스 업종에서 빠져나오기
시작했다. 가내하인에 대한 사회적 지위가 바닥을 치고, 노동조
건 또한 열악한 상황에서 이민 온 백인 여성들조차 가능한 한 빨
리 가정부를 그만두고자 했다. 그러니 다음 세대에까지 물려주
고 싶은 생각은 추호도 없었다. 물론 현실이 허용하지 않을 경우
는 어쩔 수 없었지만 말이다. 예컨대, 1900년 미국에서 살고 있
던 아일랜드 출신의 여성 노동자 60.5퍼센트는 가정부였지만,
자녀 세대의 경우 18.9퍼센트만이 가정부 자리를 대물림했다.
그래도 다음 세대는 전 세대와 비교하여 3분의 1 이하로 가정부
일을 하고 있었다.[16] 1870년에는 전체 일하는 백인 이민 여성들

중에서 60퍼센트 이상을 차지했던 상황이 1920년이 되면 22퍼센트로 급감하게 되었다.

그러나 흑인 여성들의 경우는 달랐다. 1880년 이후로 오히려 전체 흑인 여성 노동력 중에서 가정부로 일하는 비율이 증가하기 시작하여 1920년이 되면 40퍼센트 이상을 차지했다. 따라서 1900년 이후 가사서비스 시장은 소수인종, 여기서는 흑인 여성이 대표하는 양상을 띠게 되었다. 1870년 이후로 전국적으로 가내하인이 전체 노동력에서 차지하는 비율이 줄어들었지만, 특히 1880년에서 1920년 사이 미국 태생이건 외국 태생이건 백인 여성이 가사서비스 직에서 빠져나가는 동안 그들이 빠져나간 자리를 흑인 여성들이 채우는 양상을 띠게 되었다.[17]

이와 같이 가내하인에 대한 공급이 급격히 줄어들고 있었지만, 흑인 여성의 경우는 예외적이었다. 특히나 흑인 기혼여성들은 아이들 교육에 필요한 돈을 벌기 위해서라도 중간계급 가정에 들어가서 일을 해야만 했다. 주지하다시피, 당시 해방된 흑인 성인 남성들에게는 거의 일자리가 열려 있지 않았기 때문이다. 결국 1880년대 이후 해방노예들의 후손인 흑인들이 남부 농촌에서 북동부 도시로 거대한 이동을 시작했다. 이들은 임차농이나 소작인으로서 남부에 남아 있거나, 새로운 희망을 찾아 계속적으로 북부로 이동해왔다. 흑인 남성들은 공장 등에서 일자리를 찾아보았지만 그곳에서도 대부분의 경우 구사대 역할 이외에는 노동자로 일하는 것이 쉽지 않았다. 기껏해야 서비스 업종에서나 취업이 가능했다. 이들은 취업상의 차별뿐 아니라 거주지역의 차별로 인하여 이른바 게토를 형성하면서 살게 되었다. 이러한 상황 때문에 흑인 기혼여성들의 경우 가계를 책임지기

위해서는 가정부 자리라도 마다할 수 없었으며, 마다하지도 않았다.[18]

정확히 1890년 시점에서 보면, 당시 노동시장은 남성이 83퍼센트, 여성이 17퍼센트를 차지하고 있었다. 그리고 이 여성 임금노동자들은 대부분 처녀, 이혼녀 혹은 과부였다. 즉, 화폐가 없으면 생존이 불가능한 여성들이었다. 물론 여기서 처녀들은 결혼하면 대부분 바깥일을 그만두었다. 일하는 여성 중 불과 14퍼센트만이 기혼여성이었다. 그런데 이들은 대부분 이민자 출신이거나 흑인이었다. 흑인 여성 중에서 기혼여성은 23퍼센트를 차지했다. 결국 바깥일을 하는 미국 토박이 백인 여성은 기혼여성 중겨우 2퍼센트만을 차지하고 있었다.[19]

그리하여 1890년과 1920년의 30년 동안 백인 여성 가정부들의 숫자가 3분의 1로 급격히 줄어든 반면, 흑인 여성 가정부들의 숫자는 오히려 43퍼센트로 급격히 늘어났다. 게다가 대다수 백인 여성들은 결혼과 동시에 가정부 일을 그만두었지만, 흑인 미혼여성들은 무엇보다도 재정적 이유 때문에 결혼 후에도, 나아가 아이들을 낳은 후에도 가정부 일을 계속하는 경향이 있었다. 게다가 중간계급 가정의 백인 주부와 그 집에서 일하는 흑인 가정부 관계가 마치 노예제하의 주인-하인 관계를 연상시켜 가뜩이나 낮은 가내하인의 사회적 지위는 오히려 심화되었던 것이다.[20]

결국 가내하인의 중요성은 감소하게 되었지만, 북부 도시에서 흑인 가정부의 고용은 빠르게 증가했다. 이러한 변화는 무엇보다도 미국 특유의 역사에 기초했다. 산업화가 진행되던 대부분의 국가에서 가내하인의 감소 현상이 전개되고 있을 때, 역설적이게도 미국의 인종차별주의는 흑인 여성들을 가내하인으로 만드는 예외를 낳고 있었다. 1960년대 민권운동이 전개되기 이전 미국에서 인종차별은 흑인들이 다른 번듯한 직장에서 일하는 상황을 허락하지 않았다. 이러한 냉혹한 현실 앞에서 특히나 아이들이 딸린 흑인 기혼여성들에게 선택이란 주어진 것이 아니었다. 그러다 보니 1920년의 경우, 6퍼센트의 미국 태생 백인 기혼여성과 7퍼센트의 외국 출신 백인 기혼여성이 일하는 여성이었다면, 흑인 기혼여성들은 33퍼센트나 일을 하고 있었다. 상대방 백인 인종보다 4~5배 많이 유급 노동자로 존재했던 것이다. 또 다른 표현을 하자면, 당시 흑인이 미국 전체 인구의 대략 10퍼센트를 차지한 데 반하여, 일하는 기혼여성의 35퍼센트는 흑인 여성이었다. 그러니까 인구에 비례해서 흑인 기혼여성이 백인 기혼여성보다 3.5배나 많이 일을 하고 있었다.

게다가 1920년대 일련의 이민법들(1921년의 존슨 법Johnson Act, 1924년의 존슨-레이드 법Johnson-Reid Act, 그리고 1929년 국적기원법 National Origins Act)은 이민 자체를 제한할 뿐만 아니라 할당제 quota를 통해 동유럽이나 남유럽에서의 이민을 엄격하게 제한했다. 결국 1920년대 백인 미혼여성이 빠져나간 자리는 흑인 여성들 몫이 되었다. 그러다보니 흑인 여성들은 1900년에는 미국 전체 가정부의 3분의 1을 차지했지만, 1930년이 되면 거의 절반을 차지하고 있었다.[21]

새삼스레 강조하지만, 당시 미국에서 직장이 있던 여성들 중에서 가장 많이 취업한 직업은 가사서비스였다. 그렇지만 19세기 가내하인들의 취업 형태는 다양했으며, 여성의 취업에 대한 통계가 확보된 1870년 이전 시기에는 통계 자료 또한 부정확했다. 따라서 그나마 1870년부터는 우리가 신뢰할 수 있는 통계를 갖게 되었다는 것을 의미하는데, 1870년의 인구센서스는 미국 내 1가구당 약 0.110명의 가내하인이 존재했음을 보여주고 있다. 이것은 즉, 8.4가구당 1명의 가정부가 있었다는 말이 된다. 그러니까 여덟이나 아홉 가정 중에서 한 가정만이 하인을 부릴 능력이 되었다는 것이다.

여하튼 1870년 당시 미국 전역에는 약 200만 명의 여성이 유급 노동자로 일하고 있었는데, 무려 그중 절반이 가정부로 일하고 있었다. 사실상 가사서비스업에 종사하는 여성들은 1940년까지도 인구센서스에 여성 노동력 중에서 가장 큰 고용집단으로 남아 있었다.[22] 그런데 1870년에서 불과 30년 뒤인 1900년이 되면 비록 가내하인의 숫자는 절대적으로는 증가하지만, 그들이 중간계급 가정을 위해 일하는 비중은 거의 절반으로 줄어들게 된다. 즉, 15가구에 1명꼴로 하인이 존재할 뿐이었다.[23]

결국 1870년과 1900년 사이에 가내하인들의 공급은 중간계급의 증가하는 수요에도 불구하고 엄청나게 줄어들었다는 의미가 된다. 분명한 것은 대략 1870년 이후 가내하인의 사회적 지위가 꾸준히 몰락하는 상황과 동시에 가내하인의 이직離職도 증가하고 있었다. 왜냐하면 공장에서의 일자리 말고도 특별한 기술 없이 취업이 가능한 판매직이나 사무직 자리가 증가하고 있었기 때문이다. 그 결과 1870년만 해도 전체 취업 여성의 절반이나 되던 가내서비스업 종사자들이 1890년이 되면 31.1퍼센트로 줄어들면서 3분의 1 이하로, 그리고 1920년이 되면 여성 노동력 중에서 겨우 11.8퍼센트를 차지했다. 이러한 직업 분포상의 변화는 1870년에서 1920년이라는 반세기 만에 가사서비스업의 인기가 얼마만큼 급격하게 줄어들었는지를 명확하게 보여준다. 그렇기 때문에 19세기 말 20세기 초 미국 중간계급에게 가내하인의 문제는 질quality의 문제가 아니라 양의 문제였던 것이다.[24]

　노동사가인 앨리스 케슬러-해리스Alice Kessler-Harris도 가내하인의 숫자가 1870년에서 제1차 세계대전 발발 시기인 1914년까지 '극적'으로 줄어들었다고 주장했다. 그리고 그 주장의 근거로 1870년 8.4가구당 1명인 가내하인의 숫자가 1920년이 되면 18가구당 1명으로 줄어들었다는 점을 들었다. 왜 이러한 극적인 변화가 나타났을까?

　그것은 이러한 변화의 이면에 가정부로 일하던 미혼여성들이 기회가 될 경우 공장이나 세탁업 혹은 판매직, 사무직으로 일자리를 찾아나섰기 때문이었다. 그 결과 이들 가정에서는 집안에서 거주하는 가정부 대신 출퇴근을 하는 일용직 가정부, 즉 파출부로 변경할 수밖에 없는 상황을 받아들여야만 했다.[25] 이러한 변화는 언어상의 변화를 통해서도 쉽사리 확인할 수 있었다. 1930년대가 되면 귀족인 척하는 미국의 일부 부유층을 제외하고는 그 이전에 당연히 사용하던 '하녀servant girl' 대신에 '청소부cleaning lady'라는 용어를 사용하게 되었다.[26]

　그런데 흥미롭게도 대서양 건너편의 영국은 상황이 좀 달랐다. 가내하인이 이 시기 미국처럼 극적으로 감소한 것이 아니라 서서히 오랜 시간에 걸쳐 줄어들었다. 영국의 경우는 가내하인의 숫자가 최고치에 달한 것은 1891년으로 대략 가구당 0.24명이 존재했다. 즉 10가구 중 두세 가구가 가정부를 고용하고 있었던 것이다. 그러고는 1911년에 가면 0.16명으로 감소하고 제1차 세계대전이 끝난 후인 1921년에 가야 겨우 0.14명으로 줄어들었다. 그러니까 대략 7가구당 1명의 가내하인을 거느리고 있었다.

(비슷한 시기 미국은 18가구당 1명의 가내하인을 고용했다.) 디자인사가 에이드리언 포티Adrian Forty도 강조했듯이, 영국조차 전쟁으로 인해 가내하인이 급격하게 줄어들었다는 신화가 지속되어왔지만 가전제품의 이용이 늘었기 때문에 가내하인이 줄어든 것은 아니었다. 왜냐하면 가내하인이 줄어든 것은 사실이지만 1931년에는 가구당 0.12명으로 전후 10년 사이에 겨우 0.02명의 가정부가 줄었을 뿐이며 1911년부터 계산해 0.04명이 줄어든 것에 지나지 않았기 때문이다. 그러니까 영국의 경우는 미국과 달리 완만하게 가내하인이 줄어들고 있었던 것이다.[27]

위에서 확인한 바와 같은 인구조사에 근거한 통계에도 불구하고, 서론에서 언급했던 사회학자 와이즈먼은 1920년대 미국에서 가내하인이 가장 크게 줄어들었다고 오해하고 있었다. 이러한 오해는 그녀가 주로 코완의 책 『어머니에게 더 많은 일을』에 의존하며 이를 이론의 틀로 판단한 결과, 1920년대 중간계급 가정에 본격적으로 가전제품이 도입되면서 가내하인이 급격하게 감소하였다는 성급한 결론을 내린 것으로 보인다.[28]

중간계급 가정에서 가내하인의 감소는 위에서 다루었던 통계 외에도 당시 중간계급 주부들이 주로 구독하는 여성잡지들을 통해서도 확인해볼 수 있다. 이들 잡지에 실린 삽화를 보면, 적어도 제1차 세계대전 이전까지 집안의 주인은 가사일을 감독하거나, 그 일의 마지막을 멋있게 장식하는 데 비해, 가내하인들은 "아기 기저귀를 갈"거나, "식사를 준비하"고, "빨래하"고, "요리를 하"고 있었다. 그런데 1920년대 말이 되면 이러한 장면들이 삽화에서 사라지면서, 이 모든 일들을 가정주부 혼자서 하고 있었다.[29] 그러니까 1920년대가 끝날 무렵이면 미국 사회가 가정주부들이 집안일을 전부 해치우는 상황을 당연시 여기게 되었다는 의미기도 했다. 또한 가내하인들이 일하는 장면들이 여성잡지에서 사라졌다는 것은, 1918년 제1차 세계대전의 종전과 1929년 대공황의 시작 사이의 10여 년간 중간계급의 가정에서 가사노동의 주체가 가내하인에서 가정주부로 바뀌는 놀라운 변화가 일어났다는 것을 의미했다.

주택 설계를 통해서도 우리는 이러한 변화를 확인할 수 있다. 중간계급을 위한 주택은 이제 가정부의 방을 설계 도면에서 생략했으며, 부엌조차도 가정부가 아닌 가정주부를 위한 공간으로 설계하고 있었다. 예컨대, 1934년 당대의 대표적 건축가인 프랭크 로이드 라이트Frank Lloyd Wright는 부엌이 독립된 공간으로 자리잡은 최초의 주택을 설계했다.

또한 예의범절에 관한 책을 출간하여 미국인들에게 대단한 인기를 끌었던, 그리하여 주부들에게도 많은 영향력을 행사했던 에밀리 포스트Emily Post(1872~1960)는 1937년에 『에티켓』의 5번째 수정판을 낼 때, 새로운 주인공으로 여러 가지 일을 할 수 있는 '일인 삼역 여사Mrs. Three-in-One'를 등장시켰다. 포스트는 가상의 그녀를 통해 미국의 가정주부들이 요리를 하면서 식사도 준비하고, 손님도 맞이하는 요리사, 웨이트리스, 여주인hostess 같은 세 가지 역할을 하고 있음을 보여주었다.[30] 이는 1930년쯤이면 미국의 주부들이 가정에서 이 모든 일들을 혼자서 해결하는 것을 당연시하게 되었다는 것을 의미했다.

3. 가전제품의 출현과 확산

초창기 가전제품, 표준화와 보급

가내하인의 문제는 19세기 말 20세기 초 미국 사회에서 중요하게 다루어진 문제 중 하나였다. 중간계급의 가정부에 대한 수요는 증가하는 데 반해 공급은 점차 모자라게 되었기 때문이다. 따라서 '하인 문제'는 이들 당사자뿐 아니라 여러 여성잡지들을 통해서 널리 공유되었으며, 엘리트 여성들이 만든 가정과 관련된 단체들에서도 당장 해결해야 할 중차대한 문제로 자리잡게 되었다.[31]

그렇다면 과연 1870년에서 1900년 사이 혹은 1870년에서 제1차 세계대전 이전까지 중간계급의 가정에서 가내하인이 빠른 속도로 줄어드는 동안, '전기하인'으로 불린 가전제품들이 과연 가내하인이 하던 일을 진정으로 대체하게 되었던가? 혹은 중간계급 가정에 '전기하인'이 하나둘씩 등장한 이후 이들 가정에서 가내하인들이 불필요해지면서 점차 혹은 급격하게 줄어들게 되었던가?

1882년 에디슨이 뉴욕시 맨해튼 펄가Pearl Street에 세계 최초로 발전소를 건설한 이후, 빛에너지로서 전기를 전등에 사용했던 전력회사들은 처음에는 전기를 모든 가정에 제공한다는 것은 생각조차 못하고 있었다. 비록 1년 내에 1만 3000개의 전구를 밝힐 수 있었지만, 1884년까지도 수요자의 절대 다수는 기업체나 사무실이었으며, 가정의 경우 겨우 500가구에 전력을 공급했을 뿐이다. 그것도 뉴욕 시민들에 한해서 말이다.[32]

그럼에도 1890년 당시 웨스트오렌지에 위치한 에디슨연구소에서 에디슨의 조수로 근무하던 아서 케널리Arthur E.

Kennelly(1861~1939)는 "잔디 깎는 기계, 카펫 청소기, 신발닦이에 모터가 응용되는 것과 동일한 방식으로" 전기가 모터를 통해 가정에 사용된다면 집안일은 허드렛일이 될 수 없을 것이라고 주장했다. 흥미롭게도 케널리는 전기를 "자발적 노예"라고 제시했다.[33] 가내하인 대신 전기를 마치 노예처럼 부려 집안의 허드렛일을 해결할 수 있다는 낙관적인 생각을 피력한 것이다. 20세기 초부터 전기 관련 회사들이 '전기하인'이라는 개념을 전개하면서 중간계급 가정에서 줄어들고 있던 가내하인들을 가전제품들이 대체할 수 있을 것처럼 광고한 것은 이러한 케널리 주장의 연장선상에 있다고 볼 수 있다. 그러나 현실적으로는 그때까지도 전기 모터가 가사기술에 본격적으로 사용되지 못한 형편이었다.

그렇더라도 『일렉트리컬 월드Electrical World』지 통계에 따르면, 같은 해인 1890년 당시 전기산업에 종사하는 사람들은 2만 5000명, 전화기는 30만 대 정도가 깔리고, 이를 위해 미국 전체를 덮는 전선의 총 길이는 약 100만 마일(160만 9000킬로미터), 그리고 전기산업에 투자한 돈은 6억 달러라고 추산했다.[34] 그러니까 부유한 가정에서는 전등과 전화는 어느 정도 사용하고 있었지만, 가전제품의 사용은 언급하기도 곤란할 만큼 가정에 부재했다고 봐야 될 상황이었다.

1893년 전기를 일반 시민들에게 널리 알릴 기회가 왔다. 시카고에서 이른바 콜럼버스의 신대륙 발견 400주년을 기념하여 세계박람회가 열렸다. 흥미롭게도 이 박람회는 미래지향적 '모형 전기 부엌model electric kitchen'을 만들어 전시했다. 비록 박람회에는 여러 종류의 가전제품들도 전시되어 있었지만 대부분의 가정에서는 그림의 떡이었다. 일단 자신의 집에 발전소 시설을 갖출 수 없다면 이러한 제품들을 사용하는 데 필요한 전력을 제공 받을 수 없으며, 나아가 전기를 집안까지 끌어온다 치더라도 이 것들이 제대로 작동하기에 충분한 전력을 공급받기 어려웠다. 예를 들어, 전기오븐을 사용할 경우 예열만 하는 데도 1시간이나 걸렸다. 게다가 600와트 수준으로는 스토브 윗면과 오븐을 동시 에 사용할 수도 없었다. 결국 당시 수준으로 집안에 가전제품을 설치해 사용한다는 것은 최상의 부유층이나 가능한 일이었다.

게다가 1893년 미국 경제는 대공황의 직격탄을 맞아 국가적 위기 상황에 빠져 있었다. 6개월 내에 무려 8000개가 넘는 기업 이, 156개의 철도회사가, 400개의 은행이 파산했다. 총 노동력의 20퍼센트에 해당하는 100만 명의 노동자가 실업상태에 빠지고, 결국에는 1898년이 되어서야 미국 경제는 제자리로 돌아올 수 있었다. 위와 같은 상황을 고려해본다면 1890년대 대부분의 중 간계급 가정에서 전기 관련 제품을 사용한다는 것은 엄청난 제 약이 있었을 것이다. 따라서 이들 가정에서도 이직하는 가정부 를 붙잡지 못하거나 붙잡기 위한 특단의 조치 혹은 인센티브가 필요했다.[35]

전기가 보급되고 처음 몇 년 동안은 전기 기기들과 전력 시스 템을 연결할 플러그나 소켓이 발명되지 못했기 때문에 전기로 작동하는 집안의 모든 전기제품들은 전력 시스템과 직접적으로 연결되어야만 사용할 수 있었다. 그러다가 19세기 말경 비로소 소켓이 등장했지만, 처음에는 천장 전등 부속품overhead lighting fittings의 일부로 이용 가능했다. 그러니까 초창기 전기가 가정에 공급되고 있을 때는 거의 일몰 이후 전등만 가정에서 사용하고 있었기 때문에 전등 이외의 전기 기기들을 집안에서 사용하기 위해서는, 예컨대 전기 토스터를 사용하고 싶으면 사다리를 타거나 의자에 올라가 천장에 매달린 전등에 부착된 소켓에 꽂아 사용했다는 것이다. 얼마 후 벽 소켓wall socket이 만들어져 사용자들은 고생을 덜 수 있었지만 이 또한 언제나 신뢰할 만한 제품은 아니었다.[36]

게다가 천장만큼은 아니어도 전등은 여전히 벽의 높은 곳에 위치했으며, 따라서 전력을 공급받기 위해서는 긴 전선의 사용이 불가피했다. 그래도 벽 소켓 혹은 램프-소켓 덕분에 사용자들은 고생을 덜 수 있었다.

당대의 대표적인 과학기술 교양잡지 『사이언티픽 아메리칸 Scientific American』은 1904년 '가정에서의 전기'라는 글에서 당시 사용되던 여러 종류의 가전제품들을 소개했다. 그중 손과 발을 사용하는 기존의 재봉틀 대신에 전기로 작동하는 재봉틀은 돌아가는 속도를 꼼꼼하게 통제할 수 있으며, 나아가 바늘 밑으로 옷(감)을 밀어넣는 것 말고는 특별히 힘이 들지 않다 보니 심지어 병원에 있는 환자조차도 이 재봉틀을 조작할 수 있을 것이라고 강조했다.[37] 그런데 이 기사에 소개되어 있는 재봉틀을 포함한 다섯 개의 가전제품—음식을 식지 않게 하는 보온용 냄비 chafing dish, 보온 백hot-water bag, 다리미, 머리를 마는 데 사용하는 컬링 아이론 전열기curling-iron heater—을 찍은 사진들 (3-2)을 자세히 보면 모든 제품들이 긴 전선을 드리우고 전등이 위치한 소켓에 연결되어 사용되고 있음을 알 수 있다. 벽의 높은 곳에 위치한 램프-소켓을 이용하기 위해 선이 길어져 제약이 많을 수밖에 없었던 가전제품들이었다.

특히 이 잡지에서 소개된 다리미에 주목해보라. 이 다리미는

보온용 냄비.

보온 백.

3-2. 재봉틀.

다리미.

컬링 아이론 전열기.

초기 전기다리미로서 당시는 '플랫-아이언flat-iron'으로 불렸다. 이 제품이 어떻게 사용되었는지에 관한 한 전문서적의 또 다른 그림 설명을 보면 더 잘 이해할 수 있다. 다음의 그림(3-3)을 보면 알겠지만, 다리미가 착탈著脫이 가능한 기다란 전선으로 벽의 전등 소켓과 연결된다는 것을 알 수 있다. 즉, 전선의 한쪽은 다리미에 연결하고 나머지 전선의 끝은 왼쪽 소켓에 연결하여 플러그의 스위치를 좌우로 돌려 다리미에 전기를 공급하거나 차단하고 있었다.[38] 이 책의 설명에 의하면, 이러한 종류의 다리미는 보통 6파운드의 무게를 지니고 110볼트에 5암페어의 전류가 흘렀다. 만일 시간당 1킬로와트에 10센트를 지불해야 했다면, 이 전기다리미의 시간당 비용은 5.5센트였다.[39]

두 번에 걸쳐 미국전기엔지니어협회American Institute of Electrical Engineers(AIEE) 회장을 역임하고, 1879년에는 엘리후 톰슨과 함께 톰슨-휴스턴 전기회사를 설립했던 에드윈 J. 휴스턴

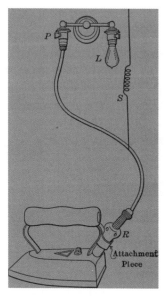

3-3. 소켓과 연결된 '플랫-아이언'.

Edwin J. Houston(1847~1914)은 1905년에 출간된 『일상에서의 전기Electricity in Every-Day Life』에서 당시 미국 가정에서는 "빵이나 버터, 고기, 우유, 얼음, 석탄이나 양탄자처럼 발전기, 모터, 전차, 전기램프, 전화, 배터리에 대해서 거리낌없이" 대화를 나누었다고 서술했다.[40] 20세기 초 미국 사회의 일상에서 전기기 사용되기 시작했음을 언급한 것이다.

　그러나 그의 주장은 당시 전기가 산업분야에서는 비교적 널리 사용되고 있지만 가정에서는 조명 정도로 사용될 뿐이라는 것이지, 일반적인 의미의 가전제품에 전기가 본격적으로 사용되고 있다는 의미는 아니었다. 기껏해야 위에서 언급했던 램프-소켓에 연결해 사용하는 방식으로 작은 크기의 가전제품들만이 소수의 가정에서 사용되고 있을 뿐이었다.[41] 따라서 가전제품이 힘을 제대로 쓸 수 있게 이용되려면 전구에 사용되는 소켓과는 별도로 작지만 강력한 동력을 발휘할 수 있는 전기모터가 개발되어야 했다. 모터는 전자기에너지를 기계에너지로 바꿀 수 있기 때문에, 이 조그만 내장형 모터를 장착한 청소기나 세탁기, 냉장고는 강력한 힘으로 청소나 빨래를 해치우고, 냉각 기능을 신속하게 처리할 수 있었다. 그리고 더 중요하게는 이 작은 내장형 전기모터를 활용한 가전제품들이 미국 가정에 수용되면서 개별적 차원에서 허드렛일의 어려움을 줄여주고, 노동시간도 줄여주었다. 결과적으로 주요 가전제품에 들어간 이 작은 전기모터는 각각의 가정에 수용되어, 앞에서도 언급한 샤롯 퍼킨스 길먼 같은 초창기 페미니스트가 주창한 공동체에 토대한 가사노동에 대한 대안이 미국 사회에 수용되지 못하게 만든 가장 중요한 인공물이었다.[42]

그렇지만 이러한 소형 전기모터는 에디슨 회사가 주장하는 직류와 니콜라 테슬라Nikola Tesla를 지지하는 웨스팅하우스 회사가 주장하는 교류 간의 전류 전쟁이 끝나고, 교류로 표준화가 진행된 이후에나 가정에서 사용할 수 있었다. 그것도 전기의 가격과 웨스팅하우스사의, 니콜라 테슬라가 개발한 교류 전기모터의 가격이 중간계급 소득을 고려할 때 충분히 낮아진 다음에나 가능해졌다. 이때가 1910년이었다. 다행히도 당시 미국에서는 다른 경쟁국들과는 달리 일찌감치 전기와 관련된 표준화가 진행되었다. 미국에서의 표준화는 경쟁하는 전기회사들 간에 특허 사용을 서로 교차 승인함으로써 더욱 확산되었다. 전기설비업체들은 재빨리 '전국전기조명협회National Electric Lighting Association(NELA)'라는 전국적 조직을 만들었으며, 전기제조업체들도 '전국전기제조업자협회National Electric Manufacturers Association(NEMA)'를 만들었다. 나아가 미국 연방정부 또한 이러한 '상호 특허 인가cross-licensing'를 권장함으로써 간접적으로 표준화 진행을 도왔다. 그리하여 1910년까지는 미국 전체 가정에 60사이클(60Hz)의 교류로 120볼트를 제공하는 하나의 전류로 표준화되었으며, 따라서 전기 관련 회사들은 미국 내에 '동일한 표준의 대량생산 기술'로 만들어진 전기제품을 위한 전국 규모의 시장이 형성될 것이라고 충분히 예측할 수 있었다.[43]

따라서 1910년 이후에나 가정용 전기 기기들이 본격적으로 대량생산되기 시작했다. 표준화 없이는 불가능한 일이었다. 제조업자들도 한 가지 버전의 규격화된 제품만 생산하면 되었다. 소비자들은 멀리 이사를 가서 동네가 달라져도 신경쓸 필요가 없게 되었으며, 사용하고 있던 가전제품을 다른 브랜드로 바꾼다 치더라도 걱정할 필요가 없었다. 1910년 당시 미국의 전기 공급은 주로 도시 지역에 국한되었으며, 겨우 10가구 중 1가구만이 전기장치를 이용할 수 있었다. 그렇지만 1910년 이후 전기 공급 상황은 급변했다. 즉, 1907년에 미국의 전기보급률은 겨우 8퍼센트였는데, 1912년이 되면 16퍼센트로 불과 5년 만에 2배로 증가하며, 1920년이 되면 34.8퍼센트로 늘어니 8년 만에 또다시 2배 이상 증가했던 것이다.[44]

요약하자면, 미국은 다른 어느 산업국가보다도 먼저 국가가 나서서 업체 간의 치열한 경쟁을 조정하고, 업체 또한 경쟁하면서도 자신들의 이해관계를 반영할 수 있는 이익단체를 만드는데 동의했다. 덕분에 업체 간에 난립할 수 있는 표준화 주도권 싸움을 일찌감치 끝내고 같은 위치에서 오로지 소비자만을 상대로 선의의 경쟁을 할 수 있게 되었다. 그것도 대량생산의 포문을 열어놓고서.

전기하인의 이상과 현실

과연 가전제품은 점점 줄어드는 가내하인을 대신할 목적으로 만들어졌는가? 즉, 가사기술의 실현인 가전제품들은 가사노동의 양을 줄여주거나(노동절약) 가사노동의 시간을 줄여주기(시간절약) 위한 목적으로 만들어진 인공물이었던가?

가전제품이 가내하인을 대신할 수 있을 거라는 생각은 20세기 초에도 계속 이어졌다. 전기를 이용한 제품들을 생산하는 업체에서는 가내하인 대신에 더 값싼 비용에, 더 효율적으로 가정에서의 허드렛일을 할 수 있다고 광고했다. 그런데 다른 어느 가전회사보다도 먼저 가사기술을 통해 가내하인 대신 집안일을 할 수 있는 '전기하인'을 만들어 주부들을 가사노동에서 해방시켜줄 수 있다고 선언한 회사는 다름 아닌 당대 최고의 전기회사인 제너럴 일렉트릭이었다.[45]

제너럴 일렉트릭사가 광고를 통해 전기가 당대의 사회 문제인 가내하인 문제를 해결해줄 수 있다고 공언했을 때는 1911년이었다. 대량생산의 가능성이 확보되자 소비자를 향해 공격적인 광고를 시작한 것이다. 즉 "전기를 당신의 하인으로 만들라" 그리하면 전기하인이 시간과 노동력을 절약할 수 있다고 말이다(3-4). 하지만 광고에 나와 있는 제품들은 다리미나 주방에서 소소하게 사용할 수 있는 가전제품들일 뿐이었다. 가내하인을 대체할 만한 내용물들이 전혀 아니었다. 게다가 앞에서도 언급했던 것처럼, 수십만 이상의 노동력이 중산층 가정을 이미 빠져나간 후의 상황이었다.

제너럴 일렉트릭사는 바로 다음 해인 1912년 또 다른 광고(3-5)를 통해서도 전기가 하인 문제를 깨끗하게 해결해준다고 주

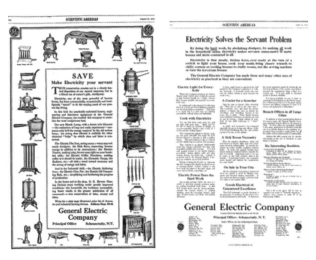

3-4. (좌) 『사이언티픽 아메리칸』, 1911년 8월 12일, p. 134.
3-5. (우) 『사이언티픽 아메리칸』, 1912년 4월 13일, p. 322.

장했다. 즉, "힘든 일을 함으로써, 허드렛일을 없앰으로써, 가정
에서의 모든 일을 더 쉽게 만듦으로써, 전기는 하인들을 불필요
하게 만듭니다"라고 말이다. 광고에 의하면, 전기오븐을 통해 요
리를 쉽사리 할 수 있으며, 토스터·커피추출기percolator· 보온
용 냄비 등 음식과 관련된 가전제품을 사용할 수 있었다. 전기를
이용한 재봉틀, 진공청소기, 세탁기 등의 가전제품을 통해 주부
가 감당해야 하는 힘든 일도 거뜬히 해결할 수 있었다. 이렇듯 전
기는 "청정, 안전, 그리고 편리"로 무장하여 가정에 빛, 열, 힘을
제공할 수 있다고 광고하고 있었다. 이러한 주장대로라면 중간
계급 가정에서 가전제품을 구입해 사용하게 되면 구태여 가정부
의 손길이 필요 없다는 의미이기도 했다.[46]

그렇다면 과연 미국의 현실은 어떠했을까? 이 회사의 주장처
럼, 가내하인의 문제를 해결하는 데에 도움이 되었을까? 이러

한 문제제기를 살펴보기 위해서는 가정경제학자인 메리 패티슨 Mary Pattison(1869~1951)의 연구가 도움이 될 것이다. 패티슨은 1915년에 뉴저지주의 '여성클럽총연맹'을 위해 『가사공학의 제 원리Principles of Domestic Engineering』를 출간했는데, 이 책은 기본적으로 프레더릭 테일러의 '과학적 관리'의 원리가 가정에 도 적용 가능하다는 전제하에서 가사노동을 가장 효율적으로 운 영하는 방식을 보여주고자 했다. 특히나 패티슨의 책은 자신이 책임지고 있던 뉴저지주 콜로니아Colonia에 위치한 '실험 부서 Experiment Station'에서 뉴저지주에 거주하는 수천 명의 주민들에 게 질문지를 돌려 나온 결과에 토대를 두고 있었다.

패티슨은 이러한 '과학적 관리'에 대한 실험을 단지 가정에 적 용할 뿐 아니라 당시 사회적 이슈였던 '하인 문제'를 해결하기 위한 목적으로 진행했다. 가정주부에게 더 나은 "힘과 독립성"을 부여하고 싶어했기 때문이다.[47]

이 책이 출간되기 이전인 1912년에 이미 「가사공학」이라는 짧 은 에세이에서 현재 진행 중인 '자본과 노동의 갈등'을 해결하기 위해, "생산자와 더 나은 협력을 위해 소비자를 조직함으로써 자 본 문제에 대처하고 하인 계급을 없앰으로써 하인 문제를 없애" 려고 '가사 실험 부서Housekeeping Experiment Station'를 만들었 다고 언급했다. 특히나 여성 하인들이 공장이나 사무실, 상점 등 의 판매직으로 이동하면서 빠른 속도로 줄어드는 상황은 미국뿐 아니라 세계적으로도 시급한 현안으로서 즉각적으로 해결되어 야 할 사회적 문제라고 인식하고 있었다.[48]

패티슨은 바로 이 실험 부서에서 여러 기계류를 사용해보았 다. 요리할 때 필요한 가스나 전기레인지에서는 실용적인 면을 찾아낼 수 있었지만, 빨래할 때 필요한 실용적인 세탁기는 찾을 수 없었다. 제1차 세계대전 이전까지는 제대로 된 가전제품이 충분히 생산되지도 않았을 뿐더러 그러한 제품을 중간계급 가정에서 충분히 사용하고 있지 않다는 것을 패티슨도 모르지는 않았을 것이다. 패티슨은 낭비를 최대한 줄여서 얻을 수 있는 효율을 '과학적 관리'로 이해하고 있었으며, 또한 그것이 '가사공학'이라고 이해하고 있었다.

그래서인지 노동국bureau of labor이나 중앙집중화된 회사에서 전문가 수준의 노동자를 시간 단위로 혹은 하루 동안 가정에 파견하는 계약을 맺는 것이 필요하며, 이것이야말로 가정부를 집에서 없애는 동시에 "독립적이고, 자기존중적인 남성 및 여성 사업자들"을 낳을 수 있다고 보았다. 그녀에게 중요한 점은 "가정을 가사공학 시스템을 통해 표준화"하는 것이 필연직이라는 것이다. 그래야만 가정에서의 일이 허드렛일이 안 되고 주부들이 지쳐 나자빠지지 않을 것이라고 보았다.[49] 결국 가전제품에서 미래를 찾기보다는, 중간계급 가정에서 거주하면서 가사노동을 담당하는 가정부가 아니라, 여타의 직장처럼 출퇴근하면서 가사업무를 전문적으로 처리할 수 있는 전일제 혹은 시간제 가정부, 즉 파출부를 새로운 대안으로 제시했다.

그러나 패티슨의 이러한 주장조차도 현실과는 동떨어져 있었다. 초기의 가전제품 대다수는 하인을 대신하기는커녕 이직하려는 하인들을 붙잡기 위해 디자인되었다. 게다가 이것들 중 다리미를 제외하고는 힘든 가사노동을 실질적으로 줄여주지는 못했다. 그렇기 때문에 제1차 세계대전 전후의 광고들에는 가전제품을 가정주부가 아닌 가내하인이 사용하고 있는 모습으로 싣고 있었다. 왜냐하면 이직하려는, 혹은 잠재적으로 이직할 수도 있는 가내하인들에게 가전제품을 사용할 경우 집안에서의 일들이 '보다 매력적'일 수 있다는 인상을 주기 위해서였다.

한 예로, 1918년 『레이디스 홈 저널Ladies' Home Journal』에 실린 광고(3-6)를 보자.[50] 이 광고는 가내하인이 줄어드는 당시 상황을 분명하게 인식했던 결과물이었으며, 나름 타결책으로 가사노동의 절약을 위한 몇몇 도구들을 제시했다. 주로 청소 및 설거지와 관련된 제품들이며, 광고에 등장하는 여성은 가정주부라기보다는 유니폼을 착용한 가내하인이었다. 기계화된 인공물이라고는 기껏해야 청소기와 식기세척기인데, 이마저 소수의 가정들만이 사용하는 제품이었다.

이는 영국의 경우도 비슷했다. 영국에서는 1930년대까지도 가정부를 고용할 수 있는 경제적 여력이 있는 계층만이 가전제품을 구입하고 있었다. 예컨대, 1920년대 영국의 전문가 집단의 연간소득은 500~700파운드인 데 비해 당시 진공청소기 가격은 20파운드나 했다. 따라서 당시 가전제품은 이들 집단조차도 손쉽게 구매하기 어려운 가격이었다.[51]

따라서 결과적으로 초창기 가전제품은 감소하고 있던 가내하인들을 대신했던 것이 아니라 이들의 감소를 막거나 줄여주는 역할을 했다고 볼 수 있다. 이와 같이 '하인 문제'가 사회 문제화되었을 때 고용주로서의 우선적인 반응은 가내하인들에게 일하는 조건이 나아졌다는 표시로서 "더 나은, 더 효율적인" 가전제품들을 제공함으로써 그들에게 일이 더 쉬워졌음을 가시적으로 보여주는 것이었다. 가사노동을 다른 행태의 일자리보다 '경쟁력이 있는' 것으로 만들고자 했던 것이다. 그러니까 초창기 다수

3-6. (좌)『레이디스 홈 저널』, 유니폼을 착용한 가내하인이 등장한다.
3-7. (우)『새터데이 이브닝 포스트』, 1919년 2월 1일, p. 107.

의 노동절약적·시간절약적 도구로서의 가전제품은 가내하인들을 대체하기보다는 그들을 붙잡아두려는 '하나의 수단'으로서 등장했다고 이해해야 한다.[52]

그럼에도 1910~20년대 많은 여성잡지들이나 가정 매뉴얼 등은 '전기하인'으로서의 가전제품이 가내하인을 대신하고 있다는 생각과 가전제품이 '가사노동 절약'의 징표라는 주장을 끊임없이 재생산하고 있었다.[53] 1919년 2월 1일자, 당시 중산층이 가장 즐겨보던 주간지인『새터데이 이브닝 포스트Saturday Evening Post』에 실린 한 광고(3-7)를 보자.

1886년부터 전선과 케이블을 주로 생산하던 전국 규모의 하비셔Habirshaw는 절연 전선insulated wires과 관련된 광고를 전면으로 실었다. 그런데 광고의 제목이 우리의 눈길을 끈다. "가정의 전기하인The ELECTRICAL SERVANT in the HOME." 도대체 가전제품 광고도 아니고 절연 전선 광고인데 왜 전기하인이 표제어가 되었을까? 이 전면 광고는 이렇게 시작하고 있다. "현대 가정은 과학적 노선에 따라 조직되고, 준비되고, 운영되고 있다. 오늘날의 주부는 필연적으로 가정학의 전문가다. 노동과 그것(노동)의 비용 상승은 여느 산업 관리자에게처럼 그녀(주부)에게도 문제다"라고 문제를 제기한다. 특히 가사노동에서 가장 큰 부분을 차지하는 것이 청소와 요리라고 하면서 가전제품들—진공청소기, 세탁관련 제품, 레인지, 토스터, 조리기구 등—이 이러한 문제들을 완벽하게 해결해주고 있다고 소개한다. 나아가 이 가전제품들은 주부에게 이미 친숙하며, 가정부와 비교하여 "더 저렴하면서도 덜 의존적"이라고 주장한다. 그런데 전기와 관련된 모든 인공물들은 절연 전선을 통해 흐르는 전류로 작동하기 때문에 자신의 회사같이 믿을 수 있는 전선 관련 제품을 만들어내는 제조업체를 식별하는 것이 중요하다고 강조하고 있다.[54] 즉, 가전제품을 가정에서 더 많이 사용할수록 자신의 제품 또한 더 많이 팔릴 것이기 때문에 가내하인 대신에 가전제품이라는 '전기하인'을 사용하라고 권하고 있는 것이다.

그러나 전기와 관련된 미국의 현실은 사뭇 달랐다. 대표적인 소규모 도시였던 인디애나주 먼시Muncie를 보자. 컬럼비아 대학의 사회학자였던 로버트 린드와 부인 헬렌 린드가 선택한 이 도시는 고전 반열에 오른 그들의 책에서는 '미들타운Middletown'이라는 익명의 도시로 등장한다. 이곳은 조사대상 시작연도인 1890년에는 95퍼센트 이상의 가정에 전기가 전혀 공급되지 않고 있었다. 1916년이 되어서야 60퍼센트의 가정이 주로 조명의 용도로 전기를 사용하고 있었으며, 현장조사 시점인 1925년이 되면 이곳 가정의 99퍼센트에 전기가 공급되고 있었다. 전기가 일상에 자리잡게 되었음을 알 수 있다.[55]

　그러니까 1920년대가 되어야 전기가 일반 가정에 본격적으로 자리잡았다는 의미이기도 하다. 우리는 이 시기 광고가 가전제품 판촉에 엄청난 영향을 끼쳤음을, 나아가 소비사회 구현에 커다란 공헌을 했음을 알고 있다. 예를 들어, 에디슨 가전회사는 '핫포인트Hotpoint'라는 브랜드로 자사의 제품을 판매하고 있었다. 이 회사는 1920년대 전반 가정부를 둘 만큼의 경제적 능력이 없는 주부들 혹은 가정부가 이직하여 어쩔 수 없이 혼자서 가사노동을 해야 하는 주부들을 위해서 기존의 토스터, 다리미, 고데기curling iron 등의 소형 가전제품 라인을 '핫포인트 서번트Hotpoint Servant'라고 명명하여 광고했다. 자사의 제품이 가정부의 역할을 할 수 있거나 가정부를 대체할 수 있다는 메시지를 분명히 담고 있었다.[56]

　무엇보다도 이 시기 제너럴 일렉트릭사는 가전제품의 대표적인 광고주 중 하나였다. 제너럴 일렉트릭사는 일찍이 1922년 7월, 1920~30년대 신화적인 광고인이자 '문화 영웅' 중 한 명인 브루스 바턴Bruce Barton(1886~1967)이 공동 소유주로 있던 광고회사 BBDO(Batten, Barton, Durstine, and Osborn)와 계약을 체결했다. 바턴의 설득대로, 제너럴 일렉트릭사는 제품 판촉을 하나의 통합된 상징을 지닌 광고 캠페인으로 진행했다. 1920년대를 통해 이 회사의 광고비용은 1922년의 200만 달러에서 1930년에는 1200만 달러로 급증했으며, 매년 전국적 규모의 잡지 지면을 통해 200번 가량의 광고를 함으로써 미국의 모든 가정이 제너럴 일렉트릭사를 인지하게 했다. 광고 캠페인이 진행되는 동안 바턴은 전국전기조명협회나 가정학협회를 비롯한 지역의 여성단체들, 지방정부들의 협력을 이끌어낼 수 있었다.[57]

제너럴 일렉트릭사의 광고 하나를 통해 어떤 방식으로 이 회사가 주부들을 설득했는지 확인해보자. 예컨대 1925년의 한 광고는, 아래의 문구처럼, 전기를 사용해야만 좋은 어머니로서, 즉 가정주부로서 성공할 수 있다고 주장했다.

이것은 어머니로서 성공하기 위해 거쳐야 할 과정입니다. 좋은 어머니라면 먼저 해야 할 일을 우선 합니다. 좋은 어머니는 아이들을 돌봐야 할 시간에 바닥을 쓸지 않습니다. …… 좋은 어머니는 집이 어둡다는 이유로 저녁 시간의 오붓함을 희생하지 않습니다. 요즘 사람들의 눈에 맞춰 방을 환히 밝히려면 시간당 5센트도 들지 않습니다. …… 시간당 몇 센트면 전기가 모든 것을 해결해주기에 자질구레한 일에 신경을 쓰지 않아도 됩니다.[58]

광고의 주장대로라면 1달러 이하의 돈으로 무려 하루 20시간 이상이나 전기를 사용할 수 있어 자식들을 제대로 '돌볼' 수 있으며, 저녁 시간을 가족들과 '오붓하게' 보낼 수 있으며, 집안의 '자질구레한 일도 신경쓸' 필요가 없었다.

이 시기의 또 다른 제너럴 일렉트릭사의 광고를 보자. 바턴이 만든 광고였다. 청소기나 다리미 혹은 세탁기 따위의 특정 가전제품을 선전하지 않고, 이러한 제품들을 작동시키는 전기모터를 소개하고 있었다. 이 광고는 "자그마한 전기모터가 할 수 있는 가사 업무를 여성은 시간당 3센트를 아끼려고 일한다. 시간당 3센트로 팔기에는 인간의 삶이 너무나 소중하다"면서 가정주부에게 감성적으로 호소했다.[59] 무엇 때문에 당신의 부인이 그 귀한 시간에 그렇게 힘든 일을, 게다가 중요하지도 않은 일을 해야만 하는가? 불과 몇 센트면 '전기하인'들이 알아서 잘 해결해줄 텐데 말이다. 이 광고대로라면 이제는 시간당 3센트로 미국의 주부들은 전기문명하에 가전제품의 혜택을 누리며 가사노동으로부터 해방될 수 있었다. 중간계급의 남편들이 이러한 광고를 보고도 가전제품 구입을 망설였다면 아마도 대부분 죄책감을 느꼈을지도 모른다.

이러한 광고들은 남편들뿐 아니라 누구보다도 주부들에게 굉장히 유혹적이었다. '허드렛일'이라 불린 많은 일들이 여성들 몫이었다. 청소하고, 빨래하고, 다림질하고, 요리하고, 설거지까지 이 모든 일들이 허드렛일로 분류되었다. 열심히 해도 절대 티가 안 나는, 그러나 하지 않으면 집안이 엉망이 되는 그러한 일들이었다. 그런데도 사회적 통념은 이런 힘든 일들을 그저 허드렛일이라 부르고 대단치 않은 일로 치부했다. 그런데 이런 허드렛일들을 전기하인이 해결해주겠다고, 나아가 허드렛일로부터 주부들을 해방시켜주겠다고 광고하고 있었다. 많은 가전제품 광고들이 허드렛일 운운하면서 주부들이 무엇을 불편해하는지를 정확하게 집어냈던 것이다.

요약하자면, 20세기 초까지만 해도 가전제품은, 전기 관련 업체들의 주장과는 달리, 가격 면에서도 품질 면에서도 중산층 주부들을 만족시켜주지 못했다. 결국은 제1차 세계대전 이후 가전제품의 대량생산이 가능해지고, 충분히 구입 가능한 가격으로 인하된 다음에야 중간계급 가정에서 더욱 널리 사용되었다.

따라서 중요한 점은 가사노동에 심대한 변화를 가져온 '노동절약적' 가전제품들은 사실상 1920년대가 되어야 본격적으로 소비자들에게 선보였다는 것이다. 전기가 미국 가정에 보급되던 초기 단계인 1880년대는 기껏해야 전기로 움직이는 선풍기가 선보였으며, 1890년대와 1900년대에서나 전기다리미와 토스터가 그 뒤를 이어 나타났을 뿐이었다. 이후, 제너럴 일렉트릭사의 경우 1913년까지도 주로 여러 종류의 토스터나 다리미 또는 전기레인지를 생산했지만, 1925년에서 1930년 사이에 와서야 비로소 본격적이고도 의미 있는 가전제품들을 만들기 시작했다. 냉장고나 세탁기가 그 대표적인 인공물이다.

우리는 통계를 통해서도 이러한 가전제품의 보급 시기를 확인해볼 수 있다. 예를 들어, 세탁기의 경우 1900년에는 미국 전역에서 단지 3000대가 생산되었지만, 1919년이 되면 50만 대, 1925년이 되면 88만 2000대로 25년 만에 생산량이 무려 294배가 증가했다.[60]

가전제품이 중간계급 가정의 일상생활에 속속 자리잡게 되는 1920년대 중반 들어, 앞에서 언급했던 가정경제학자인 패티슨은 이제는 가전제품으로 인해 주부들이 가정의 허드렛일에서 벗어날 수 있으며, 마침내 가정에서의 노예에 가까운 삶에서 해방될 수 있다고 주장했다. 패티슨은 자신 있게 "여성들을 접시, 목욕통, 부엌에서 해방시켜야 한다"는 생각이 실현되고 있으며, "이제는 여성들이 새로이 등장한 수단과 문화를 터놓고 받아들여 평소에 하던 일의 효율을 얼마나 개선할 수 있을지가 관건일 뿐"이라고 강조했다.[61]

상업용에서 가정용으로 정착된 가전제품

20세기 초까지도 전기회사들은 미국의 모든 가정에 전기를 제공해야겠다는 생각을 하지 않았다. 기본적으로 사기업인 이들은 이윤이 발생하기 힘든 농촌은 아예 포기하고 있었고, 그나마 도시의 인구밀도가 높은 지역에나 전기를 팔겠다는 생각을 하고 있었다.[62] 그러니 선풍기건 헤어드라이어 혹은 다리미 같은 소규모 전기제품들이 전력 수요 증대에 도움이 되리라고는 생각조차 하지 않았다. 그러나 피크타임 이외에는 전력이 남아도는 상황에서 이들은 그 용도를 확대하지 않을 수 없었다.

1890년대에는 우선적으로 운송에너지로서 전차 노선과 기차 노선에 전기가 활용되었다. 그리고 1890년대 이후 20세기 초까지도 전기가 주로 응용된 분야는 가정이 아닌 상업과 산업 분야였다. 전기선풍기를 제외하고는 전기다리미조차도 우선적으로는 양복점과 세탁소에서 사용될 목적으로 만들어졌으며, 전기토스터 또한 호텔이나 기숙사 등에서 사용될 목적으로 제조되었다. 에디슨의 첫 발전소 준공 이후 30년이 지난 1912년까지도 전력이 공급되는 가정은 미국에서 불과 16퍼센트에 지나지 않았다. 이들 가정은 짐작할 수 있겠지만 중간계급 이상의 경제적 능력이 있는 경우였다.[63]

20세기에 들어서면서 전력회사들은 여하히 부하율負荷率·load factor을 높일 수 있을지 고민해야만 했다. 특히 낮 시간 동안 전력 사용을 늘여야만 수지타산을 맞출 수 있는 상황이었다. 결국 가정에서도 전력 소비를 이끌어내야만 했는데, 그 목표를 달성하기 위해서는 가정에서 사용 가능한 인공물들이 만들어져야만 했다. 그리고 가정에서 전력 수요를 늘릴 수 있는 것은 주로 요리와 난방 영역이라고 생각했다.

예컨대, 남캘리포니아 에디슨 회사Southern California Edison Company(SCE)는 1904년 경영상 곤란한 상황에 빠져 있었다. 즉, 낮 시간에 "거대한 증기 터빈들이 할 일 없이 놀고 있는" 긴박한 지경에 있었던 것이다. 비록 부근 로스앤젤레스의 인구가 급속도로 팽창하고 있었고 1900년 이후에는 대부분의 가정에 전등이 설치되었지만, 그것만 가지고는 충분치 않았다. 더 많은 가정용 기기들을 주부들이 사용해주어야 그나마 그들의 위기를 타개하는 데 도움이 될 수 있었다. 그리하여 이 전력회사는 가전제품을 팔기 위한 '공격적이고, 직접적인 마케팅'에 돌입했다. 그렇지만 램프-소켓 설비에 맞는 6암페어 이상의 제품—예를 들어 전기레인지—은 일부러 판매하지 않았다. 과부하가 걸릴 경우 전력 공급이 중단되기 때문이었다.

이 회사는 자체 전시장을 열고, 신문이나 회람 등을 통해 가전제품을 선전하기 시작했다. 심지어 전기다리미나 커피 추출기를 빌려주기도 하고, 할부 판매도 실시했다. 1907년이 되면 남성으로 구성된 전문가 세일즈맨을 집집마다 방문시켜 가전제품의 유용성을 알리면서 직접 판매를 시도했다. 그 결과 1911년에는 1만 5438대의 다리미, 4634대의 커피 여과기, 3440대의 토스터, 기타 제품 2000대를 팔 수 있었다. 1915년이 되면 총 14만 1705대의 가전제품을 판매하여 전국적인 명성을 얻게 되었다.[64] 그렇지만 당시 팔린 가전제품들이 과연 가내하인들을 위해 사용된 것인지 혹은 주부들을 위해 사용된 것인지 확인하기는 어렵다.

게다가 당시 대부분의 미국 가정에서 배선은 규제가 없었기 때문에 집마다 통일이 안 되어 있었으며, 배선 상태도 좋지 못해서 조명 정도 이상의 수준이 되지 못했다. 집안에 들어온 전기와 연결되는 전기제품의 플러그 또한 제조업체에 따라 형태와 스타일이 다 달랐다. 게다가 전기스토브나 냉장고처럼 평균 이상의 와트를 요구하는 가전제품의 경우 집안의 배선을 아예 바꾸어야 했다.[65] 그러니까 제1차 세계대전 이전까지는 소규모의 가사기술만이 활용되고 있었으며, 가내하인을 대체할 만한 수준은 결코 아니었다.

연방정부의 센서스에 의하면, 1904년 당시 미국에서 사용한 산업용 전기모터는 13만 5000대였으며, 그중 약 절반인 6만 2000대가 발전소용이었다. 그런데 1919년이 되면, 전력회사에서 구입한 전기를 사용하는 모터는 약 98만 대였으며, 1927년이 되면 215만 대가 넘었다. 8년 만에 전기모터 사용이 2배 이상 늘어난 것이다.[66] 즉, 1920년대에 와서야 가정용 소비제품에 전기모터가 본격적으로 사용되었던 것이다.

예컨대, 린드 부부의 조사에 의하면, 1920년 3월에서 1924년 2월까지 정확하게 4년 동안 미들타운에서의 전기 사용량은 가구당 무려 25퍼센트 증가했다. 무엇이 전기 사용량을 증가시켰는지는 다음의 통계를 통해서 간접적으로 확인할 수 있다. 1923년 6개월 동안, 다리미 1114대, 진공청소기 709대, 토스터 463대, 세탁기 371대, 전열기 114대, 냉장고 11대, 전기레인지 3대가 판매되었다.[67] 또한 우리가 주목해야 할 것은 전기 보급률이었다. 1917년까지도 미국의 24퍼센트의 가정에서만 전력을 이용할 수 있었다. 그러나 1930년이 되면 무려 80퍼센트의 가정에 전기가 공급되었다.[68]

그렇기 때문에 많은 가전제품들이 원래는 가정에서 사용될 목적으로 만들어진 것은 아니라는 점을 주목하기 바란다. 우리가 당연히 가전제품으로 생각하는 청소기나 냉장고, 세탁기, 심지어 소형 전기모터조차도 가정에서 사용할 목적으로 개발된 것이 아니었다. 이 인공물들은 무엇보다 상업적 목적으로 발명되고 계속해서 혁신된 것이었다. 그래서인지 이러한 제품들의 발명도 가사노동과 관련되지 않은 남성들 몫이었다. 나아가 훗날 가정용으로 전환되었을 때도 위의 제품들은 가정주부를 대상으로 하는 인공물임에도 불구하고 남성 세일즈맨에 의해 판매되었다.[69]

즉 대부분의 초창기 가사기술은 "공식경제의 생산과정에서 비공식 가정경제의 생산과정으로 '기술이전'된 결과"인 것이지 가내하인이 줄어들었기 때문에 이들의 빈자리를 메우기 위해 만들어진 것이 아니라는 점이다. 어떤 전기 관련 제품이 처음 출시되면, 그 인공물이 가정에 보급되기 전까지는 생산영역에서만 활용되었다. 그 제품은 산업용 혹은 상업용으로 발명되었다가, 나중에 그러한 시장이 포화상태에 빠진 이후에나 시장 확대를 목적으로 한 가정용 소비재로 재등장하게 되었다. 20세기 초 전기세탁기나 진공청소기 그리고 훗날 냉장고가 그러했다. 위의 제품들은 일반 가정에 도입될 때조차 초기에는 그 가격이 상당히 비쌌기 때문에 웬만한 중산층 가정에서도 구입하기가 부담스러웠다. 시간이 지나면서 규모의 경제가 형성되고 계속적인 기술혁신 덕분에 대량생산이 가능해지면서 이들의 가격이 상당히 떨어진 후에나 가정에 자리잡을 수 있게 되었다.[70]

그런데 이러한 시장 확대는 산업용이나 상업용 전기제품을 생산한 업체들의 몫이라기보다는 기존 시장 진입에 어려움을 겪던 후발업체들이 새로운 시장 개발 차원에서 가정용 소비재 전기제품들을 만들어내면서 이루어진 경우가 더 많았다. 예를 들어, 냉장고의 경우 1920년대 두 개의 자동차 회사가 경기 침체를 벗어나기 위해 가정용 냉장고 시장에 덤벼들었다. 제너럴 모터스와 아메리칸 모터스가 그러했다. 전자는 1916년에 만들어진 '프리지데어Frigidaire'를 1919년에 사들여 자회사로 만들었으며, 후자는 최초의 가정용 냉장고로 알려진 '켈비네이터Kelvinator'를 사들였다. 1930년대에 이 두 냉장고 회사는 제너럴 일렉트릭사와 웨스팅하우스사에서 나온 제품들과 더불어 미국의 냉장고 시장을 지배했다. 그리하여 1941년 말, 미국이 제2차 세계대전에 개입할 즈음에는 대략 미국 가정의 45퍼센트가 냉장고를 가지게되었다. 거의 두 집당 한 대꼴로 냉장고를 보유하게 된 것이다.[71]

따라서 본격적으로 가전제품이 개발된 것은, 혹은 가내하인이 불필요할 정도로 다양한 능력을 지닌 가전제품이 시장에 나온 것은 1920년대 이후에나 가능했다. 개발 초기에야 가내하인들을 위한 가전제품이 만들어지기도 했겠지만, 이때쯤이면 이미 가내하인은 중간계급 가정에서 빠져나간 상태였다. 비록 얼마후에는 가정주부들을 대상으로 하는 가전제품 광고가 등장하게되었지만 말이다. 1930년대쯤이면 대부분의 중간계급 가정에서도 가정부를 두는 것이 현실적으로 곤란하다는 것을 인정하게되었으며, 점차 일주일에 며칠간 혹은 하루 중 몇 시간 동안만 노동력을 빌릴 수 있는 시간제 가정부를 고용하게 되었다.

다시 한번 묻자. 사회변화와 기술변화의 관련성을 고려할 때무엇이 먼저 발생할까? 사회변화인가, 혹은 기술변화인가? 만약경우에 따라 다르다면, (기술변화에 해당하는) 가사기술의 발전 혹은가전제품의 확산과 (사회변화에 해당하는) 중간계급 이상의 가정에서 가내하인이 감소되는 현상 중 무엇이 원인이고 무엇이 결과일까?

　서론에서도 언급한 것처럼, 루스 코완은 가내하인의 감소와 가전제품의 증가가 원인이자 결과라고 생각한다. 즉, 가내하인의 감소가 가정에서의 가전제품 사용의 증가를 가져왔으며, 또한 가전제품을 점차 많이 사용하게 됨으로써 가내하인의 감소로 나타났다는 것이다. 코완은 이러한 두 현상 사이에 인과관계가 존재하게끔 만든 '연결고리'를 지적하면서, 그것이 바로 전기 관련 회사들, 이들이 의뢰한 광고대행사들, 그리고 그들의 광고들을 실어주었던 여러 종류의 잡지들이 넓은 의미의 '광고주'라고 생각했다. 그리고 이 광고주들이야말로 1920년대 사회변화를 만들어내지는 못했을지라도, 최소한 그러한 변화가 지속되는데 일조한 '이데올로그'라고 주장했다. 즉, 밖에서 일해야만 하는 여성들이나 심지어 이혼한 여성들은 될 수조차 없는 "이상적인 가정주부의 이미지"를 만드는 데 혁혁한 공헌을 했다는 의미인 것이다. 그리고 그들이 광고를 통해 제시한 이상적인 가정주부는 당연히 전업주부로서 아이들을 건강하게 잘 키우고, 집안일도 잘 처리하는 '행복한' 여성이었다.[72]

　따라서 광고에서 보이는 가전제품의 이미지와 현실에서의 가전제품은 같을 수가 없으며, 그렇기 때문에 초창기 가정에서 선보인 전기 관련 인공품들과 그것들이 실제적으로 가져온 가내하인 대체적 효과 사이에는 상당한 괴리가 존재했다.

우리는 3장에서 과연 중간계급 가정에서의 가내하인의 감소라는 사회변화가 기술변화, 즉 전기하인으로 불린 가전제품의 증가를 가져왔는지 혹은 거꾸로 가전제품의 증가가 가내하인의 감소를 가져왔는지, 나아가 이 두 변화 사이에는 원인과 결과가 어느 쪽이 먼저인지, 그리고 가내하인의 감소와 가전제품의 증가는 서로 원인과 결과가 되는 연쇄적 인과관계가 있었는지를 살펴보고자 했다.

다시 한번 통계적으로 확인해보자. 1870년에는 8.4가구당 1명 꼴이던 가내하인이, 1900년에 15가구당 1명꼴로, 1920년이면 18가구당 1명꼴로, 그리고 1930년에는 20가구당 1명꼴로 줄어들었다. 그러니까 1900~30년 사이보다 1870~1900년 사이에 가내하인이 더 빠른 속도로 중간계급 가정에서 빠져나갔다. 그리하여 1950년이 되면 42가구 중 1가구, 즉 2.5퍼센트 이하의 가정에서만 이들이 가사노동 일을 하고 있었다. 이때쯤이면 미국의 중산층 가정에서는 가내하인이 거의 사라졌다는 것을 의미했으며, 모든 가사노동이 가정주부의 몫이 되었음을 의미했다.[73]

요약하자면, 가내하인의 급격한 감소는 가전제품이 본격적으로 사용되기 시작한 1920년대보다 훨씬 이른 시기인 1870년에서 1900년 사이에 가장 크게 진행되었다. 따라서 직접적인 인과관계를 언급하기에는 제법 큰 시차가 존재하고 있다. 그러나 진행방향으로만 보자면 가내하인의 감소가 가전제품 사용의 증가를 촉진한 것처럼 보인다. 당대의 광고가 그렇게 주장하고 있었다. 그렇지만 우리가 확인한 현실은 전기 관련 회사들이 청소기건 세탁기건 혹은 냉장고건 상업적·산업적으로 활용한 이후에나 가정에 관심을 기울였다는 점이다. 그들은 새로운 수요를 창출하기 위해 가내하인층이 감소되는 현상에 주목하고 그들의 역할을 가전제품이 해줄 수 있는 양 전기하인이라는 이미지를 중간계급 주부들에게 광고를 통해 계속적으로 주입하고 있었다. 나아가 자사 제품이 주부들을 가사노동이라는 허드렛일에서 해방시켜줄 수 있다고 주장했다.

과연 가사기술의 실현인 가전제품은 그들의 주장대로 미국의 주부들로부터 가사노동시간을 줄여주었는가. 그 결과 더 많은 어머니들도 노동시장에 뛰어들 수 있었는가. 일단 가전업체들의 주장을 광고를 통해서 확인해보고, 과연 어떤 메시지를 전달하고자 했는지 검토·분석해보겠다. 그리고 당시의 역사적 현실은 어떠했는지를 가정의 의식주 부분에 해당하는 빨래와 세탁, 집안 청소, 그리고 부엌에서의 요리와 음식물 관리를 중심으로 알아보도록 하자.

가전제품의 시대적 배경과 광고

Historic background and advertising of the household appliances

• • •

　“손목 많이 쓰지 말고 잘 쉬어. 어쩔 수 없지 뭐.”

　“애 보고, 빨래하고, 청소하고…… 손목을 안 쓸 수가 없어요.”

　김지영 씨가 푸념하듯 낮게 말하자 할아버지 의사는 피식 웃었다.

　“예전에는 방망이 두드려서 빨고, 불 때서 삶고, 쪼그려서 쓸고 닦고 다 했어. 이제 빨래는 세탁기가 다 하고, 청소는 청소기가 다 하지 않나? 요즘 여자들은 뭐가 힘들다는 건지.”

　더러운 옷들이 스스로 세탁기에 걸어 들어가 물과 세제를 뒤집어쓰고, 세탁이 끝나면 다시 걸어 나와 건조대에 올라가지는 않아요. 청소기가 물걸레 들고 다니면서 닦고 빨고 널지도 않고요. 저 의사는 세탁기, 청소기를 써 보기는 한 걸까.

– 조남주, 『82년생 김지영』(민음사, 2016), 148~149

현대문명의 인프라로서의 전기

19세기 말 20세기 초 전기선과 가스관, 그리고 수도관이 수백만 미국 가정에 연결되었다. 이러한 문명의 인프라 시설은 미국인들이 "일상에서 물질세계와 맺고 있는 관계"를 근본적으로 변화시켰다. 이제 더 이상 나무나 석탄을 땔감으로 하여 난방이나 요리를 할 필요가 없어졌으며, 컴컴한 밤을 밝히기 위해 자주 램프를 청소할 필요도, 저녁 준비를 한다고 매일매일 먼 곳에서 물을 길어올 필요도 없어졌다.[1]

가전제품이야말로 이러한 문명의 혜택 없이는, 즉 전기선과 가스관, 수도관이라는 인프라 없이는 무의미한 인공물이었다. 이것들은 사실상 개인이 원한다고 해서 구입할 수 있는 건 아니었다. 예컨대, 세탁기의 경우 그/그녀가 살고 있는 특정 도시나 지역에 수도 시설이 깔려 있지 않다면, 혹은 수도체계를 놓을 생각을 시의회가 하지 않는다면 사들여봐야 공간만 차지하는 쓸모없는 쇳덩어리에 불과했다. 마찬가지로 전기냉장고를 들여놓고 싶어도 전기 시설이 자신이 살고 있는 지역에 놓여 있지 않다면 처치 곤란한 쇠붙이에 지나지 않았다. 즉, 인프라 시설로서 가스가, 물이, 전력이 공급되지 않는다면 우리의 가전제품들은 개개 가정에서 필수품이 될 수 없었을 것이다. 따라서 20세기 미국은 도시로부터 시작하여 농촌에까지 여러 가지 계기로 연방-주-시정부 혹은 민간회사에서 이러한 인프라 시설을 촘촘히 신경망처럼 깔아온 역사이기도 하다. 수도관 시설, 전력망, 가스관 따위의 인프라 시설이 필요조건으로 각 가정에 들어간 이후에야 충분조건으로서 주부 혹은 가장의 결정으로 가전제품들이 각 가정에 들어갈 수 있었다.[2]

로버트 린드와 부인 헬렌 린드는 1929년에 발표한 인디애나 주 먼시Muncie 주민들에 대한 연구에서 1890년대와 1920년대가 얼마만큼 달라졌는지를 보여주었다. 미국인의 보통의 삶을 보여주는 표준으로서 그곳에 살던 사람들의 한 세대 차이는 다음과 같은 비유적인 문장에서 명확히 드러난다.

삶의 수준이라는 측면에서 보면, 1890년에는 사람들이 평평하고 정체된 면 위에서 살아갔다. 그들의 시야는 자신들이 아는 사람들로 한정되었고, 다른 사람들이 살아가는 방식을 알 수 있는 기회는 거의 없었다. 그러나 1920년대 말이 되면, 영화·잡지·광고 들 덕에 모두가 경사면 위에 살게 되었다. 내가 어느 지점에 있든 간에, 그 위로 맨 꼭대기까지 더 많은, 좋은 것들을 가진 다른 사람들의 삶이 쭉 보이는 것이다.[3]

진실로 1920년대는 미국 사회의 새로운 분수령이었다. 대량생산과 대량유통, 대량소비가 대중매체와 더불어 미국을 세계 최초의 대량소비사회로 이끌었던 것이다. 동시에 이 시기 미국의 중산층 가정에서도 소비혁명이 움트고 있었다. 빠른 속도의 전기화로 여러 다양한 가전제품들이 내구재로서 혹은 소비재로서 가정의 일상생활에 자리잡기 시작했다.

여러 획기적인 일들 중에서도 1920년대는 무엇보다도 전기를 이용한 가정용품들의 혁신이 두드러진 10년이었다. 20년대 말쯤 되면 세탁기나 진공청소기는 웬만한 중산층 가정에서는 소유하고 있었고, 대다수 노동자 가정에서도 전기다리미 정도는 가지고 있었다. 물론 전기냉장고는 아직 소수의 부유층만이 소유하던 사치품에 지나지 않았다. 그러나 전반적으로 생활수준이 향상되고 있었다.[4]

전기는 이제 미국인의 '생활수준'을 가늠하는 필수적 요소가 되었다. 1930년이 되면 이미 산업용 기계의 75퍼센트가 전기에너지를 이용했다.[5] 그리고 바야흐로 전기는 공장이 아닌 가정에도 본격적으로 진입하고 있었다. 즉, 생산의 영역을 넘어서 소비의 영역으로까지 전진하고 있었다. 그것도 주부들을 가정의 허드렛일로부터 해방시켜준다는 거창한 구호를 들고 나오면서 말이다. 기술이 사람들의 삶을 변화시킬 수 있다면서 가사기술의 실천적 인공물인 청소기, 세탁기, 냉장고가 차례차례 가정으로 들어와 미국 주부들 일상생활의 일부가 되었다.

1929년 6월 기준으로, 전체 미국 가구의 67퍼센트에 전기가 공급되었는데, 이는 전체 2880만 8000가구 중 최소한 1943만 가구에서 전등을 사용하고 있었다는 이야기다. 전등 다음으로 가정에서 많이 사용하는 가전제품은 전기다리미였다. 무려 1530만 가구로, 약 53퍼센트의 가정이 보유한 셈이었다. 미국 가정에 보급된 가전제품 중 3위에 오른 것은 진공청소기였다. 당시 682만 8000대의 진공청소기를 사용하고 있었는데, 23.7퍼센트의 가정에서 청소기를 이용했다고 볼 수 있다. 그 말인즉슨 4가구 중 3가구 이상은 진공청소기가 아닌 재래식 도구로 청소했다는 의미였다. 그다음으로는 전기세탁기가 500만 대가량 미국 가정에서 사용되었다. 약 17.4퍼센트의 가정에 세탁기가 보급되었던 것이다. 그러니 아직도 5가구 중 4가구 이상이 세탁기를 사용하지 않고 있었다. 따라서 75만 5000대에 지나지 않던 냉장고는 겨우 2.6퍼센트의 보급률로 상류층 가정에서만 사용되고 있었다. 전기레인지 또한 겨우 72만 5000대가 가정에서 사용되어 간신히 2.5퍼센트 정도의 보급률을 지니고 있었다.[6]

그렇지만 비록 1920년대가 가전제품이 미국 사회에 널리 퍼진 시기라 하더라도, 이러한 상황은 주로 도시 지역에 해당되는 것이지, 농촌 지역은 거의 해당되지 않았음을 주목해야만 한다. 왜냐하면 1924년의 경우, 농촌은 불과 3퍼센트 정도가 전기의 혜택을 입고 있었다. 심지어 미국 전기의 아버지로 불린 토머스 에디슨이 사망한 1931년도 10월까지도 미국 농촌 가구 중 전기를 공급받던 비율은 겨우 10퍼센트에 근접했을 뿐이었다.[7] 결국 미국 농촌에 전기가 본격적으로 공급된 시기는 1930년대 대공황시절 뉴딜 정책의 일환으로 농촌에 전력망을 구축하기로 결정한 프랭클린 루스벨트가 대통령으로 재직하던 때였다. 즉, 루스벨트 행정부에서 추진한 농촌전력화 사업이 성공한 덕분에 미국 농촌의 전기화가 가능해졌다. 특히 남부가 그러했다.

당시 미국 사회의 문제는 농촌이 상대적으로 너무 적은 전기 에너지의 혜택을 받고 있다는 데 있었다. 1929년 초 약 631만 가구 중에서 겨우 7.2퍼센트만이 전력 공급을 받고 있었다.[8] 이유는 간단했다. 전력회사는 민간인이 소유 운영하는 기업으로서 이윤을 추구하는 회사였다. 따라서 영업이익을 보장받을 수 없다면 전력 공급을 할 수 없는 게 당연했다. 주지하다시피, 미국 농촌에 살던 인구는 엄청나게 큰 땅에 분산되어 전력회사로서는 수지타산이 맞을 수가 없었다. 도시처럼 인구가 밀집되어 있어야만 이익을 보장받을 수 있었다. 아이러니하게도, 1930년대 대공황이 미국 전체를 덮쳤을 때, 미국 경제를 살리기 위한 일환으로 제시된 뉴딜 정책 중 농촌을 위한 중요한 사업이 바로 농촌 전력화 사업이었다. 그리고 이를 실현하기 위한 주체로서 1936년 농촌전력청Rural Electrification Administration이 만들어졌다. 즉, 국가와 시가 세금으로 발전소를 짓고, 공영으로 운영하여 민간기업보다 값싸게 전력을 농촌에 공급한다는 아이디어였다. 사회주의적 발상이니 하면서 공화당을 비롯한 기업체 등이 엄청나게 반대했지만 결과는 성공적이었다.[9]

주부를 유혹하는 광고

앞장에서도 밝혔듯이, 가내하인의 퇴장으로 가전제품들이 쏟아져 나온 것은 아니었다. 또한 가전제품의 도입이 가내하인의 퇴장을 가속화시킨 것도 아니었다. 시기적으로 먼저 공장이나 사무실로 가내하인층의 급속한 이동이 이루어졌다. 그리하여 진정한 의미의 대형 가전제품, 즉 세탁기나 냉장고 등이 등장했을 때는 이미 상당한 숫자의 하녀들이 중산층 가정에서 빠져나간 뒤였다. 그런데 20세기 초까지는 주로 상업적인 용도로 사용되던 대용량의 전기제품 시장이 포화 상태가 되자 이를 극복하기 위한 새로운 시장의 필요성이 요구되었다. 바로 세탁소의 세탁기 역할을, 푸줏간의 냉장고 역할을 하는 인공물을 최소한 모든 중산층 가정에 도입하는 것이었다. 그리고 이 두 변화 사이에 어떤 인과관계가 있는 것처럼 만드는 데 커다란 공헌을 한 것은 광고였다.

우리는 광고가 빠른 속도로 증가한 결정적인 시기가 1920년대임에 주목해야 한다. 그리고 이 시기 광고에서 두드러지는 점은 광고의 주요 목표 대상을 여성으로, 그것도 전업주부로 선택했다는 것이다. 광고업자들은 주부들이야말로 남편이 벌어온 소득을 실제적으로 사용하는 사람이라는 것을 간파하고, 주부를 '현대의 소비자'로 묘사하면서 집안에 여러 가전제품들을 구입

하여 가족의 삶을 향상시키라고 유혹했다.[10]

이렇게 이 시대를 이해해보면, 여성을 가정용품의 우선적 구매자로 이해했던 가정학자 크리스틴 프레더릭이나 동시대 최고의 광고인으로 손꼽히는 브루스 바턴이 "광고는 대량생산이라는 실린더의 점화 플러그"라고 주장한 것도 충분히 이해가 된다. 1920년대 미국이라는 대량소비사회는 자동차가 점화 플러그를 통해 시동을 걸듯이, 공장에서 대량생산된 가전제품을 광고라는 강력한 촉매제를 통해 최종 소비자인 주부들에게 팔 수 있었던 것이다.

더불어 광고를 실을 수 있는 새로운 매체들이 등장했다. 1880~90년대에 수많은 잡지들이 새로이 등장했기 때문이다. 진정한 의미의 대중잡지들, 예를 들어 『레이디스 홈 저널』(1883), 『매클루어스 매거진McClure's Magazine』(1893), 『새터데이 이브닝 포스트』(1897), 『픽토리얼 리뷰Pictorial Review』(1899) 등이 발행되면서 대량출판시장의 개막을 알렸다. 이제 1920년대가 되면 이들 잡지들이 매달 몇백만 부씩 유통되었다. 얼마나 많은 양의 광고가 주부들에게 노출되었을지 미루어 짐작할 수 있을 것이다.

광고의 메시지

19세기 후반부터 가전제품에 관한 광고들은 거의 천편일률적으로 동일한 메시지를 소비자들에게 전달했다. "그녀가 세탁하고, 그녀가 화장실을 청소하고, 그녀가 식기세척기를 돌리고 있다." 여기서 그녀는 누구인가? 독자들도 예상하듯이 가정의 주부다. 주부는 광고에 등장하는 제품을 사용하여 "재빨리, 쉽사리, 심지어 마법적으로" 힘든 노동에서 벗어날 수 있으며, 그 결과 "가사노동을 가정 가꾸기homemaking"로 변화시킬 수 있었다.[11] 광고 대로라면 이 얼마나 놀라운 변신인가!

특히 도시에 거주하는 미국인은 광고의 영향력에서 벗어나기 어려웠다. 20세기 들어 신문·잡지를 비롯하여 영화가 본격적으로 대중문화에 편입되고, 특히 1920년대에는 라디오가 엄청나게 빠른 속도로 주부들의 귀를 사로잡았다. 따라서 도시에 사는 사람들은 당연히 계급과 인종, 소득 그리고 연령대에 따라 소비하는 방식이 달랐다. 그러나 대중문화에 묻어온 광고들이 제시하는 이상적인 미국인과 그 가치는 거의 모든 사람들에게 동일한 메시지와 영향력을 행사했다. 훗날 프랑크푸르트학파가 비난했던 복제가능한 대중문화가 20세기 전반 미국에서 성장하고 있었다. 이러한 상황을 광고업자들뿐만 아니라 가전제품 광고업자와 업체들도 당연히 주목하고 있었다.

초기 가전제품 광고에서는, 많은 경우, 여성들이 매일 씨름해야 하는 집안일을 그저 허드렛일로 취급했다. 따라서 그런 하찮은 일은 자사의 가전제품에 맡겨 가능한 한 가사노동시간을 줄이거나 노동력을 줄이라고 권유했다. 어찌 보면, 그런 하찮은 일이야말로 여성들의 몫이지만, 그래도 그 일을 가전제품들이 대신해주거나 그것들을 이용하여 고된 일을 피하거나 덜어 자신의 시간에 투자하라고 권고하는 것이었다.

이러한 광고의 메시지는 '그레이바GraybaR' 가전제품 광고에서 전형적으로 드러난다. 가전회사인 그레이바는 전화기를 발명한 엘리샤 그레이Elisha Gray와 전신 엔지니어인 이노스 바턴 Enos Barton이 공동으로 만든 가전회사인데, 집안의 모든 허드렛일이 자신들의 제품을 사용할 경우 없어질 것이라고 주장했다.

이 광고는 기본적으로 주부들이 해야 하는 일을 허드렛일로 파악했다. 세탁, 다림질, 식사 준비 혹은 요리, 청소 등 집안에서의 힘든 일들은 중요하지 않지만 그저 해야만 하는 일로 이해되고 있었다.

이러한 그레이바의 광고는 동시대에 드문 유형의 광고를 선보이기도 했는데, 왜냐하면 일반적으로 가전제품 광고는 특정한 한 종류—예컨대 다리미 혹은 세탁기—에만 집중하여 그것의 장점을 설명하는 데 반하여, 이 회사의 광고는 자신들이 만드는 모든 종류의 가전제품을 나열하면서 그 제품을 이용할 경우 주부들이 누릴 수 있는 여러 혜택들에 대해서 구체적으로 나열했다.[12] 광고의 핵심은 그레이바의 가전제품을 누릴 경우, 주부들이 매일매일 시달려야 하는 가사노동, 즉 허드렛일이 시대에 뒤진 과거의 몫이 된 가정을 보여주겠다는 메시지를 전하고 있었다.

이 메시지로만 보자면, 주부들의 가사노동을 파격적으로 줄여주거나 아예 가사노동으로부터 해방시켜줄 수 있다는 낙관적 신념을 이처럼 적나라하게 보여준 광고도 드물 것이다. 다음 12개의 그림으로 나열된 가전제품의 광고(4-1)를 보라! 첫 줄의 세탁기 광고 사진에서는 "한 주의 세탁이라니 뭔 소리인가, 자사의 세탁기를 이용하면 한 시간이면 된다"고 주장했다. 힘들기 짝이 없는 다림질, 자사의 전기다리미만 있으면 두 시간이면 충분히 끝낼 수 있고, 나아가 식사 준비는 거의 자동으로 되는 양 광고했다. 이 광고대로라면 주부들은 매일매일 즐거운 마음으로 걱정 없이 집안일을 처리하고, 남는 시간에 취미 활동을 비롯한 여가생활을 즐길 수 있었다.

가사노동을 허드렛일로 이해하는 가전기업의 시각이 반영된

4-1. 그레이바 광고, 『새터데이 이브닝 포스트』, 1929년 6월 29일, p. iii.

또 다른 광고는 자사의 가전제품들을 가내하인 대용으로서 이해
하고 있었다. 앞장에서도 설명했던 것처럼, 초창기 가전제품 광
고들은 비용도 많이 들고, 신경도 써야 하는 가내하인 대신 자사
제품의 '전기하인'을 사용해서 비용도 절약하고 신경도 끄라는
메시지를 전달했다. 예컨대, 한 세탁기 업체는 "매주 거의 50만
가정에서 이 전기하인이 세탁을 합니다" 하고 광고했다.[13] 이 하
인은 한 시간이면 빨래를 끝낼 수 있고 비용이라고는 3센트밖에
안 든다면서 구매를 권유하는 식이었다. 즉, 인간에게 세탁일을
시키면 시간도 훨씬 더 걸리고 드는 비용도 많지만, 기계에게 세
탁일을 시키면 시간도 훨씬 덜 걸리고 돈도 덜 든다는 메시지를
분명하게 전했다. 가내하인보다 '전기하인'이 효율이면 효율, 경
제성이면 경제성, 편리성이면 편리성이 비교조차 안 된다는 얘
기를 소비자들에게 확실하게 각인시켜주고 있었다.

나아가 하인을 둘 경제적 여력이 없었던 가정도 자사 제품을

사용하면 하인을 둔 것과 마찬가지라는 식의 광고도 했다. 심지어, '핫포인트' 가전회사는 토스터나 다리미 등의 가전제품 브랜드로 '핫포인트 서번트'를 만들기도 했다.[14] 누구나 핫포인트 제품을 사용하게 되면 자신들이 하인을 부리고 있다는 생각을 가질 수도 있는 작명이었다.

19세기 말부터 구매를 통한 여성의 영향력이 커지자, 경제학에서도 소비자와 소비행위에 대해서 관심을 보이기 시작했다. 나아가 여성 주도의 소비자 경제가 급속히 증가하자, 가전제품 광고는 여성들에게 좀더 강력한 영향력을 끼치기 위해, 위에서 언급했던 노동절약과 시간절약이라는 기본적 기능을 선전하는 것 이외에, 다음과 같은 3가지 주요 이념을 전파하기 시작했다. 바로 깨끗함, 편리함, 편안함이었다.

151쪽의 사진들은 에디슨 가전회사의 1920년 광고다. 당시 가장 잘 팔리는 대중잡지에 실린 것들이다. 예컨대『굿 하우스키핑』이나『레이디스 홈 저널』같은 여성지 혹은『새터데이 이브닝 포스트』같은 중산층 남성들이 주로 보는 잡지였다. 이 잡지들은 1920년대에 이미 몇백만 부의 구독자를 자랑하고 있었다. 자체 분석에 의하면,『새터데이 이브닝 포스트』는 1년에 2700만 부 이상,『레이디스 홈 저널』은 1800만 부 이상,『굿 하우스키핑』은 300만 부 이상 구독되고 있었다. 따라서 당연히 이 잡지에 실린 광고들을 최소한 연간 몇천만 명의 독자들이 보았을 것이다. 관심을 가지고서 보았건 혹은 대충 훑어보았건 간에 말이다. 이 잡지들은 절반 이상이 광고로 도배되어 있을 정도로 기업의 광고들 덕분에 운영되고 있었다.[15] 예를 들어, 1930년 11월 12일자『새터데이 이브닝 포스트』는 총 134쪽인데 총 광고 수는 119개였다. 이 중에서 전면 광고는 48개, 부분 광고는 71개였다. 또한 『굿 하우스키핑』 1930년 11월호는 총 320쪽인데 총 광고 수는 346개였다. 이 중에서 전면 광고는 113개, 부분 광고는 233개였다.[16] 독자들을 향한 융단폭격 수준의 엄청난 양의 광고였다.

당시 에디슨 가전회사는 1918년 1월 1일에 새로이 만들어진 회사로서 기존의 '핫포인트 전열회사Hotpoint Electric Heating Company' '휴즈 전열회사' 그리고 제너럴 일렉트릭사 전열 부문의 합병 형태였다. 당시 핫포인트는 가전부문에서 나름 두각을 나타내고 있었으며, 휴즈는 전기레인지 사업의 강자였다. 결과적으로는 제너럴 일렉트릭사가 에디슨 가전회사를 자회사로 운영하고 있는 상태였으며, 재정적 후원과 기술적 후원을 제공하는 것 이외에는 가능한 한 에디슨 가전회사는 별도로 운영되었다. 1920년 당시 제너럴 일렉트릭사는 가전제품을 만들고는 있었지만 주 수입원은 전기모터를 비롯한 발전, 송배전과 관련된 전기 설비들의 판매에 있었다. 따라서 이 광고에서 보듯이 에디슨 가전회사는 '핫포인트'라는 브랜드와 '휴즈 일렉트릭'이라는 브랜드를 가지고 있었고, 당연히 주력 가전제품들은 '핫포인트'라는 이름으로 출시되었다. 다만 전기레인지의 경우만 휴즈 일렉트릭 레인지로 광고하고 있었다.[17]

하여간, 아래에서 보듯이 5가지 버전의 전기레인지 광고는 그 가전기술이 무엇이 되었건 간에 가전제품으로서 소비자에게 전달하고자 하는 메시지 중 가장 기본적인 성격을 보여주고 있다.

1) "그렇게나 깨끗한so clean"

진짜로 연기나 그을음이 전혀 없는 깨끗함 그 자체인 전기레인지이기 때문에 그러한 레인지를 갖춘 부엌에서 일을 한다는 것은 '즐거움joy'이라고 선전하고 있다. 부엌에서의 가사노동조차 자사의 가전제품을 사용하면 즐거움이 된다고 광고하는 것이다.

더러움은 게으름으로, 또한 질병과 연결되는 시절이었다. 전염병을 박멸하기 위해서라도 깨끗함은 언제 어디서나 추구해야 할 미덕이 되었다. 그러니 공중위생과 개인위생은 20세기 초에 오면 이미 일상화되어 있었다. 미국인들은 강박적일 만큼 위생과 청결에 집착했다. 덕분에 흰색은 바로 이 위생과 청결의 상징이 되었으며, 결국 모든 가전제품은 조만간 백색으로 도배를 하여 백색가전이 될 예정이었다.

19세기 말 20세기 초 미국으로 이민온 사람들이 받은 많은 스트레스 중 하나는 미국 가정의 청결의식이었다. 많은 사람들이 가난에 익숙해져 있다 보니 깨끗하게 산다는 것이 어떤 것인지 감을 잡기 어려웠기 때문이다. 그러나 이민 온 가족의 대표자인 주부들은 미국인들의 청결의식이 흰색에 대한 집착으로 표현되는 것을 재빨리 간파했다. 그리하여 세탁비누나 세제를 구입하여 마루를 비롯한 집안 구석구석을 열심히 닦았다. 마룻바닥이 하얗게 될 때까지 닦아야 했으며, 그렇게 안 되면 표백이라도 해야 했다. 보이지도 않는 세균을 항상 의식하면서 생활한 덕분에 "하얀 타일, 에나멜, 그리고 리놀륨을 살 수 있는 혜택을 받지 못"했을지라도 이민자 가족들은 "그 색깔을 모방하려고 애쓸" 수밖에 없었다.[18]

2) "그렇게나 편리한so convenient"

주부가 전기레인지를 사용하고자 한다면 그저 버튼을 돌리기만

하면 되고, 또한 온도를 높이건 낮추건 이 또한 버튼을 원하는 방향으로 돌리기만 하면 되니 어떻게 더 편리할 수 있겠냐고 말한다. 게다가 모든 열은 요리하는 데만 사용되니 석탄을 이용한 오븐과는 달리 불꽃이나 냄새도 당연히 없다고 주장했다. 덕분에 자신들의 전기레인지는 요리를 과학의 경지에까지 올려놓았다고 스스로 자랑하고 있었다.

더운 화덕 옆에서 땀을 흘리고 있을 필요도 없었다. 냄새에 시달릴 필요도 없었다. 물을 지고 올 필요도 없었다. 당연히 힘이 덜 드니 노동절약적인 기계였다. 그저 기계의 버튼만 누르면 요리 문제가 해결되었다. 마법이 따로 없었다.

3) "그렇게나 현대적인so modern"

그렇다. 바로 자신의 제품이야말로 현대를 물질적으로 구현한 인공물임을 과시하고 있다. 손으로 요리를 하는 것이 아니라 기계가 전기의 힘을 빌려 사람이 하는 것보다 더 빨리, 더 편리하게, 더 깨끗하게 해준다는 것을 보여주고자 했다. 그것도 주부들의 힘든 일손을 도와 기꺼이 집을 떠나간 가내하인 대신 '전기하인'으로서 그 역할을 확실히 보여주겠다는 것이다. 그리고 이러한 변화를 보여주는 것이 현대적임을 강조했다. 따라서 자사의 전기레인지를 갖춘 부엌이야말로 주부의 '자부심'이 될 것이라고 공언했다.

다음의 5가지 버전의 전기레인지 광고들(4-2~4-6)은 흥미롭게도 공익광고인 양 'Edison News Note'라는 박스 기사를 광고와 함께 게재했다. 실린 기사들을 보면 여러 유용한 정보들을 신고 있었다. 예를 들어, 전기레인지를 사용한 덕분에 석탄 사용을 파격적으로 줄일 수 있다는 내용이었다. 1920년에 무려 900만 가구가 석탄을 이용한 오븐을 소유한 탓에 연간 9000만 톤의 석탄을 사용해왔다면서, 이들 오븐을 전기레인지로 바꾼다면 연간 2700만 톤의 석탄을 절약할 수 있다고 설명했다.[19] 또한 당시 2400만 가구 중 900만 가구에 전기가 공급되어 37.5퍼센트의 가정이 전등을 비롯한 가전제품을 사용할 수 있다는 소식과 5543개의 전등업체가 1만 2859개의 마을에 전기를 공급하고 있다는 소식도 알려주었다.[20] 마치 공익광고 같은 분위기의 광고 아닌가.

다시 한번 강조하지만, 에디슨 가전회사의 이 광고들은 가정에서 실현된 소비사회의 주요 특징을 그대로 보여주고 있다. 물론 효율성과 경제성, 그리고 무엇보다도 편안함이 빠져 있지만 말이다.

그런데 이 잘 만들어진 광고에 등장하는 사람들을 보자. 주부 혼자 등장하거나 엄마인 주부와 그녀의 딸이 전기레인지 앞에서 요리를 만들려는 장면을 신고 있었다. 남성인 아들은 등장조차 안 하며, 남편은 기껏해야 요리가 다 될 무렵 나타날 뿐이다. 아니, 남편의 퇴근시간에 맞추어 아내가 시간을 세팅하여 정확하게 저녁준비를 끝내는 장면이 있을 뿐이다. 마치 요리는 여성의 고유영역인 양 말이다. 또한 묵시적으로 남편을 위해, 아이들을 위해 요리를 준비하는 여성이야말로 진정한 여성이며 주부이고 아내이자 어머니라는 묵시적인 메시지도 전달하고 있었다. 이건 그야말로 동시대의 가치인 남녀의 영역 분리 이데올로기와 '가정성'이 그대로 반영된 광고였다.

예컨대, 거대 전기제품 회사이자 제너럴 일렉트릭사의 경쟁

4-2. (상) 휴즈 일렉트릭 광고, 『새터데이 이브닝 포스트』 1920년 3월 20일.

4-3. (중좌) 휴즈 일렉트릭 광고, 『레이디스 홈 저널』 1920년 5월.

4-4. (중우) 휴즈 일렉트릭 광고, 『새터데이 이브닝 포스트』 1920년 5월 15일.

4-5. (하좌) 휴즈 일렉트릭 광고, 『레이디스 홈 저널』 1920년 7월.

4-6. (하우) 휴즈 일렉트릭 광고, 『굿 하우스키핑』 1920년 5~10월호에 실린 광고.

사인 웨스팅하우스사는 1925년 광고에서 점차 일상 속으로 스며드는 전기의 힘에 대해 언급했다. 하지만 아내와 남편이 전기를 다른 시각에서 이해하고 있다고 보았다. 주부들은 "옷을 다리고, 커피를 끓이고, 테이블에서 토스트를 만들고, 저녁을 요리"하는 것이 전기 덕택이라는 것을 인식하지만, 상점이나 공장을 운영하는 그녀의 남편들은 전기를 통해 산업이 증가함을 인식하고 있다는 광고였다.[21] 이렇듯 가전업체들의 광고는 여성들은 가정에서 전기를 사용하는 반면, 남성들은 산업 현장에서 전기를 사용하고 있다는 고정된 젠더 가치관을 되풀이하고 있었다.

가전제품 광고를 통해 놓쳐서는 안 될 주요한 이데올로기는 이들 광고의 메시지가 기본적으로 산업사회가 낳은 '영역 분리주의' 이념을 반영한 남녀 역할 분담의 고정된 프레임을 반영했다는 것이다. 이들 광고들은 가전제품이 남편과 주부를 위한 가사기술이 아니라 주부만을 위한 가사기술임을 계속적으로 상기시켰다.

가전제품 광고가 목표로 하는 주요 이념은 '청결'이었다. 19세기 후반부터 진행된 공중위생과 학교에서의 위생교육은 20세기 전반이 되면 거의 모든 미국인들에게 체화될 정도의 수준이 되었다. 따라서 당시 매일 일상에서 부딪치는 집안일을, 특히나 청결의 경우, 하나라도 소홀하게 처리하거나 실수하여 가족들을 불편하게 혹은 당황스럽게 만드는 상황이 발생할 경우 주부들은 거의 자동적으로 '죄책감'을 느꼈다. 혹은 느껴야만 했거나 느끼게끔 의식화되어 있었다. 어릴 때부터 부모나 학교에서의 학습을 통해 그녀의 마음에 내재화되었을 것이다. 그래서인지 1920년대 대중적인 여성잡지를 살펴보면, 죄의식으로 가득 찬 중산층 주부들을 보게 될 것이다. 기술사가인 코완이 날카롭게 지적했듯이, 잡지의 주 독자층인 주부들은 죄책감에 시달리거나 이도 아니면 수치심을 느껴야 했다. 부엌 개수대의 수채 구멍이 막혀도, 남편이 다림질하지 않은 옷을 입고 출근해도, 어린애가 몸무게가 늘지 않아도, 애들이 학교 가기 전 아침을 충분히 못 먹어도 혹은 학교에 깨끗한 옷을 입고 가지 않아도 죄책감을 느껴야 했다.[22]

이 모든 것들이 오롯이 주부 혼자 짊어지고 가야 할 책임이었다. 그야말로 집안 도처에 수치심과 죄책감을 느낄 만한 지뢰들이 가득했다. 그럼 가정이란 미국의 가정주부들에게 피할 수 없는 지뢰밭이었단 말인가. 미국 사회가 기본적으로 개인주의를 기본적인 가치관으로 무장된 사회라는 것을 이해한다면, 모든 문제와 그의 궁극적 해결을 사회가 아닌 개인에서 찾고, 구조가 아닌 개인을 비난하는 것을 이해할 수 있을 것이다. 따라서 이 시대 가전제품 광고들이 기본적으로 주부들에게 호소한 주요한 목표 중 하나는, 다음 장들에서 보게 되겠지만, 주부들의 죄책감이었다. 아무리 해도, 어떻게 해도 완벽할 수 없는 주부들의 집안일을 자사의 가전제품이 기꺼이 도와주어 완벽하게 만들어줄 수 있다고 광고는 속삭이고 있었다.

이렇듯 이 시대의 광고는 당시 주류 이데올로기로부터 자유롭지 못했다. 아니, 가전제품 광고를 통해 그러한 이념을 반복적으로 강화해왔다고 볼 수 있다. 그것이 중산층 주부들의 청결에의 욕망에 공명을 불러일으켰다.

청결함과 더불어 가전제품 광고가 목표로 하는 관념은 '편리함'이었다. 뭔가 힘든 일에서 잠시 벗어나 휴식을 취할 수 있거나 힘든 일이 줄어드는, 즉 노동절약적인 상태를 의미했다. 더 나아가 편리함이란 가사노동으로부터의 해방을 의미하기도 했다. 1925년 제너럴 일렉트릭사의 전구 광고 문구를 보라.

"전등이란 얼마나 편리한지! 미국에 온 초기 개척자들은 양초 만드는 법을 배워야 했다. 여성의 일 중 가장 고된 일이었다. 그러나 당신은 손가락만 까딱하는 것으로 불을 밝힐 수 있다."[23]

전구는 주부가 귀찮아하는 양초를 만들 필요를 없애주었으며, 스위치만 올리면 양초보다 훨씬 밝은 불빛을 집안에 들여놓을 수 있다고 자신 있게 광고했던 것이다. 따라서 '편리함'이란 '청결'과 더불어 가전제품의 광고에서 자주 등장하는 시대의 이념이기도 했다.

또 하나 우리가 확인해야 하는 것은 '편안함'이었다. 이는 육체적 고통뿐만 아니라 어떠한 제약으로부터도 해방되는, 그리하여 궁극적으로는 마음 놓고 편안하게 즐거움을 느낄 수 있는 상태를 의미했다. 그리고 그러한 편안함이 행복으로 연결되거나 행복을 가져올 수 있었다.

'로레인Lorain'[24]이라는 가스레인지 온도조절기를 예로 들어 보겠다. 이 제품은 주부들에게 어떠한 편안함을 제공했는지 광고를 통해서 확인해보자. 우선, 냄비가 언제 끓을지 몰라 지켜보느라 부엌을 못 벗어났던 주부들에게 이 온도조절기 덕분에 더 이상 그럴 필요가 없다고 광고했다. 자기 회사의 오븐 온도조절기를 사용하면 이전의 눈대중으로 얼추 맞추던 것과는 달리, 무려 44개의 온도조절장치가 있기 때문에 "당신은 조절기에 원하는 온도만 정해놓으면, 나머지는 '로레인'이 다합니다"라고 주장할 수 있었다. 온도조절기만 있으면 빵을 굽건, 과자를 굽건, 혹은 고기를 굽건 정확한 온도를 유지할 수 있으니 "불행한" 굽는 날은 있을 수가 없다면서 언제나 "행복한" 결과를 가져온다고 말이다.[25]

틀린 말은 아니었다. 우선 그 이전까지는 주부 입장에서, 예를 들어, 몇 도의 불에 어느 정도의 시간만큼 냄비를 끓여야 할지 감이나 경험에 의존해서 할 수밖에 없었다. 그런데 로레인은 감이나 경험이 아닌 과학적 조리법에 따라 요리마다 필요한 정확한 시간과 온도를 44가지 경우의 수로 나누어 알려주겠다는 것이다. 그러니까 로레인은 오븐에 정확한 온도조절장치를 더해 "가장 정확한 과학적 요리"를 보장할 수 있기 때문에 자신의 제품을 사용하는 소비자는 오후에 몇 시간 나갔다와도 "완벽한 식사" 준비가 되어 있으리라는 느긋한 마음을 가질 수 있다고 주장했다. 이러한 광고가 가능했던 것은 로레인이 주부들의 기대에 어긋난 적이 없다는 그들의 자부심 때문에 가능했는데, 주부들이 편안한 마음으로 안심하고 외출할 수 있다는 점을 강조하고 싶어 만든 놀라운 문구가 바로 "편안한 이해comforting knowledge" 였다.[26]

그렇다면, 이렇게 '전기하인'을 이용하여 노동과 시간을 절약할 수 있다면, 그 남는 시간을 어떻게 사용해야 할 것인가? 가전업체는 친절하게 여가시간을 어떻게 선용해야 할지까지도 알려주고자 했다.

광고는 "하루에 추가된 4시간으로 당신은 무엇을 하시렵니까?"라고 도발적인 질문을 던졌다. 광고는 그리고 로레인을 가스레인지에 사용함으로써 남는 3시간에서 5시간 정도의 '유쾌한' 시간을 레크리에이션이건 사교적 모임이건 혹은 돈을 벌 수 있는 직업에 사용하라고 권했다. 주부들이 요리를 싫어하는 것이 아니라 냄비 끓는 것을 유심히 지켜봐야 하는 허드렛일을 싫어하는 것이라고 단정하면서, 그렇기 때문에 주부들은 그 시간에 운동을 하거나 휴식을 취하거나 혹은 교양을 쌓을 여가시간이 필요하다고 주장했다. 나아가 자신들이 만든 책자에 여가 선용법을 자세히 설명하고 있으니 필요한 사람들이 요청하면 무료로 보내주겠다고 광고했다.[27]

로레인은 자사 제품을 사용한 후 주부들의 일상생활이 어떻게 바뀌었는가를 구체적 사례를 통해 보여주었다. 소비자인 주부가 직접 사용한 후 남는 여유시간을 어떻게 이용했는지 실제적 사례를 담은 편지를 보냈다면서 광고에 실은 것이다. 예컨대, 일리노이주의 딕슨Dixon시에 살고 있는 한 주부는 로레인의 온도조절기 덕분에 일요일에 교회도 마음 편하게 다닐 수 있게 되었다고 한다. 오전 9시에 4시간으로 요리를 세팅해놓고 교회에 갔다가 오후 1시에 돌아오면 맛있는 점심을 바로 먹을 수 있게 되었다는 것이다.[28]

다음 사례는 좀더 실용적이었다. 이 사례는 조그만 마을에서 상점을 운영하는 남편을 둔 어느 주부였다. 가게에 사람이 많이 몰리는 시간에는 남편 혼자서 힘들어 했는데, 문제는 자신이 사는 곳이 조그만 타운이다 보니 사람 구하는 것이 만만치 않았다고 한다. 그래서 남편을 어떻게 도와줄 수 있을까 항상 고민하고 있었는데, 로레인을 사용한 다음부터 상황이 달라졌다는 것이다. 즉 일상적으로 해야 하는 집안일을 12시까지 신속하게 마친 후, 또한 준비한 저녁 요리를 오븐에 넣고 5시간 요리에 맞는 온도를 선택한 후 남편의 상점으로 가서 바쁜 시간 남편을 도울 수 있게 되었다. 물론 집으로 돌아오면 오븐에 "맛있게 조리된, 완벽한 식사"가 준비되어 있었다. 그러니 로레인 덕분에 자신은 남편의 일을 도울 수 있게 되었으며, 남편은 시간제 판매원을 쓸 필요가 없어졌을 뿐 아니라 그 비용까지도 절약할 수 있게 되었다는 것이다.[29] 결과적으로 그녀는 집안일도 완벽하게 하면서 남편의 일도 도와줄 수 있는 일인이역의 주부 역할을 충실히 할 수 있게 되었다는 점을 로레인은 광고를 통해 강조하고자 했다.

가전제품의 대규모적인 판매량 급증

우리는 이 장에서 가전제품들이 공장의 조립라인을 통해 대량생산되어 얼마나 빠른 속도로 최종 소비자인 가정에 도달했는지를 구체적인 수치를 통해 실감할 수 있었다. 동시대 다른 국가들과 비교해본다면 그 차이가 더욱 두드러질지도 모르겠다. 서유럽조차도 냉장고니 세탁기는 거의 구경조차 할 수 없었다. 예를 들어, 1920년대도 아닌 1958년 베를린에서 이러한 가전제품을 사용하고 있던 가정은 1퍼센트도 못 되었다.[30] 그러니 나머지 지역은 더 언급할 필요조차 없을 것이다. 이 시기 가정에서의 소비혁명은 지구상 어느 곳에서도 꿈조차 못 꿀 시절이었다, 미국을 제외하고는.

미국의 경우, 1920년대야말로 가전제품의 확산이 두드러졌다. 1923년과 1928년의 가전제품 생산량 통계를 본다면 불과 5년 사이에 주요 제품들이 대략 2배 정도 증가한 것을 알 수 있다. 구체적으로 전기다리미는 700만 대에서 1520만 대로, 전기세탁기는 약 295만 대에서 500만 대로, 진공청소기는 385만 대에서 682만

8000대로 증가했다. 게다가 냉장고는 2만 7000대에서 75만 5000대로 무려 28배나 증가했다. 냉장고가 가히 폭발적으로 증가하고 있던 시기였다. 공급과 수요 모두 말이다.[31]

이처럼 1920년대는 가전제품이 엄청난 속도로 대량생산되던 시기였다. 그러나 1929년 뉴욕의 증권가에서 시작된 미국의 대공황은 미국이 1941년 12월, 제2차 세계대전에 참전하기 전까지도 완전하게 끝나지 못한 상황이었다. 그럼에도 가전제품의 판매는 별로 큰 타격이 없거나 심지어 판매율이 증가했다. 따라서 1930년대 장기적인 경제 불황에도 불구하고 미국 사회에서는 가전제품에 대한 수요가 계속 만들어지고 있었다. 그 이유가 실제적으로 중산층이 원해서건 광고의 영향력 때문이건 간에.

다음 몇 개의 장에서는 구체적으로 다리미와 세탁기, 청소기, 그리고 냉장고 등의 광고를 통해 가사노동과 가사기술에 관한 기업의 시각을 살펴볼 것이다.

세탁하기
다리미와 세탁기

Doing laundry: electric iron and washing machine

•••

1. 세탁기는 여성을 해방시켰는가

"인류의 가장 큰 발명품 중 하나가 무엇인 줄 아세요? 바로 '세탁기' 입니다. 세탁기 발명으로 여성들은 빨랫감과 씨름하던 시간에서 해 방돼 그 시간에 자기 계발을 하기 시작했습니다. 저 역시 세탁기가 대 신 빨래를 해주는 시간 동안 책을 읽고 연구를 합니다. 내가 해야 하 는 일 중 단순하고 의미 없는 노동의 일을 로봇이 대신해준다고 생각 해봅시다. 그 시간 동안 얼마나 우리는 많은 것을 할 수 있을까요?"[1]

MIT 대학의 인공지능연구소 소장이자 로봇 엔지니어인 다니 엘라 러스Daniela Rus(1963~)는 이렇게 세탁기를 인류의 위대한 발명품으로 치켜세웠다. 21세기인 지금도 여성이자 엄마인 러스 의 입장에서는 빨래가 부담스러웠던 것이다. 그러나 세탁기가 돌아가는 동안 러스는 "단순하고 의미 없는 노동" 즉 허드렛일로부터 벗어났는지는 몰라도, 과연 보통 주부의 입장에서도 그러했을까?

고단한 일상의 노동, 빨래

옷을 빨고 말리고 다리는 일은 주부가 하는 일 중에서 가장 힘든 일이었다. 20세기 전반, 미국 농촌에 사는 어느 여성은 신혼의 5년을 제외하고는 농장에서 일을 하면서 살았는데, 어찌나 일이 쉴 새 없이 많고 힘이 들었는지 감옥에서 사는 것 같았다고 고백했다. 그리고 덧붙이기를 그중에서 가장 힘든 일이 빨래하기였다고 언급했다.[2] 남편과 자식들이 벗어놓은 옷들과 침대보를 비롯한 온갖 세탁물들을 빨고, 널고, 다리고, 개서 서랍장에 넣는 일은 너무도 고단한 일이었다. 그렇기 때문에 세탁날이 돌아오면 주부들조차도 가능하다면 자신이 하지 않고 가내하인 혹은 세탁부를 쓰고자 했다.

19세기 당시는 세탁일이 보통 월요일이었다. 그래서 '우울한 월요일Blue Monday'이라는 표현이 세탁일을 표현하는 데 자주 사용되곤 했다. 19세기 부유층이나 중산층 집안의 경우, 세탁일에 종사하는 사람들은 안 보이는 곳에 있어야만 했다. 심지어 세탁일이 너무 중노동이라서 대저택에서는 왕왕 말 안 듣는 하인들을 처벌할 목적으로 세탁실로 보내곤 했다. 그만큼 세탁은 모두가 피했으면 하는 집안일 중에서도 으뜸의 자리를 차지했다.[3]

19세기 미국 여성들이 남긴 일기나 편지를 보더라도 세탁은 매주 해야만 하는 힘든 일임에 틀림없었다. 산업혁명 이후 면방직 공장에서 면제품들이 생산되면서 주된 직물이 모직물이나 리넨에서 면으로 바뀌었다. 면은 세탁이 쉬운 덕분에 오히려 주부들의 세탁량이 증가하게 되었다.[4] 문제는 빨래를 한다는 것이 단순한 작업이 아니라 길고도 육체적으로 고통스러운 과정의 작업이었다는 점이다.

당신이 만약 19세기의 미국에 살던 주부였다고 상상해보자. 한국 같으면 예전에 주부들이 빨랫감을 들고서 혹은 이고서 동네 개울가의 빨래터로 갔을 것이다. 당시는 상수도 시설이 집에 있지 않았을 터이니 말이다. 빨래터로 이동하는 것 자체도 힘이 들었을 것이다. 만일 빨래터가 없다면 동네 우물에 가서 물을 길어와야만 했을 것이다. 미국의 경우도 마찬가지였다.

"세탁을 하려면 물동이를 지고 물을 데우는 것 말고도 빨래를 적시고 함석통 속에 놓인 빨래판에 온 가족의 빨래를 놓고 문질러야 했다." 그런 후에는 "빨래를 헹구기 위해 더 많은 물을 데워야 했고, 빨랫줄에 널기 전에 모든 빨래를 손으로 짜거나 탈수기에 넣었다". 물먹은 빨래를 짜내는 과정은 혼자서는 거의 감당하기 힘들었을 것이다. 그나마 탈수기가 있는 집은 힘을 덜 쓰게 돼 조금은 상황이 더 나았을 것이다. 이러한 과정이 끝난 다음에야 최종적으로 "주철로 만든 새드 다리미sad iron로 하루 종일 가족의 옷을 다렸고, 난로가 식을세라 나무를 충분히 넣어 하루 종일 불을 때야 했다". 이처럼 하루 종일 걸리는 세탁일이 얼마나 힘든지 어느 여성은 "빨래를 마치고 나면 허리가 부러질 것 같았어요. 평생 잊을 수 없을 거예요"라고 회상했다.[5]

세탁기가 등장하기 전까지 가정주부가 담당해야만 했던 세탁이라는 일상의 노동은 엄청난 시간을 들여야 하는 고단한 일이었고, 몸과 마음을 지치게 했다. 결혼을 한 순간부터 여성들은 허리가 끊어질 듯한 고통을 몸소 체험해야만 했다.

2. 일상의 필수품이 된 전기다리미

일단 더러운 세탁물을 빠는 과정이 끝난 다음에는 빨래를 햇볕에 말려야 했다. 비가 오거나 날이 흐리면 말리는 시간이 더 걸렸다. 일단 빨래가 마르면 빨랫줄에 널린 옷들을 집안으로 들여와 다림질을 해야만 했다. 다림질을 하지 않고 옷을 입을 수는 없었다. 옷이 울고 있는 상태에서 그냥 입고 다닐 수는 없었다. 그랬다가는 남편은 직장에서, 아이들은 학교에서 놀림을 당했을 테니까. 아래의 인용문은 다림질의 과정을 잘 설명하고 있다.

> 다림질하는 날이면 가정주부들은 가스난로나 장작난로에 다리미 4~6개를 올려놓고 불을 지폈다. 다리미 하나를 들어 다림질을 하기 전에 바닥을 깨끗이 닦고 밀랍으로 문지른 다음 낡은 옷을 다려 타지 않는지 확인했다. 확인이 끝나면 때를 묻히거나, 손을 데거나, 천을 태우지 않도록 조심하며 나들이용 셔츠를 다렸다. 열을 가하지 않으면 다리미는 금세 식었다. 주부들은 식기 무섭게 다시 난로 위에 올리고 다른 다리미를 다시 집어들어 같은 과정을 반복했다. 주름투성이의 면 옷가지와 다림질이 필요한 리넨이 산더미처럼 쌓여 하루 종일 작업해도 부족할 정도였다. 게다가 푹푹 찌는 여름에도 뜨거운 난로 옆에 항상 서 있어야 했다.[6]

위의 설명에서도 자세히 묘사되어 있듯이, 다림질은 몇백 년, 아니 그 이상 주부가 감당해야 했던 고된 일 중 하나였다. 기존의 주철로 만든 다리미는 힘들게 덥혀 놔도 얼마 지나지 않아 식기 때문에 가능한 한 짧은 시간 내에 다림질을 해야만 했다. 게다가

5-1. 1890년대 '아스베스토스Asbestos'라는 이름의 '새드 다리미' 광고.

'새드 다리미'로 불린 이 주철 다리미는 무겁기도 하고 힘을 주면서 세게 눌러야 제대로 다려졌다.[7] 그럼에도 광고(5-1)에서 보듯이, 이런 다리미조차 손잡이는 뜨겁지 않고, '편안하고, 단정하게' 옷을 다릴 수 있는 도구로 홍보되었다.

이렇게 고단하고 번잡스러운 상황에서 힘든 과정을 생략할 수 있는 전기다리미가 출현하자 주부들은 환영할 수밖에 없었다. 1882년에 특허를 받고 1893년에 처음 시판된 이 전기다리미는 일단 무게가 가벼워서 주부들이 들기 쉬워졌으며, 난로 옆에 서서 진땀을 흘릴 필요도 없게 해주었다. 게다가 시간도 절약할 수 있어 전기다리미는 가격 대비 주부들의 만족도가 높아 1920년대가 되면 가전제품 중에서 가장 보편적인 전기제품으로 자리잡았다.[8]

시카고의 전력산업 사업가인 새뮤얼 인설Samuel Insull (1859~1938)은 가정의 전기화가 진행되면 전구 다음으로 전기다리미를 가장 먼저 찾을 것이라고 예상했다. 그의 입장에서는 전구 이외의 전기 사용처를 찾아야만 했고, 그의 예측은 적중했다.

5-2. 순백색 모자와 유니폼을 입은 하녀가 다림질을 하고 있는 제너럴 일렉트릭사 다리미 광고(1908년경).

심지어 판촉 차원에서 그는 새드 다리미를 2000대까지 가져오면 대신에 새 전기다리미를 무상으로 제공한다고 선전했다. 그의 전략은 성공적이었다. 제너럴 일렉트릭사의 광고를 보라(5-2). 환하게 웃는 얼굴로 편안한 표정으로 다림질을 하는 하녀 복장의 여성을 보여준다. 왜냐하면 전기다리미는 옷을 힘껏 누를 필요도, 금방 식을 일도 없었기 때문이다.

대부분의 가정에서는 전기다리미를 가장 먼저 사들였다. 가격 대비 만족도가 당시 기준으로 가장 높았던 것이다.

따라서 전기다리미는 1920년대 말이 되면 거의 포화상태에 이르렀다. 예컨대 1928년 1월 기준으로 미국의 총 1759만 6390가구 중 87퍼센트, 1930년 1월이 되면 총 1972만 1486가구 중 94퍼센트가 전기다리미를 가지고 있었다.[9] 후자의 경우 불과 6퍼센트에 해당하는 118만 3000대의 다리미만이 부족한 상황에 이르게 된 것이다. 그리하여 1933년 1월 기준으로, 전기다리미는 1965만 3493가구가 소유하여 전체 가구의 98.9퍼센트를 차지하게 되었으며, 단지 22만 1007대에 해당하는 1.1퍼센트의 가구에만 전기다리미가 없었다. 따라서 전기다리미는 이미 1920년대를 지나면서 미국 주부들에게 일상의 필수품이 되었다.[10]

이러한 상황에서 전기다리미 회사 간 경쟁이 심화되자 광고를 통해 자사 제품의 우수성을 알리는 것이 급선무가 되었다. 그럼에도 광고를 통해 전달하려는 주요한 메시지는 공통적이었다.

아래의 광고(5-3)는 당시 빠른 속도로 감소하는 가내하인의 문제를 언급하면서 전기다리미가 '전기하인'의 역할을 충분히 할 수 있다고 주장했다. 1920년의 크리스마스를 겨냥한 광고인데, 이 '핫포인트' 다리미는 선두 제품으로서 다른 회사의 '표준'이 되었다고 주장했다. 또한 가내 하녀들이 줄어듦을 암시함으로써 이러한 문제를 해결하기 위해서는 가정이 전력화되어야 하며, 노동절약적 가전제품들이 경제성과 편안함으로 주부를 도울 수 있다고 강조했다. '더 쉽게' 다림질할 수 있는 이 제품이야말로

5-3. 핫포인트 광고, 『새터데이 이브닝 포스트』, 1920년 12월 25일, p. 40.

하녀 몫을 충분히 할 수 있으니, 이들은 더 이상 필요 없다는 것이 이 광고의 주장이었다.

다음의 광고(5-4)는 1920년대에는 드문 상황을 묘사하고 있다. 당시 대부분의 가전제품은 가전 업체에 소속된 엔지니어들이 설계하고 제조했다. 물론 이 경우 엔지니어들이라 함은 남성 엔지니어를 의미했다. 그런데 웨스팅하우스사는 1920년 광고에서 자사의 전기다리미 제품이 주부들에 의해서 디자인되었음을 자랑스럽게 홍보했다. 예컨대, 다리미는 얼마나 무거워야 하는지, 손잡이는 어떻게 생겨야 하는지, 전깃줄은 어떻게 본체와 연결되는 것이 좋은지 등의 중요한 문제들을 사용자인 주부보다 더 잘 알 수 있는 사람은 없을 것이라면서 남성 엔지니어들이 기존의 다리미를 개량할 때 참여하지 않았음을 언급했다. 이런 식으로 전기다리미가 '남성들의 생각'이 아닌 '여성들의 필요'에 따라 디자인되었다는 점을 강조한 것이다. 그러나 당시 가전제품 회사들이 자사 제품의 디자인 설계에 있어 주부들의 의견을 반영하는 경우는 흔치 않았다.

또 다른 문제는 다림질 시간이었다. 다음의 광고(5-5) 문구에 의하면, 여성들이 다림질판에 매달린 시간은 일 년에 한 달 정도가 될 정도로 엄청난 시간을 사용하고 있었다. 그런데 자신들의 다리미를 사용하면 절반으로 그 시간을 줄일 수 있다고 홍보하면서 자신들의 다리미를 직접 사용한 소비자를 등장시켰다. 소개된 여성의 동생이 하루 종일 해야 하는 다림질을 그녀는 '선빔 Sunbeam'을 사용하여 점심때까지 끝낼 수 있었다는 실례를 들면서 말이다. 그렇지만 이 광고는 다림질 시간을 너무 과장했다. 1917년의 한 조사에 의하면, 주부들이 보통 일주일에 한 번 빨래

5-4. 웨스팅하우스사 광고, 『새터데이 이브닝 포스트』, 1920년 4월 10일, p. 171.

5-5. 선빔 광고, 『새터데이 이브닝 포스트』, 1925년 1월 24일, p. 57.

5-6. (좌) 선빔 광고, 『새터데이 이브닝 포스트』, 1925년 2월 21일, p. 121.
5-7. (우) 선빔 광고, 『새터데이 이브닝 포스트』, 1925년 5월 16일, p. 79.

를 한 후 다림질에는 대략 2시간 정도가 걸렸다.[11] 주부들이 하루 종일 다림질만 하고 있을 순 없었다. 기어다니는 아이, 학교에서 돌아온 아이의 점심 혹은 간식 먹이는 것부터 이것저것 챙기는 것까지 할 일이 끊임없이 기다리고 있었다.

기존의 전기다리미가 안고 있는 가장 큰 문제 중 하나는 과열이었다. 즉, 주부들이 다림질을 하다 친구나 친지로부터 전화가 와 얘기가 길어지거나 다른 일을 하러 잠시 자리를 비울 경우, 전기 스위치를 꺼놓고 가는 것을 종종 잊어먹곤 했다. 이럴 경우, 다리미가 과열되어 옷이 타거나 심지어 불이 붙을 수 있는 위험한 상황이 생길 수도 있었다. 혹은 적어도 발열 부위가 과열로 인해 망가지기 쉬웠다. 그런데 '선빔' 다리미는 이러한 문제에 종지부를 찍었다면서, 몇 시간이나 과열되어도 문제가 없다고 주부들을 안심시켰다(5-6).[12]

이들은 과열 문제를 해결한 다리미로 '선빔' 다리미를 적극적으로 홍보하였다. 젊은 여성을 고용하여 100개 도시에서 100명의 여성과 대화를 나눈 결과, 92명이 잊어먹고 전원을 끄지 않았는데도 다리미가 과열되지 않아 수리할 필요가 없었다는 내용을 함께 실었다. 또한 다림질을 할 수 있는 온도에 금방 도달하고, 그 열을 오래 보존하여 구태여 팔에 힘을 주고 다림질을 할 필요가 없음을 자랑했다(5-7).[13]

그러자 또 다른 다리미 회사에서 과열뿐 아니라 시간이 지나면 식게 되는 다리미에 다시 열을 제공해준다고 광고하기 시작했다. 자사가 개발한 자동으로 조절되는 온도장치 덕분에 언제든지 다리미는 너무 더워지거나 너무 식지 않을 수 있다고 광고한 것이다.

아래의 광고(5-8)는 웨스팅하우스사의 광고다. 이들은 과열 문제를 해결했을 뿐만 아니라, 나아가 다른 일을 하느라 오랫동안 꺼놓아 식은 다리미도 자동으로 전기가 다시 들어와 다림질을 하는 데 문제가 없다고 주장했다. 다리미에 온도조절 자동장치가 있어 과열되면 꺼지고, 잠시 꺼놓아 너무 식으면 다시 전기가 들어와 언제든지 다림질이 가능하게 따뜻함을 유지할 수 있다는 점을 강조한 것이다. 전기가 꺼질 때나 다시 켜질 때마다 주부들은 "짤깍click" 소리를 들을 수 있는데, 이는 마치 다리미가 "염려하지 말아요. 나는 나의 온도를 주시하고 있어요"라고 말하는 것과 같다고 광고했다.[14]

웨스팅하우스사는 또한 자사의 다리미가 자동으로 전원이 연결되고 차단되는 기능이 있다고 광고했다. 전화가 울려도 잊어버릴까봐 염려하지 않아도 되고 심지어 며칠 동안 연결된 상태로 다리미를 놔두어도 다림질하기 적당한 온도를 유지하고 있다고 말이다.

또한 웨스팅하우스사는 자사 제품이 "더 빠른 속도로, 더 쾌적

5-8. 웨스팅하우스사 광고, 『새터데이 이브닝 포스트』, 1925년 3월 28일, p. 118.

세탁기의 배신

하게" 다림질이 가능하다고 주장하고 있었다.[15] 그리고 "낭비된 에너지를 절약"하는 것이 가능하고, "백만 달러 온도조절 장치"를 지녀 주부들의 염려를 사라지게 만든 "경이로운 다리미"임을 강조했다.[16]

이미 앞에서도 언급했던 것처럼, 1930년대가 되면 이미 전기 다리미 시장은 거의 포화상태에 이르렀다. 결국 업체들은 가격을 낮추는 방향으로 경쟁에서 소비자를 끌어오고자 했다.

이때부터 가격으로 승부하겠다는 업체들이 등장했다. 예컨대, 제너럴 일렉트릭사 계열의 '핫포인트'는 자사 제품이 동급의 타사 제품보다 2달러 싼 5달러 95센트로 팔며, 다리미의 무게 또한 타사 제품보다 절반인 3파운드밖에 안 된다고 강조했다. 또한 불만족스러운 소비자들은 언제든지 30일 이내에 되돌려 보내면 자사의 다른 제품으로 교환해주겠다고 약속했다.[17] 웨스팅하우스사에서도 자사의 연구진이 "가장 편안하고, 속도감 있고, 경제성"이 있는 다리미를 만들어냈다고 광고를 통해 선언했다. 연구진은 "올바른 무게, 열, 손목 위치"를 찾아내어 1000와트의 "피로를 방지하는" 기능이 있는 다리미를 만들게 되었다고 광고했다. 그러면서 원래 가격인 7달러 95센트를 특별가인 6달러 95센트로 1달러를 낮추었다고 선전했지만 핫포인트 가격만큼은 아니었다.[18]

1930년대 동안 미국의 주부들은 대공황이라는 전대미문의 경제적 어려움을 헤쳐나가야만 했다. 그러다보니 값싸면서 오래 쓸 수 있는 제품을 선호할 수밖에 없었다. 이러한 상황을 보다 잘 이해하는 회사들만이 살아남을 수 있었다.

1940년대가 되면 전기다리미의 성능을 강조하기보다는 디자인을 강조하는 경향을 띠게 되었다. 예컨대, 1930년대의 디자인 유행이던 유선형streamline도 다리미에 도입되었다. 이 유선형 다리미임을 내세운 회사가 웨스팅하우스였다.[19] 또한 새롭고 편안한 기능들도 추가되었는데, 손과 팔목을 힘들게 만드는 다림질이 두려운 주부에게 웨스팅하우스사는 '힘들지 않는 다림질'을 표방했다. 자사의 다리미가 기존의 것보다 3분의 1 가벼우며, 나아가 그것이 면이건 실크건 혹은 양모건 간에, 원하는 옷감 종류에 따라 다이얼을 맞추기만 하면 적정 온도로 다림질이 가능하여 힘을 줄 필요도 없다고 선전했다.[20] 그들은 구체적인 비교 대상 제품을 언급하지 않으면서 "더 가볍고, 더 빠르고, 더 안전한" 자동 다리미라고 광고했다.[21]

'프록터사'는 자사의 다리미는 "안전하고, 신속하고, 손쉬운 다림질"이 가능하다면서, 심지어 자사의 제품을 사는 것은 "단지 (하나의) 다리미"를 사는 것이 아니라 "다림질이라는 허드렛일로부터의 자유"를 사는 것이라고 강조했다.[22] 또한 프록터사는 자사 제품의 다리미는 3종류의 속도, 즉 빠르거나, 중간이거나, 느린 속도를 선택할 수 있는 유연함을 지니고 있으며, 무엇보다 다림질하는 동안 옷감이 눌릴까봐 혹은 과열될까봐 평균적으로 1000번 이상 다리미를 들어올리는데, 자사 제품은 다리미를 세워놓을 필요가 없으니, 그런 번거로운 허드렛일을 생각할 필요도 없다고 주장했다.[23]

현실적으로 가능한 주장은 아니었다. 옷 위에 올려놓는 순간 다리미가 알아서 자동으로 다림질을 하고, 마무리를 하기 전에 다림질에서 손을 떼고 다른 일을 할 수는 없는 노릇이었다. 그럼에도, 다림질을 하는 데 있어서 육체적인 어려움은 전기다리미의 보급으로 많이 줄어들었다고 봐야 한다.

이제 1930년대가 되면 미국의 주부들은 적어도 다림질 때문에 팔에 힘을 과하게 주거나 더운 여름날 땀을 흘리며 불과 씨름할 필요는 없어졌다. 전기다리미 덕분에 편리해진 것은 사실이었다. 나중에 세탁기 덕분에 더 많은 빨래를 하게 되어 다림질의 횟수가 늘어나 전체 가사노동시간이 줄어들지는 못했을지라도 말이다.

3. '우울한 월요일'의 세탁

그러나 다림질의 전 단계인 빨래하기는 여전히 큰 문제였다. 그래서 중산층 이상의 가정에서는 세탁소를 이용하여 세탁물을 맡기고 찾아오곤 했다. 물론 세탁물을 가져다주는 서비스를 제공하는 세탁소도 있었지만 말이다. 이곳을 이용하면 빨래와 다림질 문제까지 동시에 해결할 수 있었다. 그러나 이 또한 쉬운 일은 아니었다. 보통의 경우 가벼운 남편의 셔츠나 애들 옷은 맡겨도 속옷이나 무거운 이불 등의 세탁물은 맡기기가 쉽지 않았다. 그럼에도 세탁소는 19세기 후반부터 제법 많은 사람들이 즐겨 애용하고 있었다. 그곳은 증기력을 이용한 거대한 세탁기가 있는 대규모 세탁소이거나 개인이나 가족이 하는 소규모의 세탁소로 분류되었다. 물론 이렇듯 상업용 세탁소를 이용할 수 있는 혜택은 도시에 살고 있는 가정에 한해서였다. 농촌의 가정에서는 불가능한 일이었다.

세탁소와 가정용 세탁기의 라이벌전

1909년 통계에 의하면, 상업 세탁소가 벌어들인 수입은 1억 달러가 넘었다. 즉, 한 가구당 5.3달러로 평균적으로 주당 10센트를 사용한 것으로 계산이 된다. 그러나 일반 가정에서만 사용한 것은 아니고, 호텔이나 기숙사 등에서 이용한 금액도 포함되어 있다. 오히려 일반 가정은 이 금액보다 훨씬 적게 사용했을 것이다.[24]

상업적 목적을 지닌 대규모의 기계화된 세탁소가 미국에 등장한 것은 남북전쟁 이후인 1860년대였다. 당시는 주로 남자들의, 특히 독신남의 셔츠나 셔츠 깃, 커프스 등을 주로 취급했다. 20세기를 지나서야 일반 가정을 겨냥한 다양한 종류의 세탁물을 취급하는 세탁소들이 늘어났다.[25]

그러나 상업 세탁소에서 더 나은 기술이 등장하자 오히려 역효과가 나오기 시작했다. 상업용 세탁소가 아닌 가정용 소규모 세탁기가 출현한 것이다. 가정용 전기세탁기가 본격적으로 생산된 1920년대부터 세탁(업)소는 가정용 세탁기를 경쟁자로 의식하면서 광고를 통해 세탁기보다는 세탁업소를 이용하여 더 많은 시간을 절약하고 더 세탁이 잘된 옷을 입을 것을 필사적으로 권유하고 있었다. 예컨대, 1925년의 미국세탁업소연합체의 한 광고(5-9)에는 우울한 표정의 주부가 다림질을 하고 있다. 그런데 아이가 책을 읽어달라고 매달려도 그 주부는 다림질 때문에 승낙할 수가 없다. "집안의 허드렛일" 때문에 아이에게 이야기책을 읽어줄 시간을 "도둑맞은" 상황인 것이다. 세탁업소의 광고는 이것이야말로 아이들과의 소중한 대화시간을 잃는 것이라고 경고했다. 세탁소는 가족들의 "더럽혀진 옷들을 빨아주고 다림질하여" 또다시 깔끔한 상태로 신속하게 보내줄 수 있고, 주부들은

5-9. 미국세탁업소연합체 광고, 『새터데이 이브닝 포스트』, 1925년 11월 21일, p. 106.

매주 하루 이상의 시간을 아껴 아이들과 "진정한 친구"가 될 수 있으며, 나아가 "행복하고 건강한" 여가시간을 가질 수 있어 자신의 젊음도 유지할 수 있다는 메시지를 전했다.[26]

1920년대에는 증기력을 이용한 세탁소들이 존재하기 시작했다. 이곳에서는 많은 노동계급의 여성들이 커다란 작업대 위에서 일을 했다. 이들은 일반 공장에서 일하는 노동자와 노동조건이 그다지 다르지 않았다. 즉, 세탁 노동자로 열악한 조건에서 힘든 세탁일을 했던 것이다. 이러한 조건하에서는 애를 돌보면서 혹은 파트-타임으로 일을 할 수는 없었다.

이러한 상업용 세탁소를 이용하는 사람들은 중산층 이상의 가정이 주 고객이었지만, 가난한 가정에서도 애용했다. 세탁의 어려움을 잘 알고 있기에 비용이 들더라도 세탁소를 이용했던 것이다. 덕분에 가족들이 운영하는 소규모 세탁소는 어려움을 겪기 시작했다. 시간이 지나면서 소규모 가족 위주의 세탁소보다는 동력을 이용한 대규모 상업 세탁소가 우위를 차지했다. 특히나 1948년 이후부터는 후자가 본격적으로 압도하기 시작했다.

The Armagh City Steam Laundry
Shirt & Collar Specialists

SMOOTHING ROOM.

5-10. 1920년대 증기 세탁소.

1967년쯤이 되면 가족 세탁소는 전체 세탁물의 겨우 23퍼센트를 처리하고 있었다.[27]

그런데 흥미로운 점은 전기세탁기가 본격적으로 가정에 도입되면서 세탁소로 갔던 세탁일이 다시 주부 몫으로 돌아왔다는 것이다. 19세기 후반 세탁소가 등장하면서 웬만한 중산층의 경우 세탁소로 세탁물을 보낸 덕분에 세탁시간이 줄어들었는데, 전기세탁기가 가정에 자리잡으면서 세탁일이 또다시 주부의 몫으로 바뀌었다. 이 점은 당시 가정학자들의 보고를 통해서도 쉽사리 확인할 수 있다. 1924년 미국가정학회의 교육 분과 주최로 5개 주 농촌과 도시의 주부들을 상대로 행한 대규모 조사(농촌의 경우 1031가구가, 도시의 경우 1993가구가 질문지에 응답했음)에 의하면, 1921년에 비해 집안에서 세탁일을 하는 가정이 무려 3분의 1 이

상이 늘어났던 것이다. 불과 3년 만에 말이다.[28]

이는 1920년대 후반부터는 세탁기가 가정에 대세로 자리잡은 동시에 세탁소 출입이 줄어들면서 주부들의 세탁시간이 증가하기 시작한 것으로 볼 수 있다. 당시에는 "현대적 노동절약 기구"[29]로 인식된 세탁기가 세탁일을 대신해줄 거라는 생각 덕분인지 남편과 아이들이 벗어놓은 세탁물들은 많은 경우 세탁소보다는 세탁기로 들어갔다. 그러나 절대 물량으로 보자면, 세탁소에서 취급하는 세탁물의 양이 줄어든 것은 아니었다. 통계치로만 보면, 비록 불완전하지만, 1920년대 세탁소 사업은 성장세에 있었다. 1948년에 가서야 비로소 성장이 멈추고 감소가 시작되었다. 드라이클리닝 사업의 경우도 1954년 이후에나 감소세로 돌아섰다.[30]

세탁소 업체와 세탁기 업체는 서로를 분명한 경쟁상대로 인식하고 있었으며, 서로 광고나 마케팅을 통해서 소비자인 주부들을 붙잡으려고 애썼다. 세탁기 업체에서 자신들의 경쟁 상대인 세탁소를 의식한 광고를 내보낼 때는 예컨대, 셔츠의 소매 끝도 깨끗하게 빨린다면서 세탁소에 셔츠를 맡길 필요가 없다는 식이었다.[31] 물론 자신들이 지나치다 싶으면 화해의 몸짓으로 휴전에 이르기도 했다. 이 두 업체의 협회에서는 1927년과 1933년, 광고를 통한 지나친 비방이나 경쟁적 광고를 자제하기로 합의하기도 했다.[32] 하지만 더 경쟁적인 업체들의 등장으로 궁극적인 화해에 이를 수는 없었다. 결국은 소비자의 선택의 문제였다. 진정한 소비자였던 미국의 주부들이 경제적 관점에서건 여타의 관점에서건 세탁기 혹은 가정 밖의 세탁소 중 어디를 선호하느냐에 이들의 운명이 달려 있었다.

여기에는 물론 예외도 있었다. 농촌에 사는 주부들이었다. 이들은 실제적으로 세탁소를 이용하기가 결코 쉽지 않았다. 예를 들어, 1941년 세탁소를 이용한 주부들을 지역별로 통계 낸 자료에 의하면, 도시 지역의 가정에서는 40퍼센트가 세탁소를 이용한 반면, 농촌 지역에서 농업에 종사하지 않는 가정은 20퍼센트, 농업에 종사하는 가정의 경우 겨우 10퍼센트에 지나지 않았다. 그렇다보니 도시의 가정이 1년에 평균 56달러를 세탁소 이용하는 데 사용했다면, 농촌 지역 비농업 가정은 30달러, 농촌 지역 농업 가정은 24달러를 지출했다. 소득별로도 분류가 되어 있는데, 당연히 소득에 비례해서 세탁소 이용률이 더 높아지고 지출도 더 많이 했다.[33]

기술사학자 수전 스트레서는 전기세탁기에 있어서 기술의 혁신을 강조했는데,[34] 미국 여성들이 세탁업소에 세탁물을 맡기지 않고 전기세탁기를 선호하게 된 것은 단지 기술적 변화 때문만은 아니었다. 차라리 자신의 세탁물을 타인에게 맡기기보다는 스스로 처리하는 편을 선호했으며, 이것은 미국인들의 개인주의적 가치관과 태도와 결부된 것으로 보인다. 어찌 보면 기이한 역류였다. 나머지 대다수 가전제품들은 상업용에서 가정용으로 전환했건만 유일하게 세탁일은 가정에서 세탁소로 갔다가 다시 가정으로 돌아왔다.

우리는 왜 (전기)세탁기[35]를 원하는가

그런데 이제 가정에 주부들이 혼자서도 처리할 수 있는 전기세탁기가 등장하기 시작했다. 1846년 처음으로 특허를 받은 이후 세탁기는 문자 그대로 수천 개의 특허를 획득하면서 본격적으로 성장하기 시작했다. 그렇지만 20세기 초까지도 가정용 세탁기는 사실상 존재하지 않았다. 대략 1915년 이후 일부 세탁기 제조업체들이 제너럴 일렉트릭사나 웨스팅하우스사로부터 전기모터를 구입해 가정용 세탁기를 생산하기 시작했다.[36] 따라서 세탁기가 가정에 제대로 도입되기 시작한 것은 1920년대 초였다.

4장에서도 강조했듯이, 초창기 가사기술이 실현된 가전제품들을 광고할 때 자주 등장하는 단어는 '허드렛일'이었다. 청소기가 되었건 세탁기가 되었건 여성들이 일상에서 힘들게 반복적으로 해야만 하는 허드렛일로부터 주부들을 해방시켜주겠다는 것이 가전제품들의 원대한 포부였다. 이러한 광고들은 19세기 여성들처럼 가사노동이 반드시 힘들 필요가 없다는 점을 강조했다.[37] 그리고 이러한 가전회사의 광고 전략은 소비자에게 거의 무비판적으로 받아들여진 것으로 보인다. 예컨대, 1920년 아이다호 전력회사Idaho Power Company는 소비자들을 대상으로 '왜 나는 전기세탁기를 원하는가'라는 주제로 에세이 콘테스트를 했다. 무려 2만 명 이상이 응모했는데, 90퍼센트 이상의 글이 전기세탁기가 가져올 커다란 이점으로 허드렛일을 없애줄 것이라고 했다.[38]

이러한 결과를 추론해보면, 대다수 미국인들은 광고가 전해주는 메시지를 비판은커녕 앵무새처럼 가감 없이 받아들였음을 알 수 있다. 비판적 시각에서 보면, 소비자들은 광고의 메시지를 학교 수업을 통해 배우듯이 학습했던 것으로 보인다. 좋게 해석해보면, 그 시대의 분위기가 과학기술에 대한 무한긍정 시대로서 가사기술의 실현인 가전제품들이 주부의 허드렛일을 대신해주리라는 막연한 생각을 믿었던 것으로 보인다. 즉, 그들은 가전제품이라는 '전기하인'을 통해 가사노동의 힘든 일을 덜어낼 수 있으리라 기대했음을 알 수 있다.

1920년대 중반의 대중적인 여성잡지에는 빨래통laundry tub만큼이나 전기세탁기가 자주 등장했다. 즉, 전기세탁기가 제법 많은 중산층 가정에서 사용되었음을 추정할 수 있다. 우리는 통계를 통해서도 이러한 가전제품의 보급 시기를 확인해볼 수 있다. 예를 들어, 세탁기의 경우 1900년에는 미국 전역에서 단지 3000대가 생산되었지만, 1919년이 되면 50만 대, 1925년이 되면 88만 2000대로 25년 만에 생산량이 무려 294배가 증가했다.[39] 1920년대를 통해 세탁기가 미국 가정에 본격적으로 수용되기 시작했음을 알 수 있다.

전기와 수도가 빠른 속도로 미국 가정에 보급되자, 손으로 크랭크를 돌리는 수동식 세탁기를 넘어서 전기세탁기가 보급되기 시작했다. 당시 수동식 세탁기와 전기세탁기의 비율을 살펴보면, 전기세탁기가 대중에게 첫 선을 보인 1914년부터 불과 7년 만인 1921년 41만 6000대의 세탁기 중 70퍼센트가 전기세탁기였다. 1929년이 되면, 총 113만 4000대의 세탁기가 제조되었는데 84퍼센트가 전기세탁기였다. 그리고 이해에 세탁기 업체들은 매출로만 보면 1914년의 6배 이상을 생산했다. 1920년대 말 전기세탁기는 더 이상 사치품이 아니라 필수품이라는 생각이 자리잡기 시작했으며, 전기가 공급되는 미국 가정의 4분의 1 이상이 전기세탁기를 보유했음을 확인할 수 있다.[40]

미국가정학협회의 1924년도 대규모 조사에 의하면, 농촌의 경우 대략 18퍼센트의 가정이, 도시의 경우 대략 35퍼센트의 가정이 전기세탁기를 사용하고 있었다.[41] 이러한 조사는 또 다른 전국 규모의 전기단체에 의해서도 확인된다. 1928년 전국전등협회National Electric Light Association의 추정대로라면 약 500만 대의 전기세탁기가 미국의 가정에서 사용되고 있었다. 이것은 전체 미국 가정의 17.4퍼센트에 해당했다.[42] 그러나 『일렉트리컬 머천다이징』이 조사한 자료는, 아래의 표 2처럼, 세탁기 보급이 좀 더 확산되어 있었다. 왜냐하면 전기를 공급받는 가구만을 대상으로 했기 때문이었다. 즉, 1928년의 경우 전기 사용이 가능한 가정 중에서 28.4퍼센트의 가구가 세탁기를 보유하고 있었다. 그러고는 불과 4년 만인 1932년이 되면 40퍼센트를 넘어섰다. 엄청나게 빠른 속도로 세탁기가 미국 가정에 자리잡고 있었다. 그나마 경제 대공황 덕분에 주춤한 것이 이 정도였다.

가전제품의 보급률을 덧붙이자면 세탁기가 널리 보급된 이후에나 냉장고가 비로소 미국 가정에 자리잡는데, 여기에는 예외적인 상황도 존재했다. 일단 미국은 농촌과 도시의 차이만큼이

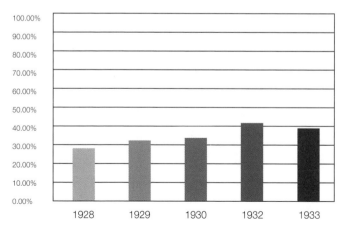

표 2. 세탁기의 가구당 보유비율(1928~33), 『일렉트리컬 머천다이징』 기사 참조.

나 지역별 편차가 크다는 것이다. 특히 남부가 그러했다. 흑인 가정부를 많이 거느린 남부의 백인 중산층 이상의 가정에는 세탁기의 보급이 더뎠다. 그렇기 때문에 특정 시기, 예컨대 1930년대 중반, 미국 남부 도시의 가정에서는 세탁기보다 냉장고를 더 많이 보유하고 있었다. 다만, 북부 지역의 도시 중에서는 유일하게 뉴욕시가 세탁기보다 냉장고를 더 많이 사용하고 있었다.[43] 다음 장에서 설명할 냉장고는 1930년대가 되어야 제대로 미국 가정에 보급되기 시작했다. 그러니 세탁기보다 냉장고가 더 많았던 상황은 남부의 특수한 인종적 관계 때문이었을 것이다.

광고를 통해 본 세탁기

그렇다면 세탁기는 광고를 통해 주부들에게 어떤 메시지를 전달하고 싶어했을까.

20세기 광고의 힘은 그야말로 강력했다. 기업을 굴러가게 하는 판촉제일 뿐 아니라 시각적으로 제품에 대한 이해와 제품의 사용법까지 교육시키는, 소비자 입장에서는 대단한 마력을 지니고 있었다. 하다못해 세탁비누 브랜드인 펠스-나프타Fels-Naptha 광고는 수사학적 표현을 동원하며 주부들에게 구매를 권유했다. "마치 수백 명의 작은 도우미가 빨래를 비벼 빨아주고 있는 것처럼 느끼게 해줄 것"이라고 말이다. P&G사의 비누 광고는 어떠했을까. "빨래로부터의 해방"을 경험할 것이라는 과감한 선언을 하기까지 했다. 비누를 직접 집에서 만들고 우물에서 물을 길어와 그 물을 끓여 빨래를 했던 19세기의 어머니 세대를 기억했던 20세기 초의 여성이라면 처음에는 세제와 수돗물만 있어도 세탁일의 부담으로부터 벗어날 거라고 생각했을지도 모르겠

다.[44]

　그러니 전기세탁기가 주부의 힘든 일을 덜어준다는 광고는 그들에게 엄청난 희망의 메시지를 준 것으로 보인다. 기본적으로 가전제품 광고는 자사의 상품을 의인화하는 경향이 있었다. 예를 들어, 한 세탁기 업체의 광고는 힘든 세탁일을 할 때 불러야만 했던 세탁부를 대신하여 자사의 세탁기가 '전기세탁부'로서 한 사람 몫 이상을 한다고 강조하기도 했다. 그러나 많은 경우 세탁기는 '전기하인'으로 불렸다.[45]

　'전기세탁부'로 불리건 '전기하인'으로 불리건, 세탁기는 무엇보다도 힘든 세탁일로부터 해방시켜줄 수 있는 기계라고 선전되었다. 마치 코닥 카메라 짝퉁 같은 광고로 보이는데, 이 세탁기 광고에 의하면 주부가 단지 스위치 버튼만 누르면 나머지는 세탁기가 다 알아서 한다는 식이었다. 이 얼마나 멋진 세상인가. 이제 단추만 누르면 된다. 그러면 세탁기가 알아서 힘든 빨래일을 다 처리할 것이다. 더 이상 세탁부를 부를 필요도 없다. 물이 잔뜩 먹은 빨래를 짜는 힘든 일 때문에 허리통증을 호소할 필요조차도 이제는 더 이상 없을 것이다.[46]

　다음의 광고(5-11)에서처럼, 초창기 광고는 무엇보다도 세탁기의 기본적인 성능을 강조했다. 힘든 일을 쉽사리 처리할 수 있는 노동절약적인 기계라는 것이다. 자사 제품을 사용한 몇천 명의 소비자가 추천할 수 있는 완벽에 가까운 제품임을 강조하기도 했다. 그렇지만 1920년대 초의 세탁기는 오늘날과 같이 물이 공급되어 알아서 회전하여 옷에 묻은 더러운 것들을 제거하고, 헹구고, 마지막으로는 엄청난 회전력으로 탈수까지 끝내는 자동세탁기가 아니었다. 광고를 자세히 보면, 탈수기가 별도로 위로 부

5-11. 에덴 세탁기 광고. 『새터데이 이브닝 포스트』, 1920년 2월 7일, p. 106-7.

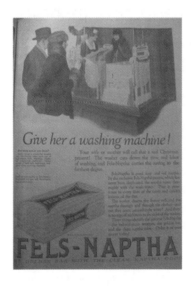

5-12. 펠스-나프타 세탁비누 광고. 『새터데이 이브닝 포스트』, 1920년 12월 18일, p. iii.

착되어 있어 나름 깨끗하게 빨린 물먹은 세탁물을 짜내는 역할
을 하는, 오늘날 기준으로 보면 조잡한 수준의 세탁기였다. 그래
도 전기모터의 힘으로 많은 세탁물을 힘차게 돌릴 수 있었기 때
문에 주부 입장에서는 힘이 덜 드는 것이 사실이었다.

다음의 광고(5-12)를 보자. 크리스마스를 겨냥한 전형적인 광
고인데, 얼핏 보면 사랑하는 아내에게 세탁기를 구입하라고 권
하는 것처럼 보인다. 그러나 사실은 세탁기에 사용하는 세탁비
누 선전이다. 진열창 앞에 한 부부가 다정하게 서 있다. 그들의
시선이 머문 곳은 세탁기처럼 보인다. 그러나 잘 보면 진열창 안
에서 가정부 복장의 젊은 여성이 세탁기 옆에 서서 뭔가를 열심
히 설명하고 있다. 그녀가 들고 있는 기다란 덩어리는 다름 아닌
세탁비누다. 악어와 악어새의 공생관계인 양, 펠스-나프타 세탁
비누 광고는 세탁기가 시간과 노동력을 절약시켜준다면서 자사
의 비누를 같이 사용하면 세탁물에 잘 스며들어 최종적으로 옷
이 하얗게 바뀌게 될 거라고 선전했다. 세탁기 구매를 넌지시 권
유하면서 사실은 자사의 세탁비누를 선전하는 대담한 광고였
다.[47]

무엇보다도 세탁기는 노동절약과 시간절약을 강조하는 광고
가 많았다. 다음의 광고(5-13)는 흥미롭게도 세탁 기능과 다림질
기능을 동시에 선전하고 있다. '토르Thor' 제품은 세탁기와 다림
질 기계인 아이어너ironer를 동시에 판매하는 가전업체였다. 자
사의 세탁기는 이미 백만 가정에서 빨래하는 날뿐 아니라 다림
질하는 날도 없앴기 때문에 매주 하루를 절약할 수 있다고 선전
했던 것이다.

이 광고를 보면, 여자아이는 엄마가 살펴볼 수 있는 방 안에서

5-13. 토르 세탁기와 아이어너 광고, 『새터데이 이브닝 포스트』, 1925년 10월 24일, pp. 184-5..

(왼편 광고) 혹은 엄마 옆에서(오른편 광고) 인형놀이를 하고 있다. 덕분에 엄마인 주부는 빨래와 다림질에 몰두하고 있다. 여기서 광고는 자사의 세탁기를 사용하면 2시간 이내에 모든 빨랫감을 깨끗하게 빨아주면서 전기비용이라고는 겨우 5센트라고 속삭인다. 자사의 아이어너 또한 다림질을 깔끔하게 끝낼 수 있으니, 이 또한 주부들에게 다림질을 '즐거움'으로 만들 수 있다고 선전했다. 게다가 크기가 작아서 작은 아파트 부엌에도 들어갈 수 있으며, 심지어 다 사용한 후에는 접어서 현관 입구건 해 잘 드는 방에 세워놓아도 된다고 조언하고 있었다.

이 광고도 마찬가지로, 주부 옆에는 여자아이만 있다. 사내아이가 있는 광고는 당시 기준으로는 있을 수 없는 일이었던 것이다. 성적인 영역 분리주의의 이데올로기가 강력한 힘으로 작용하고 있었다. 또한 이 광고를 통해 1920년대에는 세탁기가 욕실이 아니라 지하실에 있었음을 알 수 있다. 시끄러운 소음과 세탁기 자체의 크기 때문에 집안으로 들어오지 못했다. 물론 아이어

5-14. (左)제너럴 일렉트릭사 광고, 『새터데이 이브닝 포스트』, 1926년 8월 7일, p. 90.
5-15. (右)제너럴 일렉트릭사 광고, 『새터데이 이브닝 포스트』, 1927년 12월 31일, p. 47.

너는 집안의 다목적실에 있었을 것이다.

　그런가 하면, 세탁기 사용에 드는 비용이 푼돈에 불과하다는 식의 세탁기 광고(5-14~15)도 등장했다. 제너럴 일렉트릭사는 자사의 세탁기를 1시간 사용하는 데 3센트면 충분하다고 강조했다. 그런데 그 광고가 출현한 지 불과 1년 4개월 만에 시간당 2.5센트면 된다는 광고가 나타났다. 이 광고의 표현대로라면, 주부가 1시간 동안 하는 세탁일—그것이 빨래를 하는 일이건, 세탁물을 탈수하는 일이건—은 전기모터가 겨우 몇 센트면 할 수 있는 하찮은 허드렛일이 된다. 당시 코카콜라 1병/잔 값이 5센트니까 2시간 동안 열심히 허리에 통증을 느낄 만큼 세탁일을 해봐야 겨우 코카콜라 한 잔 값에 지나지 않았다. 따라서 그런 하찮은 허드렛일에 힘쓰지 말고 차라리 시간당 몇 센트를 쓰더라도 세탁기에게 맡기라는 것이다. 그리하여 주부의 "일을 줄이고" 집안의 "편안함을 늘리"라고 권유했다. 허리를 숙여 일하느라 힘들어 보이는 주부의 뒤에 확대된 주부의 그림자를 보라. 음울한 분위기에 뭔가 사악한(?) 기운에 감싸여 빠져나갈 수 없는 절망감을 드러내는 것 같지 않은가. 바로 가사노동으로부터의 질곡 상태를 보여줌으로써 자사의 세탁기가 그러한 상태를 벗어나게 해줄 수 있다는 메시지를 분명하게 보여주고 있었다.

흥미롭게도 미국 가정에서 세탁기는 처음부터 욕실에 자리잡고 있었던 것은 아니었다. 1930년대가 되어서야 세탁기는 지하에서 지상으로 올라올 수 있었다. 주부들이 욕실에 세탁기를 설치하는 것을 선호하기 시작하자 세탁기 제조업체들은 디자인과 색상에도 관심을 기울이지 않으면 안 되었다.

광고조차도 컬러로 시도되었다. 2면에 걸쳐 광고한 제너럴 일렉트릭사의 이 세탁기는 2개의 통tub이 있는 새로운 방식이었다 (5-16).[48] 기존의 방식은 원통형 통 하나에 탈수기가 그 위에 부착된 형태였다. 대공황이 본격적으로 시작되고 있었기 때문에, 새로운 기술력을 선보이지 않으면 소비자들이 움직이지 않았다. 그만큼 기업으로서는 절실했다. 이 광고는 제너럴 일렉트릭사의

5-16. 제너럴 일렉트릭사 광고, 『새터데이 이브닝 포스트』, 1931년 10월 24일, pp. 64-65.

가전제품 고객들에게 새로 출시한 세탁기를 소개한다면서, 하늘에 무지개인 양 펼쳐진 반원의 색색 공간에 그들이 생산하는 가전제품 일체를 보여주었다. 전기오븐에서 청소기, 전열기, 그리고 냉장고에 이르기까지 여러 다양한 제품들을 걸어놓고 누구든지 경제적 능력만 된다면 구입이 가능하다는 것을, 그리고 그러한 구입을 통해 가정에서 모든 편리함과 편안함 그리고 효율성을 만끽하라고 제안했다.

이 세탁기는 무려 6가지 방식으로 절약할 수 있다고 자랑했다. 첫째, 기존의 구 형태가 아닌 직육면체 형태의 디자인으로 설치 공간을 줄일 수 있으며, 둘째, "더 빨리 씻어내고 더 빨리 말릴 수" 있기 때문에 시간을 줄여주며, 셋째로 물먹은 세탁물을 들어 올리는 힘든 일을 할 필요가 없으니 수고를 덜어주며, 넷째로 찌든 때를 한번에 없애버리니 비비는 일을 줄여주고, 다섯째로 옷을 자연스럽게 빨아주어 엉기거나 망가져 수선할 필요를 줄여주며, 마지막으로 더 적은 시간에 더 많은 일을 할 수 있으니 세탁부의 임금을 줄이고 옷이 망가져 수선하는 비용을 줄일 수 있다고 선전했다.

게다가 번쩍거리는 푸른색의 이 세탁기는 청결함과 시원함 그리고 화려함을 동시에 느끼게 해주었다. 이제 세탁기는 단지 세탁을 담당할 뿐만 아니라 한 가정의 부를 과시할 수 있는 가구인 양 어두운 지하실에서 밝은 지상으로 올라왔다.

두 개의 별도 공간을 지닌 이 세탁기는 새로운 종류의 세탁기였다. 통 하나는 세탁물을 헹구는 기능을 했고, 또 다른 통은 세탁 기능을 담당했다. 왼쪽 페이지 광고에서도 보듯이 박스 안에 있는 기존 방식의 세탁기에 비해 새로운 방식의 세탁기는 자랑스럽게 무지개 조명을 받고 있었다. 하지만 여전히 불편하기는 마찬가지였다. 비록 새로운 방식이 탈수를 손쉽게는 만들어주었어도 이 두 기능이 완전히 통합된 것은 아니었기 때문이다. 헹굼과 탈수를 같이하는 새로운 세탁기가 조만간 등장할 예정이었다. 바로 (전술)자동세탁기였다.

완전히 새로운 형태의 세탁기 등장: 자동세탁기

제2차 세계대전이 끝난 직후에야 진정한 의미의 혁신적인 세탁기가 보급되었다. 즉, 비록 전쟁 직전에 자동세탁기의 출시를 광고하기도 했지만, 전쟁 이후에나 자동세탁기의 진정한 보급이 시작되었다는 의미다. 자동세탁기가 등장함으로써 세탁기의 판매는 새로운 활력과 시장을 찾을 수 있게 되었다. 이전까지의 세탁기는 헹굼 단계와 탈수 단계를 동시에 진행할 수 없었다. 먼저 세탁기 통에서 헹굼을 끝낸 다음 통 위의 탈수기에 물에 젖은 세탁물을 힘들게 비집어 넣고 물기를 짜내야만 했다. 예컨대 1920년대 세탁기는 누군가, 주로 주부였겠지만, 세탁기가 작동할 때 계속적으로 쳐다보고 있다가 "적절한 시기에 기계를 멈추고 다시 시동시켜야 했으며, 비누를 넣고, 종종 배수파이프를 갖다 대주고, 빨래를 짜내는 기구에 집어넣는 작업"이 모두 사람의 손을 거쳐야만 했다.

그러나 이 자동세탁기는 다음의 광고(5-17)에서 보다시피, 그야말로 단순하게 3단계만 거치면 됐다. 즉 빨랫감을 세탁기에 넣고, 세탁기에 부착되어 있는 다이얼을 빨랫감의 종류와 시간에 따라 맞추고, 그런 다음 빨랫감을 세탁기에서 꺼내기만 하면 됐다.[49] 대공황기의 1930년대조차도 꾸준히 매출 규모를 키워왔던

5-17. 블랙스톤 자동세탁기 광고,
『새터데이 이브닝 포스트』, 1940년
10월 19일, p. 74.

세탁기 시장은 전쟁이 끝나자마자 군수공장들이 세탁기 공장으
로 빠르게 전환되면서 그동안 억제되었던 소비자의 수요를 채
우기 시작했다. 거기에다 새로운 방식의 자동세탁기가 등장했으
니 주부들도 환영 일색이었다. 그리하여 세탁기는 1939년에서
1947년 사이에 무려 3배 가까이 증가했다.[50] 1942년부터 1945년
까지 세탁기 생산이 중단되었음을 감안하면 폭발적인 수요의 증
가였다.

그럼에도 당시에는 구형 모델의 세탁기도 여전히 판매되고
있었다. 즉, 완전히 새로운 개념의 자동세탁기가 등장했지만, 기
존의 형태와 성능을 유지하면서 35퍼센트 더 효력이 있다거나
31퍼센트 더 빠르다고 광고했다.[51] 물론 동급의 타사 기존 제품
들보다 더 그러하다는 의미였다.

그렇지만 대세는 이미 자동세탁기였다. 일단 세탁기의 다이얼
만 맞춰놓거나 버튼만 누르면 나머지는 기계가 다 알아서 하는
자동 방식의 세탁기가 등장하자 많은 가정에서 무리를 해서라도

새로운 종류의 이 세탁기를 사고자 애썼다. 기존의 세탁기보다 훨씬 노동절약적인 것은 사실이었다. 덕분에 여러 가전회사들에서도 자동세탁기를 앞서거니 뒤서거니 하면서 생산하기 시작했다. 세탁이 끝난 후 물이 흐르는 옷들을 부착된 탈수기에 넣어 짜는 방식을 좋아할 수는 없었다. 새로운 기술이 나온 이상 이전의 기술로 돌아가거나 만족할 수는 없다는 의미였다.

아마도 벤딕스Bendix에서 만든 자동세탁기(5-18)가 처음으로 미국 시장에 선보였을 것이다. 게다가 이 자동세탁기는 다른 세탁기와는 달리 위의 뚜껑을 통해 세탁물을 넣고 빼내는 방식top loading이 아닌, 전면에 있는 뚜껑을 통해 세탁물을 처리하는 방식front loading이었다. 이 또한 획기적이었다. 이 세탁기는 광고에서 이미 17만 5000명의 주부가 이 놀라운 방식의 자동세탁기를 극찬하고 있다면서 사용자들이 보내온 편지를 함께 실었다. 말풍선을 보면, 주부가 세탁기에 빨랫감을 넣고 다이얼을 맞추고서는 아예 빨래를 잊어버리고 영화를 보러갈 것이라고 얘기한다. (물론 다이얼로 옷감 종류에 따라 온도를 맞추고, 물의 양도 조정했을 것이다. 그런 다음 세제를 넣고 세탁을 시작했을 것이다.) 영화를 본 후 집에 오면 모든 빨래 과정이 끝나 있어 '엄청나게 깨끗한' 상태가 된 옷들을 걸어 널기만 하면 된다는 식으로 유혹하고 있었다. 광고 문구를 보라. 처음에는 믿을 수 없었지만 세탁기가 작동하는 것을 보고 난 후에는 '어떤 것'도 믿을 수 있겠다는 표제어를 사용했다.[52]

벤딕스의 광고에 의하면 그들의 자동세탁기는 1937년에 처음 선보였지만 크게 인기를 얻지는 못했으며, 이후 2년간은 주로 주부들 사이에서만 알음알음으로 전파되었다. 1941년이 되면 다른 업체들도 자동세탁기를 만들기 시작했지만 자사의 세탁기가 가

5-18. 벤딕스 광고, 『새터데이 이브닝 포스트』, 1941년 4월 5일, p. 39.

장 앞섰다고 주장했다. 그해에 10만 대의 판매고를 기록했다고
했지만, 미국이 제2차 세계대전에 참전함으로써 세탁기 생산은
멈출 수밖에 없었다. 그리고 당시 총 33만 대의 벤딕스 세탁기가
미국의 가정에 자리잡았는데, 이는 미국 전체 가정의 1.5퍼센트
에 해당한다고 썼다. 태평양전쟁 중 도쿄만까지 진출한 미국 잠
수함에 심지어 자사의 세탁기가 설치되어 있었음을 자랑스럽게
밝히기도 했다. 전쟁이 끝나고 1946년부터 다시 민간인을 위한
자동세탁기를 생산하기 시작해서 그해에 60만 대를 판매했는데,
나머지 세탁기 회사들이 판매한 양은 다 합쳐도 36만 7000대에
지나지 않는다고 광고했다. 1947년이 되면 100만 번째 자동세
탁기를 생산했으며, 1950년 4월 마침내 200만 번째 세탁기를 생
산했다고 선언했다. 그리고 이 광고는 그러한 기록을 기념하기
위한 목적으로 만들어졌던 것이다.[53]

세탁기의 광고 메시지와 미국의 현실

그러나 세탁기의 광고와 현실은 사뭇 달랐다. 미국 가정에 본격적으로 보급되기 시작한 1925년에서부터 1964년 사이의 40년 동안 불완전한 세탁 기능에서 시작된 전기세탁기는 제2차 세계대전 이후에는 전자동세탁기로 진화되었다. 또한 그 후 자동건조기도 생산되고, 심지어 분말비누와 세탁 후 다림질이 필요 없는 옷 또한 등장했다. 이렇듯 노동절약적인 가사기술이 도입되었음에도 불구하고 관련된 가사노동시간이 줄어들지 않거나 심지어 늘어나는 현실은, 실증적 연구를 통해서도 확인할 수 있었다.

전기세탁기가 힘든 빨래를 힘이 덜 들게 하고 빨래의 과정을 좀더 단순화시킨 것은 사실이었다. 문제는 20세기가 지나면서 개인위생과 더불어 청결 기준이 상승했다는 것이다. 세탁기가 등장하자 마치 세탁기가 모든 더러운 옷을 쉽사리 빨 수 있는 것처럼, 가족들은 더 자주 옷을 갈아입으면서 더 많은 양의 빨래를 만들어냈다. 산업화 이전에는 대다수가 옷이 몇 벌 없었고 자주 세탁하지도 않았다. 하지만 빨기도 힘든 면직 의류가 기계로 대량생산되고, 셔츠를 규칙적으로 갈아입어야 하고, 침대 시트도 몇 장씩은 있어야 한다는 식으로 기대치가 높아지면서 갑자기 여자들은 전보다 훨씬 많은 빨래를 하게 되었다.

'월요일은 빨래하는 날'이라는 규칙은 19세기에 와서야 생긴 것이다. 그런데 세탁기가 등장한 이후로는 특정한 날이 아니라 아무 날이고 시도 때도 없이 세탁기를 돌려야만 했다. 무더운 여름날에 땀을 흘리면서도, 혹은 칼바람 부는 추운 날 그 차디찬 물에 빨래를 해야만 했던 시절에서 벗어나 세탁 온도와 세탁 시간만 맞추어놓으면 빨래가 자동으로 처리되는 전자동세탁기가 나온 이후로는 더욱 그러했다. 한번에 하는 세탁 시간은 분명히 줄어들었으니 세탁기는 시간절약적인 기계였다. 그러나 등이 휠 것 같은 고통은 없어졌을지라도, 세탁에 드는 총 시간은 세탁의 횟수가 늘어나면서 결과적으로 오히려 증가했다. 때문에 여자들은 "집안일은 해도 해도 끝이 없다"는 말을 입에 달고 살았다. 그리하여 세탁기는 여성을 해방시키기는커녕, 주부들을 세탁일로부터 벗어나게 하기는커녕 더욱 세탁일에 매달리도록 했다. 가사기술로서의 전기세탁기는 결과적으로 주부들에게 또 다른 일거리를 만들어주었던 것이다. 이것이 가사기술이 가져온 예상치 못한 결과이자 가사노동의 강도를 줄인 대가인지도 모른다.

게다가 전통적으로 빨래를 할 때는 혼자서 하는 것이 아니라 세탁부와 혹은 이웃과 같이 얘기를 나누면서 힘든 일을 덜거나 잊을 수 있었다. 그러나 세탁기 성능이 좋아질수록 혹은 세탁기가 자동화될수록 여성들은, 주부들은 고립되어갔다.

결국 대차대조표를 만들어본다면, 코완의 지적처럼 가사기술은 여성들, 특히 주부들에게는 '양날의 검'이다. 예컨대 전기세탁기가 과연 여성들을 허드렛일로부터 해방시켰는지, 그렇다면 세탁기는 누가 돌리는지, 그리하여 세탁부를 부르는 비용 대신 세탁기를 구입했다면 세탁부의 일까지 주부가 떠맡아 오히려 세탁일이 증가하지는 않았는지 제대로 확인하고 또 물어보아야 한다. 또한 마치 세탁기가 모든 세탁과 관련된 일을 처리하는 것으로 오해하여 일주일에 한 번 벗어놓던 옷들을 매일 벗어놓아 결국에는 주부 일의 총량이 더 늘어난 것은 아닌지 말이다.[54] 그리하여 이 장을 열면서 언급했던 다니엘라 러스처럼 보통의 주부들도 세탁기 덕분에 더 많은 시간을 갖게 되어 자신의 일자리를 찾았는지, 또는 자기계발을 할 시간은 갖게 되었는지, 아니면 최소한 취미 활동을 할 여유라도 생겼는지에 대해 답해야 한다. 21세기가 한참 지난 지금까지도 그러한지.

●

청소하기
진공청소기

●

Cleaning: vacuum cleaner

• • •

여성들은 오랜 세월 잠시도 편할 날 없이 청소를 해야 했다. 청소를 마치는 순간에도 금세 다시 시작해야 한다는 좌절만이 밀려왔다. …… (진공청소기는) 오랜 기간 때와 먼지에 둘러싸인 잘못된 운명에서 여성들을 해방시키는 지대한 공로를 세웠다. …… 청소기는 집 안 구석구석에서 먼지와 때를 빨아들였고…… 보통 가정에서는 한 주에 두 시간씩 이 기계를 사용했는데, 빗자루로 쓸면 최소한 한나절은 걸렸을 것이다.[1]

위 인용문은 앞장에서도 소개했던, 1925년 메리 패티슨의 메시지 일부분이다. 주부들이 가사일에서 벗어나지 못하는 상황을 노예제에 비유하면서 전기에너지를 이용한 가전제품들이 가사노동의 질곡에서 벗어나는 데 커다란 역할을 할 수 있다는 낙천적인 메시지를 전하고 있었다. 여기서는 진공청소기 덕분에 주부들이 힘들게 닦고 쓸면서 먼지를 들이마셔야만 하는 청소의 고충에서 해방되었다고, 게다가 청소시간은 일주일에 하루치 낮 시간 정도를 들여야 했는데 이제는 두 시간 정도로 줄어들었다고 증언했다.

서유럽과 미국 같은 산업화된 국가들의 대도시에서 19세기 동안 쉬지 않고 전염병이 발생하고 게다가 불량주택이나 한 집에 여러 가구가 밀집해서 모여 사는 관계로 대규모로 사람들이 사망하거나 입원하는 등의 엄청난 인명 피해가 있었다. 이는 결국 주거지역의 불결함과 상당히 밀접한 상관관계가 있다는 것이 19세기 후반 세균학의 발달을 통해 밝혀졌다. 예컨대 1860년대에 루이 파스퇴르나 조지프 리스터 덕분에 세균학의 토대가 만들어지고, 1880년대에는 엄청난 인명 피해를 낳은 전염병의 원인인 콜레라나 티푸스 같은 균을 찾아내게 되었다. 이른바 '위생 개혁가'들은 세균을 옮길 가능성이 있는 파리나 이, 혹은 세탁하지 않은 옷들이나 청소하지 않아 먼지 깔린 방들에 대해 의심의 눈길을 보내기 시작했다.[2] 따라서 더럽다는 것은 공포의 대상이 되었으며 청결은 하나의 미덕이 되었다.

이후 이들 국가에서는 상하수도관을 분리해서 매설하거나 주거지가 역병 등에 오염되지 않도록 지속적으로 공중위생에 관심을 기울였으며, 개인에게도 위생관념을 심어주기 위해 학교를 통한 위생교육에 힘썼다. 공중위생만큼이나 개인위생도 강조되었다. 덕분에 20세기가 되면서 가정의 청결 기준도 높아질 수밖에 없었다. 19세기 말부터 중간층 이상의 가정에 욕실이 만들어지고 욕실 안에 욕조가 설치되기 시작했다. 침실이나 거실은 물론이거니와 화장실이나 집안 바닥의 카펫을 더 자주 닦고, 침대보나 식탁보 등도 더 자주 바꾸어야만 했다. 이제 청소를 소홀히

하는 것은 도덕적으로든 현실적으로든 용납할 수 없는 상황이
만들어졌고, 주부들은 청소에 더 많은 시간을 들여야 했다. 그것
은 결국 더 많은 가사노동을 의미했다.

프랑스의 여성 개혁가 오귀스타 몰 바이스Augusta Moll Weiss
(1863~1946)가 청결을 위해 주부가 해야 할 의무에 대해 쓴 글을
보자.

> 모든 오염과 모든 먼지에서 벗어났을 때 사물이 깨끗하다고 말할 수
> 있다. 신체, 가구, 옷의 먼지를 없애고 바닥을 청소하고 실내장식을 새
> 롭게 해서 먼지와 싸우는 일은 위생인이 해야 하는 일이며, 가장 근본
> 적인 주부의 임무다. 정리정돈의 욕망은 반사작용 같아야 하고, 청결
> 의 욕망은 진짜 '필요한 것'이 되어야만 한다. 무질서와 불결을 집안
> 주부가 '고통스럽게' 느껴야만 한다.[3]

"무질서와 불결"을 조금도 용납할 수 없는 "청결의 욕망"이 주
부가 지녀야 할 필수 덕목이라면 웬만한 여성들은 하루 종일 집
안 여기저기를 닦고, 쓸고, 치우기만 해야 할 것이다. 그런 이유
로 진공청소기의 역사는 바로 이 힘들고 굳은일인 청소를 줄여
주겠다는 상업적 목적을 가지고 좀더 노동절약적이고 시간절약
적인 인공물을 만들겠다는 결과들의 역사였다.

20세기 초는 가정과학운동과 '과학적 모성' 이론이 정착되
는 시기이기도 했다. 본능에 충실한 모성이 아니라 이성과 과학
에 토대를 둔 모성이어야만 했다. 과학적 모성을 지닌 어머니들
은 당연히 세균론을 숙지하여 높은 수준의 가족 청결도의 기준
을 정해야만 했다. 덕분에 가정용품을 파는 기업과 광고업자들

은 이러한 모성을 이용하여 상품판매에 열을 올렸으며, 가전제품 특히 청소기 또한 예외가 아니었다.[4]

왜 진공청소기를 필요로 했는가?

진공청소기는 1860년 미국에서 먼지를 털면서 빨아들이는 형태의 청소기로 처음 등장했다. 먼저 만들어진 것은 상업용이었다. 크기도 컸을 뿐 아니라 사용하기도 어렵고 이동 또한 쉽지 않았다. 그 결과 1890년대 이전까지는 상업적 의미에서 성공적인 진공청소기는 생산되지 못했다. 먼지 속에 떠다니는 세균이 위험하다는 생각이 사람들 마음속에 자리잡으면서 먼지털이나 빗자루의 대용품이 절실해졌다. 따라서 청소하는 사람이 먼지를 흡입하지 않으면서도 먼지를 없앨 수 있는 기계가, 그것도 전기의 힘으로 강력하게 빨아들이는 진공청소기가 등장할 수 있게 되었다.[5]

초기에는 손이나 발로 작동시키는 기계식 청소기가 등장했으나 사용하기가 쉽지는 않았다. 일단은 덩치가 너무 컸다. 1905년이 되어서야 몇몇 사람들이 크기는 작으면서 들고 다닐 수 있는 진공청소기를 발명해냈으며, 1908년부터 계속적으로 특허를 취득하면서 1909년에는 회전 가능한 솔과 흡입 기능을 지닌 팬이 있는 청소기가 마침내 미국에서 출현했다.[6]

초기 진공청소기는 이동을 편하게 하기 위한 바퀴가 달려 있었지만 주부가 되었건 하녀가 되었건 다루기에는 무겁기 짝이 없었다(6-1). 그렇지만 가정용 진공청소기가 허리를 구부리는 동작이 필요 없고, 기존의 빗자루보다 깨끗하게 청소할 수 있으면서 먼지도 나지 않자, 여성들은 대청소를 구태여 마다하지 않게

6-1. 레지나Regina 진공청소기(1910년경).

되었다.[7]

　일반적인 의미에서 진공청소기의 일반화를 앞당긴 사람은 가죽 제조업자인 윌리엄 후버William. H. Hoover(1849~1932)였다. 1907년, 천식환자였던 제임스 스팽글러James M. Spangler가 조잡한 형태지만 전기로 작동하는 휴대 가능한 청소기를 발명했지만, 그는 불과 1년 후 친척인 후버에게 자신의 특허를 팔아버렸다. 후버는 오하이오주의 노스 캔턴North Canton에 자신의 이름을 딴 회사(Hoover Suction Sweeper Company)를 만들어 진공청소기 사업에 전력을 다했다. 제1차 세계대전 중에는 포드자동차 공장처럼 후버사는 이동 가능한 조립라인을 만들어 대량생산을 시작했다. 마침내 1916년 후버사의 진공청소기는 향후 20년간 진공청소기의 대명사로 자리잡을 만치 표준적인 디자인을 제시했으며, 비슷한 시기에 여타의 진공청소기 회사들도 비슷한 모델의 청소기를 생산했다.[8]

　여기저기서 진공청소기를 만들어 자기 제품이 최고라고 광고했지만, 1910년대의 혼전을 거쳐 1920년대가 되면 후버는 미국의 진공청소기 시장에서 1위 자리를 차지하게 되었다. 2위 자리는 유레카Eureka라는 청소기였다. 이 회사는 1910년 디트로이트에서 설립되었으며, 1928년이 끝날 때쯤이면 종업원이 4000명 넘는 규모로 성장했다. 심지어 1920년대 몇 년(1924~27년) 동안은 후버를 제치고 1위 자리에 오르기도 했다. 하여간 두 회사의 청소기 판매액은 전체 청소기 업체 몫의 40퍼센트가량을 차지했다.[9]

또 하나 주목할 만한 청소기 회사는 '프란츠 프리미어Frantz Premier'라는 이름으로 진공청소기를 판매하는 회사였다. 1910년 프란츠Frantz가의 에드워드, 클래런스, 월터 삼형제가 만들었지만, 1915년에는 이미 제너럴 일렉트릭사에 팔린 상태였다. 제너럴 일렉트릭사는 매입한 이후에도 얼마 동안 '프란츠 프리미어'라는 브랜드로 진공청소기를 판매했으며, 나중에는 '뉴 프리미어New Premier'라는 상표로 판매했다.[10] 1915년 광고—그 당시는 'Frantz Premier Electric Cleaner'라는 회사명이었다—를 보면, 자사가 세계에서 가장 큰 전기청소기 제조업체로서 이미 10만 대 이상을 판매했음을 밝히면서, 소비자를 대상으로 하는 광고가 아니라 판매사원을 모집하는 광고를 하고 있었다. 1910년대까지만 해도 앞의 두 회사와 호각을 다투는 사이였다.[11]

진공청소기 광고의 목표

19세기 말부터 광고업자들은 이제 그들의 광고 대상이 여성임을, 그것도 주부임을 분명히 인식하기 시작했다. 그들은 누구보다도 이들을 설득시킬 목적으로 광고 문구를 만들고, 광고 이미지를 만들었다.

초창기에는 진공청소기의 성능을 강조하는 광고들이 많았다. 예컨대, 1920년의 한 광고는 남편이 자신의 자동차를 구매하듯이, 주부인 당신도 당신이 필요로 하는 진공청소기를 구입하라고 권하고 있다. 또한 차와 진공청소기의 가치는 직접 사용해봐야만 알 수 있으므로 오늘 당장 집에서의 시연을 신청하라고 촉구했다.[12] 즉, 1920년대 초에는 진공청소기가 널리 보급되어 있지 않아서 성능을 집에서 확인할 필요가 있었음을 알 수 있다. 그럼에도 중요한 점은 당시 미국 사회에서 자동차가 남성의 필수품이듯이 청소기는 주부의 필수품이어야 한다고 강조했다는 것이다.

1920년대 테일러의 '과학적 관리'를 가정과 가사노동에 적극적으로 응용하고자 했던 크리스틴 프레더릭은 가전업체의 마케팅 컨설턴트 역할을 하면서 진공청소기를 어떻게 판매해야 잘 팔 수 있는지를 설득력 있게 제시했다. 프레더릭은 새로운 진공청소기가 "먼지를 분사시키는 것이 아니라 '흡수'한다"는 점을 강조해야 한다고 보았다. 왜냐하면 진공청소기의 '보편적 이상'이자 최종 목표는 "먼지와 세균, 그리고 궁극적으로는 질병으로부터의 해방"이기 때문이다. 그리하여 "주부에게 가족을 위해서 더 수준 높고, 더 안전하고, 더 바람직한 위생 기준을 받아들이라고 하면 됩니다. …… 아무리 근검절약하는 주부라도 이 기구가 가정에 건강을 가져다준다는데 누가 외면하겠습니까? 주부들에게 이러한 사실을 이처럼 생생하게 상식적으로 전달한다면 그들도 집에서, 특히 아이가 있는 집에서, 날아다니는 먼지, 그을음 그리고 세균이 의미하는 위험이 무엇인지 깨닫게 될 것입니다"
라며 주부들에게 건강과 개인위생에 대한 불안감을 불러일으키
는 점의 중요성을 강조했다.[13]

4장에서 지적한 것처럼, 초창기 대부분의 가전제품은 가사노
동을 허드렛일로 비하하면서, 그런 일은 자사 제품을 사용하면
힘든 일로부터 벗어나거나 혹은 그러한 일에 들이는 시간을 줄
일 수 있음을 강조했다. 후버 청소기는 여름휴가를 겨냥한 광고
에서 주부들에게 '허드렛일로부터의 해방'을 보장할 것이라는
점을 강조하면서, 여름에 필요한 여가와 그 여가의 실현인 휴가
를 보장해줄 수 있다고 주장했다.

> 당신이 항상 원해왔던 여가시간, 여름이면 그렇게도 생각나는 잠깐
> 의 '휴가'. 후버가 있다면 그 휴가를 가질 수 있습니다. …… 더러움
> 없는 집, 오래가는 깔개, 허드렛일로부터의 해방. '후버'가 있다면 이
> 모든 것이 가능하지만, 당신은 그 무엇보다도 '후버'가 가져다줄 한두
> 시간의 여가를 가장 좋아하실 거예요.[14]

그렇지만 구체적으로 후버 청소기가 강조하고 싶은 점은 "한
두 시간의 여가"였다. 그 시간 동안 주부들은 취미활동을 하건,
아이들에게 더 많은 관심을 기울이건 하찮은 일로부터 해방되어
그 시간을 생산적으로 사용할 수 있다는 점을 보여주고 싶었던
것이다.

놀랍게도 청소기와 청춘을 연결시킨 광고까지도 등장했다.
1929년의 한 대중적 주간지에 실린 다음의 광고 문구를 보라.

나는 매년 크리스마스에 남편으로부터 값싸고 귀여운 장신구를 선물 받는 여성이었다. 젊음이 너무나 빨리 시들어버리고 청소 부담이 너무나 버거운 여자. 어느 해 나는 젊음이 빨리 시들지 않을 수 있고 청소가 부담스럽지 않아도 된다는 것을 알게 되었다. 지난 크리스마스에 남편이 후버 진공청소기를 사주었다.[15]

매일매일의 청소로 인해 젊음이 "빨리 시들" 수 있다는 경고와 더불어 후버 청소기가 있으면 청춘을 더 오래 유지할 수 있다는 긍정적인 메시지를 젊은 주부들이 보게 된다면 당연히 이 청소기를 사고 싶어했을지도 모르겠다. 그렇지만 이 광고에서도 남편은 청소기를 구매할 수 있는 화폐를 제공해주는 사람으로, 그리고 아내는 단지 그 청소기를 이용하는 사용자로 등장하고 있다. 남녀의 역할이 확실하게 분담되어 있음을 알 수 있다.

더 많이, 더 자주, 청소의 악몽이 다시 시작되다

이제 구체적으로 진공청소기 회사들이 광고를 통해 사용자인 주부들에게 어떤 이야기를 하고 싶어했는지를 알아보자.

초기 가정용 청소기의 광고를 보자(6-2). 해당 광고의 왼쪽 그림에서 보듯이, 전기청소기가 나오기 전까지는 양탄자를 청소할 경우 집 밖으로 들고 나와 햇빛이 드는 마당에 널어놓고는 기다란 막대기 같은 것으로 두드리는 것 이외에는 방법이 없었다. 당연히 이 과정에서 먼지를 터는 사람이 먼지를 많이 들이마시는 게 다반사였다. 광고는 이처럼 청소는 불과 몇 년 전만 해도 웬만한 집에서는 '악몽'과도 같았는데, 이제 자신들의 청소기로 인해 주부들은 힘들면서도 반복적인 허드렛일에서 벗어날 수 있다고

6-2. 뉴 프리미어 모델 19 진공청소기 광고, 『새터데이 이브닝 포스트』, 1920년 9월 18일, p. 161.

강조했다. 게다가 청소기가 효율적이며 가벼워서 사용하는 데 힘도 안 든다고 설명하고 있었다.

왼쪽 그림은 먼지를 털어주는 사람으로 남성 혹은 남편이 등장하지만, 오른쪽 그림은 여성 혹은 주부가 혼자 즐거운 표정으로 한 손으로는 청소기의 전선을 가볍게 들고 나머지 한 손은 가볍게 청소기를 쥐고서 청소하는 장면을 보여준다. 진공청소기의 등장 이후 남성 혹은 남편은 더 이상 집안 청소를 도와줄 필요가 없게 되었다. 청소기가 알아서 다 잘할 테니까. 광고에 따르면, 이제 청소는 더 이상 괴롭고 지겨운 임무가 아니라 가벼운 마음으로 더러운 곳에 청소기를 대고 밀기만 하면 되는 것이었다.

또 다른 전기청소기의 광고(6-3)를 보자. 청소는 이제 손이 아닌 기계가 대신하면서 그 결과 "집안에서의 노동력"은 프리미어 Premier 청소기로 인해 '해방'되었다고 선언한다. 바로 자사의 전기청소기 덕분에 "바뀐 세상"에 살고 있다고 주장하는 것이다.

6-3. 뉴 프리미어 진공청소기 광고, 『새터데이 이브닝 포스트』, 1920년 10월 26일, p. 159.

따라서 봄, 가을에 해야 하는 집안 대청소도 겁낼 필요가 없다고 주부를 설득한다.

그런데 이 광고를 유심히 들여다보면 등장하는 여성이 중산층의 주부라기보다는 그 집에서 일하는 하녀로 보인다. 그녀가 입은 유니폼이 그러하다. 그렇다면 1920년 초까지도 청소기 광고는 주부와 하녀 모두를 대상으로 했다고 볼 수 있다. 중요한 점은 진공청소기와 더불어 더 이상 청소를 일상에서 반복되는 힘들고 귀찮은 일로 취급할 필요가 없게 되었다는 것이다. 그런 일들은 자사의 진공청소기가 알아서 다 해결해줄 테니까 말이다.

"사람들은 누구나 으레 비질을 고역이라고 생각해왔고, 지금 세대에 와서도 마지못해 해야 할 하찮은 노동으로 취급한다. 하지만 이는 정말 잘못된 생각이다! 의사들은 수많은 여성 환자에게 집안일, 특히 비질을 하면 병을 고치는 데 도움이 된다고 조언한다. 비질은 아주 유익한 운동이다."

놀랍게도, 진공청소기가 미국의 중산층 주부들에게 한창 소개되고 있던 1920년대 전반까지도 이러한 문구의 빗자루 광고가 여전히 게재되고 있었다. 비록 '현대식 빗자루'라고 선전했지만, 가정부 차림을 한 여성이 부엌을 청소하는 모습을 보여준다. 당연히 진공청소기에 비해서 상대적으로 값이 싸 경제적이고, 서비스 또한 "새롭게 탈부착이 가능한 핸들"을 만들어 진일보했음을 강조했다. 그렇지만 이러한 빗자루 광고는 전기청소기에 의해 조만간 사라질 예정이었다. 비질이 운동이 되므로 잔병이 없을 것이라는 위의 주장을 거의 모든 사람들이 무시했다. 그러니 이러한 빗자루 제조업체의 주장은 그저 황야를 향한 외로운 외침일 뿐이었다.[16] 아마도 이 빗자루 광고(6-4)가 대중잡지에 실린 거의 마지막 광고일 것이다.

1930년이 되면 청소기 광고는 더욱 세련되어졌다. 211쪽의 청소기 광고(6-5)는 과학이 여성들에게 가져다준 가장 큰 선물이 '여가'라고 주장한다. 특히나 가전제품이 주부들에게 '휴식과 레

6-4. 빗자루 광고, 『새터데이 이브닝 포스트』, 1923년 9월 1일, p. 89.

크리에이션'의 시간을 가능케 하는 변화를 이끌었다고 단언했다. 주부들이 시간의 절반을 먼지를 없애는 데 보냈다면 이제 자사의 청소기가 이를 해결해준다는 것이다. 그리하여 광고는 커다란 시계판을 배경으로 숲속에서 파라솔 아래 "헤아릴 수 없는 황금 같은 여가시간"을 즐기고 있는 남녀 혹은 부부를 보여준다. 마치 소비사회의 키워드 중 하나인 '여가'를 강조하면서 자사의 진공청소기를 통해 미국인들이 소비사회를 즐기는 것 같은 느낌을 준다. 틀린 얘기는 아니었다. 노동시간이 줄어들고 있었다. 미국인들이 1850년에 주당 평균 66시간을 일했다면 1920년이 되면 48시간을 일하고 있었다. 무려 18시간이나 줄어든 것이다.[17]

1920년대 이후, 전기청소기는 주부들에게 위생관념을 불러일으키는 보다 자극적인 광고를 들고 나왔다. 이제 드러내놓고 주부들에게 청결에 대한 불안감과 공포심을 불러일으켰다. 바로 '깨끗한' 양탄자에서조차 "10온스(약 284그램)의 세균을 함유한 먼지"가 나왔다면서 마치 과학적 실험의 결과인 양 비커 밑바닥에 "깊숙이 박힌 먼지"를 그림으로 보여주는 식이었다. 보이지 않는 세균에 의해 항상 스트레스를 받던 주부들은 이러한 광고(6-6)에 경악하면서 청소기 구입을 서두르는 명분을 갖게 되었다. 청결과 개인위생이야말로 주부로서 결코 놓쳐서는 안 될 주요한 이념이자 명분이었다.

다음의 두 광고(6-7, 6-8)는 미국인들의 가장 큰 휴일인 크리스마스를 겨냥한 것들이다. 광고는 미국의 가치관을 그대로 반영하고 있었다. 남성은 가정의 가장으로서 돈을 벌어오고, 여성은 가정의 주부로서 집안의 살림을 전적으로 책임지는 것을 자연의 이치처럼 받아들이는 그러한 가치관 말이다. 따라서 한 집안의

6-5. (좌) 유레카 청소기 광고, 『새터데이 이브닝 포스트』, 1930년 8월 16일, p. 151.

6-6. (우) 로열 전기청소기 광고, 『새터데이 이브닝 포스트』, 1923년 5월 12일, p. 184.

6-7. 유레카 진공청소기 광고 『새터데이 이브닝 포스트』, 1925년 12월 12일, p. 144-5.

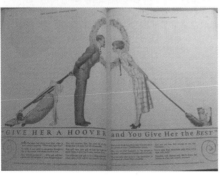

6-8. 후버 청소기 광고, 『새터데이 이브닝 포스트』, 1925년 12월 12일, pp. 174-5.

가장인 남편이 크리스마스 선물로 아내를 기쁘게, 즐겁게, 그리하여 행복하게 만드는 것이 당연하지 않겠는가.

게다가 1920년대 중반이 되면 할부제도가 도입되어 가전제품의 구입이 더 쉬워졌다. 1925년도 크리스마스를 겨냥한 유레카 진공청소기의 광고를 보면, 청소기를 사들일 때 전체 가격이 아닌 일부만 지불하더라도 쉽게 집에 들일 수 있다고 선전했다. 예컨대, 유레카 청소기 광고는 단 4.5달러만 우선 지불하면 크리스마스 선물로 유레카 청소기를 사는 것이 가능하다는 것이었다. 그들의 제품을 사서 아내나 딸 혹은 어머니에게 선물하여 "집안 청소라는 허드렛일과 테러"로부터 벗어날 수 있게 하라. 이것이 미국인들의 마음을 건드리는 그들의 홍보 전략이었다.

후버 청소기는 자사 제품을 "가정의 하인"이라고 부르면서, 빗자루 청소로 힘들어 하고 있는 아내에게 크리스마스 선물로 '행복'과 '자부심'을 선물하라고 권유했다. 또한 할부제 덕분에 불과 6.25달러만 지불하면 이런 놀라운 선물이 가능하다고 광고했다.

다음 광고(6-9)에 등장하는 청소기는 시대의 변화를 담고 있다. 1920년대 중반이 되면 하녀가 청소기를 사용하는 광고는 사라지고 젊은 주부가 등장했다. 세련된 의상을 입은 여성이 청소기에 대해서 대화를 나누는 장면이다. 'd.p.m.(dirt per minute)', 즉 '분당 먼지'야말로 청소기의 효율에 대해서 "정확한 측정"이 가능하도록 해준다면서, 자사의 청소기가 "더 많은 d.p.m."을 갖고 있다고 말한다. 마치 자동차의 출력을 엔진의 회전수로 추정하듯이, d.p.m.을 알면 청소기의 성능을 정확하게 알 수 있을 것처럼 새로운 용어를 만들어 사용하고 있지만, 정확하게 그것이 얼마만큼의 먼지 양을 제거하는지, 혹은 어느 제품과 비교하여 얼마만큼 '더 많은'지에 대해서는 밝히고 있지 않다. 단지 자사 제품이 타사 제품보다 얼마만큼 더 효율적인가를 보여주기 위해 마치 과학적 단위인 양 d.p.m.이라는 용어를 사용하여 주부들에게 더 큰 설득력을 제공하고자 했다.

1920년대 이후 '과학적 모성'으로 무장한 주부들에게 육아는 이미 과학이었다. 이 시대 심리학자와 아동학자들 역시 과학적으로 아이들을 이해하고 그러한 이해에 기반하여 아이들을 키울 것을 강력하게 요구하고 있었다. 게다가 가정에 가전제품이 등장하면서 주부들의 가사노동시간이 줄어들었다는 가정하에 육아에 더 많은 시간을 투자해야 한다는 관념 또한 자리잡기 시작했다.

아래의 광고(6-10)는 그러한 관념이 반영된 것이다. 심지어 불완전한 청소는 바닥에서 노는 아이들의 건강에 해롭다면서 주부들의 완벽하고자 하는 육아 의식을 자극하는 광고였다. 옆의 광고에서 언급했던 것처럼 청소기의 효율을 'd.p.m.'이라는 유사

6-9. (좌) 후버 청소기 광고, 『새터데이 이브닝 포스트』, 1928년 3월 3일, p. 119.
6-10. (우) 후버 청소기 광고, 『새터데이 이브닝 포스트』, 1928년 2월 4일, p. 80.

과학적 용어를 써가며, 자사의 제품이 여타 회사 청소기보다 분당 더 많은 먼지를 제거할 수 있다는 식이었다. 이러한 제거 과정을 '적극적 휘젓기'로 표현하며, 타사의 청소기보다 먼지를 더 잘 없애준다고 주장했다. 이 광고는 당시 미국의 주부들이 청결의식에 사로잡혀 보이지 않는 먼지조차도 강박적으로 제거하고 싶은 마음을 읽은 것처럼 보인다.

가정용 진공청소기는 사실상 1910년대에 가정용으로 도입된 이후 성능상으로 커다란 발전은 없었다. 청소기 회사 간에도, 심지어 같은 회사의 연도별 모델도 기술적으로는 거의 차이가 없었다. 그러나 그 대신 청소기의 외부 디자인은 눈부시게 변화했다. 디자인만 보면 진공청소기의 초기 모델은 후기 모델과 비교해 고풍스럽게 보일 정도였다. 기술적 변화가 크게 없었기에 제작비용을 줄이고 디자인에 더 많은 비용을 투입할 수 있었다.[18]

특히 1930년대 들어서면서 업체 간의 디자인 경쟁은 더욱 심해졌다. 나아가 대공황으로 가계의 가처분소득이 크게 줄어들자 1935년쯤 되면 성능상 구별이 무의미해지면서 청소기 외양의 변화에 더욱 전력하게 되었다. 이때쯤이면 이미 제너럴 모터스를 비롯한 자동차 회사에서 매년 새로운 모델을 출시하여 바로 전해의 것을 구식으로 만드는 방식이 업계에 널리 퍼지고 있었다.[19] 특히 당시 유행의 첨단 트렌드였던 유선형을 자동차 업체에서 수용하자 이 바람은 진공청소기에까지 옮겨갔다. 유선형은 1930년대가 끝날 때까지 하나의 시대정신으로 남아 있었다. 예컨대, 에디슨 제너럴 일렉트릭사에서 1937년에 출시한 '핫포인트Hotpoint' 500 모델은 보기에 좋지 않은 기계 장치를 케이스 안에 숨길 수 있었다. 외관의 각진 부분을 다 제거하고 겉에 드러나는 작동 기관들을 유선형 모양의 주철 케이스 안으로 집어넣은 모델이었다. 아르-데코 양식이 가미된 덕분에 미래지향적인 디자인을 지닌 진공청소기로 인기를 끌 수 있었다.

1941년 미국이 제2차 세계대전에 참전하기 직전에 만들어진 아래의 광고(6-11)는 후버 청소기가 만든 것이다. 광고에 따르면 미국 가정 3가구에 1가구꼴로 600만 대나 팔렸다. 대중적으로 보급된 가전제품임을 자랑하면서 광고의 큰 부분을 주부들이 자사의 청소기에 왜 자부심을 느끼는지를 무려 10가지로 항목을 나눠 조목조목 설명하는 데 할애했다. 사용하기 간편함은 물론 더 많은 시간을 절약할 수 있고, 보이는 먼지뿐만 아니라 보이지 않는 먼지까지 빨아들여 마룻바닥의 원래 색깔을 알 수 있을 정도며, 결과적으로 양탄자를 보호해준다고 강조했다. 이 모든 장점들을 지닌 후버 청소기를 사용한 덕분에 가사노동시간이 줄어들어 아이들을 데리고 바깥나들이를 즐길 수 있었다는 문구도 있다. 주당 1달러, 그러니까 월 4달러면 이러한 혜택을 누릴 수

6-11. 후버 청소기 광고, 『새터데이 이브닝 포스트』, 1941년 6월 7일, p. 82.

있다는 광고였다.

　이미 1940년대가 되면 진공청소기는 절반 정도의 미국 가정에 상비되어 있는 필수품이 되었다. 대다수 주부들은 청소기 없이는 청소할 생각조차 못하게 되었다. 진공청소기 덕분에 청소가 힘이 덜 들고 쉬워진 건 사실이었다. 그렇지만 쉽다는 이유로, 보이지 않는 병균에 둘러싸여 있다는 강박관념 때문에 이제 여성들은 더 많이, 강박적이리만큼 더 자주 청소를 하는 모습에 스스로 놀라게 될 것이었다. 그것은 1950년대건 1990년대건 별 차이가 없었다. 더 많은 청소시간을 갖고도 자신들이 생각하는 위생 수준에 도달했다는 생각은 별로 하지 않게 될 것이었다.

07

음식하기

가스/전기레인지와 냉장고

Cooking: gas/electric range and refrigerator

• • •

1. 가스/전기레인지의 경쟁

식사 준비는 주부들이 힘들게 생각하는 일 중 하나였다. 요리야 말로 주부들이 가족을 위해 해줄 수 있는 애정의 표현으로 간주 되었다. 하지만 음식을 끓이거나 굽거나 데우는 일은 언제나 땀과 수고를 동반한 번거로운 일이었다. 옆에서 불을 보면서 작업 하는 일은 시간과 온도를 정확하게 맞추어야 했기 때문에 더더욱 어려웠다. 특히나 갓 결혼한 주부의 경우는 더 그러했을 것이다. 그러니 주부들의 일손을 덜어주기 위해 가스가 되었건 전기가 되었건 요리를 맡길 수 있는 기계가 등장했다. 바로 가스레인지와 전기레인지였다.

그렇지만 미국 가정에 먼저 등장한 것은 가스레인지였으며, 그 보급 수가 전기레인지와는 비교가 안 될 정도였다. 어찌 보면 당연했다. 이미 19세기 후반부터 집안에 공급되는 난방 부문에 값싼 가격의 가스가 공급되고 있었기 때문이다. 싼 가격과 편리함으로 인해 가스스토브가 기존의 석탄이나 석유스토브를 대체하면서 난방기구로 자리잡았다.

물론 이러한 과정이 자연스럽게 이루어지지는 않았다. 19세기 말 20세기 초가 되면 가스가 차지하고 있던 조명 영역을 잠식해오는 전기산업에 대해 이미 대세가 기울었음을 가스업체들이 인정했기 때문이다. 그리고 그들은 방향을 바꾸어 가스가 난방용으로 최고라는 식의 홍보를 본격적으로 벌이기 시작했다. 그 결과 1899년에는 가스 생산량의 75퍼센트가 조명으로 사용되었지만, 1919년에는 가정용 난방으로 54퍼센트가, 그리고 단지 21퍼센트만이 조명 분야에 사용되고 있었다.[1]

가스가 난방용으로 가격이 저렴하다는 이유로 일찍이 미국 가정에서 사용되었기 때문에 요리용으로 사용하는 데 큰 저항이 없었다고 볼 수 있다. 그렇기 때문에 1825년부터 음식 만드는 데 가스가 사용되기 시작했으며, 1860년대가 되면 가스레인지가 업체를 통해 만들어지기 시작했다. 가스레인지는 1880년대에 본격적으로 생산되기 시작하여 1900년대와 1910년대까지 경쟁 상대가 없을 정도로 성장해갔다. 그러나 1920년대부터 전기레인지가 급속하게 발전되어가자, 가스레인지 산업 또한 본격적으로 전기레인지를 경쟁상대로 인식하면서 개선이 이루어졌다.

예컨대, 미국가스협회American Gas Association는 1925년 소비자를 만족시키기 위해 테스트용 실험실을 만들어 가스레인지의 '성능, 안전, 효율 등의 최소 기준' 등을 확인하고자 했다. 덕분에 1931년이 되면 오븐 조절 온도계나 시간 조절이 가능해졌다. 이건 중요한 혁신이었다. 주부들이 가장 염려하는 요리의 적정온도를 정확하게 수치로 조절하는 것은 당시 전기레인지로서는 할 수 없었던 훌륭한 기능이었다. 게다가 서비스 제공 또한 상대적으로 더 나았다. 기술적으로 문외한일 수밖에 없는 소비자들, 특히 주부들에게는 첨단 기술을 설명하는 것보다는 서비스 제공이 더 중요했기 때문이다.[2]

그 결과, 1930년 당시 미국 가정에서 요리를 할 때 어떤 연료를 사용했을까? 파이프를 통해 집안으로 공급되는 가스를 사용한 집이 1370만 가구로 가장 많았으며, 그다음으로는 석탄이나 나무를 무려 770만 가구에서 사용하고 있었으며, 640만 가구에서 석유를, 그리고 단지 87만 5000가구만이 전기를 사용하고 있었다. 그러니까 가스레인지를 사용하는 가정이 전기레인지를 사용하는 가정보다 무려 15.6배 이상 많았다는 것이다. 따라서 당시 미국 가정에서 요리를 할 때 가스레인지가 가장 보편적이었던 것은 너무도 당연했다. 이것은 가스업자들의 이익단체인 미국가스협회가 20세기 초부터 경쟁상대인 전기관련 산업을 의식하면서 가스를 이용한 온수기나 온풍기, 그리고 가스스토브 같은 가전제품을 새로이 개발할 경우 장려금을 지급하거나 주도면밀하게 대중을 상대로 캠페인을 벌이는 등 적극적인 생존 전략을 펼친 점도 이러한 결과를 가져오는 데 주효했다. 그렇지만 중요한 점은 석탄과 나무를 사용하는 집이 4가구 중 1가구꼴로 여전히 적지 않았다는 것이다. 물론 전기레인지가 증가세에 있었다면, 석탄과 나무를 사용하는 스토브는 감소세에 있었지만 말이다. 물론 석탄과 나무를 연료로 사용하는 가정은 주로 가스와 전기가 공급되지 못한 농촌 지역이었다.[3]

1940년까지도 가스레인지의 판매량이 여전히 앞서가고 있었지만, 판매 비율은 1930년대 동안 14 대 1 이상의 차이에서 4 대 1 이하로 줄어들고 있었다. 그것은 미국 가정의 가스 사용자와 전기 사용자 수의 변화를 통해서도 알 수 있다. 즉 1928년에 1883만 3000가구에 전기가 공급된 데 비해 가스의 경우는 1561만 5000가구에 공급되어 거의 비슷한 비율로 전기에너지와 가스에너지가 사용되고 있었다. 그런데 1939년이 되면 전기 수요자가 2342만 가구로 크게 증가한 반면, 가스 수요자는 1611만 5000가구로 겨우 50만 가구가 증가했을 뿐이다.[4]

가정에서 전기의 사용범위가 점차 확대되자 가스레인지는 전기레인지보다 먼저 혁신을 시작했다. 처음은 주부들이 원하는 바와 기피하는 바를 잘 파악하는 것이었다. 예컨대, 요리할 때 음식을 끓이거나 삶거나 데우는 적당한 시간을 주부들이 머릿속에 입력을 해놓아도 다른 요리를 하다보면 잊어버리기 일쑤였다. 그러자 가스레인지 회사들은 자동 온도조절장치를 만들어 주부들이 일일이 요리의 온도를 확인하는 귀찮고 번거로운 '허드렛일에서 벗어나게' 해줄 수 있다고 장담했다. '월콜레이터 Wilcolator' 제조사는 이렇게 광고했다.

현대 여성은 더운 부엌에서 오븐을 들여다보느라 시간과 힘을 낭비하기에는 그 시간과 힘을 쏟을 더 중요한 일이 많을 거예요. …… '월콜레이터'가 없는 레인지는 이미 구식이에요. 자동 시동기가 없는 자동차가 구식이듯이 말이지요. '월콜레이터'도, 자동 시동기도, 힘겹고 귀찮은 당신의 일을 줄여드리기 위해 나온 것입니다. 당신은 그런 힘겹고 귀찮은 일을 겪어서는 안 되니까요.[5]

어떤가. 이 광고를 읽고 나면 주부의 입장에서도 온도조절이 가능한 장치를 갖춘 가스레인지를 구매하고 싶지 않겠는가.

물론 난방과 요리는 별개의 문제였다. 가스레인지는 1930년대 내내 전기레인지보다 많이 팔렸다. 그러나 두 레인지의 판매량 차이의 비율은 위에서 언급한 것처럼 같은 기간에 3.5배 속도로 줄어들고 있었다. 표 3에서 보듯이 경제적 어려움이 최고조에 달했던 1933년에는 가스레인지가 71만 1000대 팔린 반면 전기레인지는 겨우 5만 대 팔려 판매량 차이가 14.22 대 1에 달했으나, 경제가 회복하던 1930년대 후반인 1937년에는 가스레인지가 142만 대, 전기레인지는 40만 5000대로 판매량 비율 차이가 3.51 대 1로 줄어들기까지 했다. 물론 이러한 변화의 결과는 이미 가스레인지가 1930년에 시장 점유율이 88퍼센트에 가까웠던 반면, 전기레인지는 1930년에 겨우 4퍼센트의 시장 점유율을 보이고 있었다는 것이 큰 이유를 제공했을 것이다. 1939년이 되어도 전기레인지의 시장 점유율은 10.3퍼센트에 불과했다. 결국 전기레인지는 향후 가스레인지보다 연료 값이 싸거나 더 효율적인 레인지를 만들 경우, 구매 가능한 90퍼센트의 잠재적 고객층을 확보하는 셈이었다.[6]

1930년대 가스레인지와 전기레인지의 경쟁관계는 광고를 보더라도 알 수 있었다. 가스협회에서 '성능보증'제를 도입해 모든 가스레인지 업체가 심의를 받을 수 있도록 하자, 소비자들은 적극적인 반응을 보였다. 이에 전기협회에서도 전기레인지가 '성능보증'제를 넘어선다는 노골적인 광고를 내보냈다.[7] 결과적으로 두 종류의 레인지 중 어느 한쪽이 절대적 우위를 점하지는 못했지만 전기레인지가 득세 중이라는 것은 사실이었다. 표 3에서

가스레인지와 전기레인지 판매량(1930~40)

연도	가스레인지 판매량	전기레인지 판매량	비율
1930	1,375,000	180,000	7.64:1
1931	984,000	115,000	8.56:1
1932	628,000	60,000	10.47:1
1933	711,000	50,000	14.22:1
1934	844,000	123,000	6.86:1
1935	1,109,000	215,000	5.16:1
1936	1,464,000	318,000	4.60:1
1937	1,420,000	405,000	3.51:1
1938	1,024,000	275,000	3.72:1
1939	1,501,000	335,000	4.48:1
1940	1,742,000	450,000	3.87:1

표 3. 출처 미국가스협회, 통계국, *Historical Statistics of the Gas Industry*(뉴욕, 1961), P. 326; 『일렉트리컬 머천다이징』 65(1941년 1월): 15. in Busch, "Cooking competition", p. 223, 표 1.

본 것처럼, 전기레인지는 가스레인지의 판매량을 빠른 속도로 쫓아가고 있었다. 즉, 전기의 보급이 확대될수록 전기레인지의 위치가 더 유리해지고 있었다. 가스 이해관계 당사자들이 점점 수세에 몰렸다. 비록 매직 셰프가 안락함과 편리함을 동시에 줄 수 있는 많은 특성을 지녔다고 주장했지만 말이다.[8]

미국가스협회는 1939년, 가스는 이미 1600만 이상의 미국 가정에서 4가지 주요한 기능을 수행하고 있다고 널리 홍보했다. 요리, 온수, 난방, 그리고 냉장이었다.[9] 앞의 3가지 기능은, 힘들어도 그럭저럭 전기에너지와 경쟁을 할 수 있었다. 그러나 유감스럽게도, 이 협회가 언급한 마지막 기능인 냉장을 담당할 가스냉장고는 1920년대부터 전기냉장고와 경쟁이 되지 못했다. 성능상으로는 더 좋은 조건을 갖추어놓고도 경쟁 상대가 안 되었던 것이다.

2. 냉장고로 달라진 일상생활

냉장산업의 효과는 문명화된 사람들의 생활습관을 완전히 바꿔놓았다. 문명화 시대의 사람들은 1년 내내 달걀을 먹지만, 그 할머니 세대는 겨울에 케이크를 구울 때만 달걀을 썼다. 마찬가지로 요즘 사람들은 오뉴월에 사과를 먹는 것이 당연하지만, 전前 세대는 그렇지 않았다.[10]

요리가 어려운 이유 중 하나는 음식이 쉬이 상한다는 데 있다. 아무리 좋고 맛있는 음식도 부패를 이겨낼 수는 없다. 여하히 신선한 식재료를 사용하여 음식을 만드느냐가 관건이다. 권력과 돈 있는 사람들이야 일찍이 얼음 보관창고인 석빙고를 차려놓고 더운 여름에도 신선한 음식을 먹을 수 있었다. 그러나 석빙고의 얼음을 사용할 수 있는 사람들은 역사적으로 극소수에 지나지 않았다. 절대 다수의 사람들은 그저 가능한 한 빨리 신선한 상태일 때 채소와 고기를 가지고 조리를 해야만 했다. 그러니 더운 계절이 돌아오면 썩은 음식을 처리하는 일도 보통일이 아니었다. 주부들은 신선한 상태의 식재료를 장만하기 위해 여름에는 거의 매일 장을 보지 않으면 안 되었다.

이 모든 문제를 냉장고가 해결해주었다. 냉장고는 얼음을 만들어내고, 고기건 우유건 채소가 되었건 신선한 상태를 유지해주었으며, 시장을 매일 가는 대신 일주일에 한두 번 정도 가는 것으로도 매일매일의 요리를 하는 데 전혀 지장이 없게 해주었다.

그러나 전기냉장고가 미국 가정에 자리잡는 데에는 제법 시간이 걸렸다. 비록 상업용 냉장고가 19세기 후반 일찍이 냉장산업의 일부로 자리잡았지만, 1920년대 이전까지는 가정용으로 대중화되기에는 기술적으로 쉽지 않았다. 엄청난 크기의 상업용 냉장고를 집안으로 들일 만큼 크기를 줄이고 암모니아를 비롯한 여러 유해 가스 문제를 제거하기 전까지는 아이스박스가 가정에서 냉장고 대신 그 역할을 해내고 있었다.

얼음을 세계적인 규모로 상업화한 사람들은 19세기 미국인들이었다. 초창기에는 호수나 언 강에서 얼음을 잘라서 팔더니 뒤로 가면서 기계를 사용하여 얼린 얼음을 판매했다. 유럽과 비교해서도 미국인들의 얼음 사용은 가히 압도적이어서 점차 얼음 없이는 여름을 나기가 어려워졌다. 덕분에 아이스박스는 이들에게서 많은 호응을 얻었다. 대략 1830년대 이후 식료품, 그리고 무엇보다도 유제품을 싱싱한 상태로 보존하기 위해 아이스박스를 사용했다. 1876년에는 뉴욕시에서만도 이미 200만 톤 이상의 얼음이 소비되었다. 당시 인구가 190만 명이 못 되었으니 1인당 얼음 소비량이 1톤을 넘은 것이다. 이 통계는 공장이나 사무실을 제외한 가정에서 사용된 얼음량만을 다루었을 뿐이다. 엄청난 양이 아닐 수 없다. 여기에 4000필의 말과 1만 명의 사람이 얼음 운송에 동원되었다.[11]

그렇지만 아이스박스는 유럽 사람들 기준으로는 굉장히 특이

하게 보였던 모양이다. 1914년 영국의 한 여행 작가는 "아이스박스가 없는 미국인을 본 적이 있는가? 이것은 미국의 상징이다. 아이스박스는 버터를 차갑게 보관할 뿐만 아니라, 그의 집 지붕 위에 휘날리는 성조기만큼이나 그의 국적을 알려준다"고 썼다. 이처럼 미국인이 아닌 사람들 눈에는 아이스박스에 집착하는 미국인이 신기하게 보였던 모양이다. 그래서인지(?) 영국의 경우 1965년까지도 가정에 냉장고가 있는 집은 3분의 1 정도밖에 안 되었다.[12]

가정으로 운반된 얼음은 보통의 경우 아이스박스에 보관했는데, 그것은 그렇게 효율적이지는 못하면서 많은 공간만 차지했다. 그렇기 때문에 아이스박스는 부엌이 아닌 거실이나 식당에 위치했다. 물론 중산층 이상의 가정에서만 그러했다. 보통의 노동계급 가정에서는 얼음을 주문하는 것이 아니라 얼음 파는 상점에 가서 소규모로 구입해 가져와 주로 당일용으로 사용했을 것이다.[13]

문제는 자연 상태의 얼음이 때때로 장티푸스나 이질 같은 대규모 수인성 전염병의 원인이 되었다는 것이다. 그리고 그것은 곧바로 입증되었다. 20세기로 넘어오면서 위생기준이 강화되고 엄격해지면서 천연 얼음을 이용하는 것은 위험하다는 생각이 커져갔다. 그렇다면 대안은 무엇이었겠는가? 인공으로 만든 얼음을 사다가 아이스박스에 채워놓고 사용하거나, 기계적으로 음식이 부패하지 않을 온도를 유지할 수 있는 인공물인 냉장고였다.

냉장고가 집안으로 들어가려면

산업용이 아닌 가정용 냉장고는 프랑스의 신부인 마르셀 오디프랑Marcel Audiffren이 발명한 것으로 되어 있다. 그러나 제대로 된 가정용 냉장고는 제너럴 일렉트릭사가 1911년에 특허를 취득했다. 이 냉장고는 당시 자동차 가격의 2배인 1000달러나 해서 극소수 가정에서만 구입 가능했다. 게다가 1910년대에는 전기냉장고가 시중에 판매되고 있었지만 가끔씩 냉장고에서 폭발이 일어났으며, 그 원인을 제대로 알지 못하는 일이 많았기 때문에 대다수 사람들은 전기냉장고 구입을 꺼려했다. 구입할 능력이 있다손 치더라도 그러했다.[14]

문제는 상업용 냉장고를 일반 가정의 부엌에 들어갈 수 있는 크기로 줄이는 것도 관건이었지만 안전 문제 또한 해결해야 했다.[15] 그래서인지 1924년까지도 업계 연관 잡지인 『일렉트리컬 월드』에는 "사람들은 가정에서의 전기냉장의 가능성에 대해서 여전히 회의적이다"라는 기사가 실리기도 했다.[16]

아이스코Isko 냉장고는 초기 냉장고 형태로, 마치 상업용 냉장고를 축소시켜놓은 것 같은 외양을 지니고 있었다. 어찌 보면 당연한 것이 '아이스코'는 원래 상업용 냉장고를 만들던 회사였다. 광고(7-1, 7-2)는 당시 경쟁 상대인 얼음배달부iceman를 의식하면서 만든 것이었다. "얼음 없이도" 우유나 달걀은 물론이거니와 야채조차 신선한 상태를 유지하고, 세균이 살 수 없어 '가족의 건강'을 챙겨주기 때문에 얼음배달부를 집에 들일 필요가 없다고 주장했다. 그런데 흥미롭게도 광고 속의 모델은 여전히 19세기 빅토리아적 가치를 반영하는 의상을 입고 있었다. 또 다른 주목할 만한 점은 냉장고 본체 위에 뭔가가 얹혀 있었다. 그것이 바로 냉장고의 압축기였다. 압축기는 일종의 전기모터로서 기체 상태로 있는 낮은 압력의 냉매를 고압으로 압축시키는 역할을 한

7-1. (좌) 아이스코 냉장고 광고, 『새터데이 이브닝 포스트』, 1920년 1월 17일, p. 167.

7-2. (우) 아이스코 냉장고 광고, 『새터데이 이브닝 포스트』, 1920년 6월 5일, p. 160.

다. 그리고 이 압축기가 작동할 때 이른바 웅~ 하는 소음이 발생하는 것이다. 따라서 이것 없이 전기냉장고는 냉각기능을 발휘할수 없었다. 그렇지만 보기에는 다소 흉물스러웠다.

1918년, 냉장고와 압축기 분리 방식으로 주부들에게 첫 선을보인 냉장고는 켈비네이터 냉장고였다. 제너럴 모터스에서 근무했던 고스A. H. Goss와 코플랜드E. J. Copeland가 1916년에 설립한 회사였다.[17] 아마도 기술적인 문제 때문에 부엌 바닥을 뚫어지하실에 압축기를 별도로 설치하고 본체와 파이프로 연결했을것이다. 따라서 당시 냉장고를 사용한다는 것이 주부들에게 편리했다거나 유쾌했다고 보기는 어렵다. 그럼에도 켈비네이터는냉장고 초기 시장을 선도했다. 압축기가 돌아갈 때의 소음으로부터 많이 떨어져 있어 다행으로 생각했을지는 모르겠다. 켈비네이터 다음으로 1919년에 프리지데어Frigidaire가 같은 방식으

7-3. (좌) 켈비네이터 광고, 『새터데이 이브닝 포스트』, 1924년 12월 20일, p. 108.
7-4. (우) 프리지데어 광고, 『새터데이 이브닝 포스트』, 1925년 5월 9일, p. 117.

로 냉장고 시장에 나왔다. 이 두 냉장고 업체는 자동차 회사들의 재정적 뒷받침을 받고 있었다. 즉, 켈비네이터는 뷰익Buick이, 프리지데어는 제너럴 모터스가 뒤에서 지원하고 있었다.[18] 이러한 분리방식은 1920년대 전반까지도 지속되었다.

이런 번거롭고도 시끄러운 압축기가 필요 없는 새로운 방식의 냉장고도 훗날 등장했다. 이른바 가스냉장고였다. 다음은 전기냉장고가 아닌 가스냉장고 광고다(7-5). 전기모터인 압축기에 의해서 작동할 때마다 주기적으로 시끄러운 소리를 낼 수밖에 없는 압축식 전기냉장고 방식이 아니라, 냉매인 암모니아 가스가 흡수되면서 열을 방출하는 방식으로 작동되어 "단지 조용한" 것이 아니라 "완전히 소리가 안 나는" 흡수식 가스냉장고임을 선언하고 있다. 1922년에 스웨덴의 스톡홀름 대학의 과학자들에 의해 발견되었다는 이 원리는 이미 유럽에서도 "성공적으로" 판매되고 있으며, 미국에서도 "놀라운 성공"을 거두고 있다고 광고했다. 또한 서빌사에서 판매하는 이 '일렉트로룩스Electrolux' 냉장고는 고장도 없고 전기냉장고보다 비용이 덜 든다고 선전했

7-5. 서빌사에서 제조한 일렉트로룩스 가스냉장고, 『새터데이 이브닝 포스트』,
1928년 4월 7일, pp. 120-1.

다. 그렇지만 이러한 흡수식 가스냉장고는 당시 전국 규모의 냉
장고 업체 중에서는 유일하게 서빌사에서만 1926년부터 생산되
었다. 흥미롭게도 이 회사는 1928년까지도 '서빌'이라는 이름으
로 전기냉장고도 여전히 생산하고 있었다.[19] 기술적으로만 보자
면 가스냉장고가 전기냉장고보다 우월한 위치였음에도 이 회사
는 1951년에 최종적으로 문을 닫았다.

　상업용 냉장고를 만들던 회사에서 가정용 냉장고를 출시하기
시작한 시기는 전기냉장고 초창기인 1910년대 후반과 1920년대
전반이었다. 아이스코나 톨레도 콜드메이커Toledo Coldmaker,
알래스카Alaska(1887년 창립), 맥클레이McCray(1890년 창립) 같은
회사에서 가정을 겨냥한 냉장고를 시판했던 것이다. 그런 이유
로 당시의 광고는 12톤의 용량을 자랑하는 상업용 냉장고부터
소규모 가정용 냉장고에 이르기까지 다양한 용도의 냉장고를 생
산한다는 식이었다. 그러다보니 호텔, 병원이나 상점뿐 아니라
주거용 건물에까지 여러 종류의 크기와 다양한 스타일의 냉장고
를 제공할 수 있었다.[20]

굴지의 제너럴 모터스는 1919년 델코-라이트 회사Delco-Light Company를 사들였고, 그 자회사는 프리지데어 냉장고를 시판하기 시작했다. 이 냉장고는 위에서 언급한 냉장고 광고의 모든 내용을 담고 있었다. 즉, 얼음 배달의 귀찮음을 제거하여 얼음을 원래 상태대로 보존하고, 나아가 가정의 건강을 챙겨줄 수 있다는 것이었다.[21] 프리지데어 또한 소매점을 위한 냉장 보관의 문제를 해결했음을, 신형 모델 500을 통해 보여주었다.[22]

이제 냉장고가 집안으로 들어가려면, 부엌 공간에 새로이 자리를 내주어도 괜찮다는 점을 주부들에게 설득시켜야만 했다. 그러기 위해 우선적으로 아이스박스보다 냉장고가 훨씬 더 좋은 조건에서 채소를 비롯한 음식물들을 오랫동안 잘 보존할 수 있음을 강조했다. 이를 위해 냉장고 제조업체들은 판매원 교육에 신경쓸 수밖에 없었다.

1920년대 전반부터 냉장고 회사들은 중산층 주부들을 겨냥하여 앞다투어 자사의 판매원들에게 필요한 소규모 책자를 만들었다. 냉장기술을 잘 알 턱이 없는 주부들을 상대로 냉장고를 팔기 위해서는 그들을 과학이라는 이름으로 설득시킬 수 있어야 했다. 예를 들어 프리지데어의 1923년도 시연용 책자에 따르면, 판매원이 가정을 방문하면 대다수 가정에 있는 온도계 달린 아이스박스를 확인하면서 온도가 섭씨 약 12.8도로 유지되어야 적정온도인데, 아이스박스의 경우는 음식을 적정 온도에 잠시 동안만 보존할 수 있음을 지적해야 한다고 했다. 그런 다음 자사의 냉장고 제품을 구입하면 현재의 아이스박스보다 훨씬 더 음식의 보존 상태가 나아질 수 있음을 언급해야 한다고 적혀 있었다.[23] 또한 켈비네이터는 자사 냉장고를 사용할 경우, 얼음을 주문하고 얼음배달부가 가져올 때까지 기다려야 하는 그런 짜증나는 상황을 만들 필요도 없으며, 항상 습기를 제거한 건조한 상태에서의 시원함을 유지하여 채소나 샐러드를 '아삭아삭한' 상태로 만들 수 있다고 주장했다.[24]

그런데 위의 프리지데어 책자에서 흥미로운 점은 최종 구입을 결정하는 사람이 남편이라는 점을 밝히고 있다는 것이다. 판매원은 주부에게 저녁에 남편이 퇴근하거든 이 문제를 상의하기를 권하거나, 혹은 자신이나 자신의 동료가 남편에게 다음 날 오후에라도 전화를 걸어 자사 냉장고를 구입하면 어떤 점이 좋은지를 설명하겠다고 제안하는 식이어야 한다고 적혀 있었다. 이 책자를 통해서도 당시 냉장고를 사용하는 사람은 주로 주부들이겠지만 냉장고의 최종 구매 결정은 남편 손에 달려 있음을 알 수 있다.[25]

이러한 책자의 내용은 또 다른 냉장고 회사의 경우에도 동일하게 이루어지고 있었다. 켈비네이터 회사의 연구소에서 만든 판매용 책자에는 여성 소비자들이 냉장고의 기계적 원리에는 별로 혹은 거의 관심이 없으니 가능한 한 남편들하고만 '기술적 세부사항'에 관한 이야기를 나누라고 되어 있었다. 뉴저지주의 어느 판매원은 실적을 많이 올린 자신의 비법을 공개하면서, 부부를 같이 만나 상담할 경우에도 남편에게 집중하여 자사 냉장고가 어떻게 작동하는지를 알려주면, 그는 이미 자동차나 라디오의 작동방식을 잘 알고 있고 또한 자사 냉장고의 메커니즘을 이해하고 싶어하기 때문에 자신의 설명에 집중하고 더 잘 이해한다는 것이다.[26]

또 다른 냉장고의 경우도 마찬가지였다. 광고에 의하면, 남편에게는 자사의 "기계적 이점들"에 주목하라고 하면서, 주부에게는 자사 냉장고의 "아름다움. …… 광택 나는 청결함. …… 신경 쓸 필요 없는 서비스"를 보라고 권유하고 있었다.[27] 여기서도 남녀의 분리 이데올로기가 작동하고 있었다. 남편에게는 냉장고의 기계적 작동원리를 알려주고, 아내에게는 사용자로서 냉장고의 뛰어난 외관을 비롯한 사용상의 이점이나 서비스에 관심을 기울이게 하는 이러한 별개의 지침 전략 말이다.

이렇듯 1920년대에는, 아니 그 이후로도 최소한 1960년대까지 성 고착적 담론이 공공연하게 펼쳐지고 있었다. 당시 냉장고 회사들의 눈에는 여성은 주부로서 집안에서의 사용자 혹은 소비자 역할을 담당하고, 남편인 남성은 밖에 나가 돈을 벌어오는 사람으로서 구매의 최종 결정자로 간주되었다. 게다가 남편은 기계에 관심이 많고 이해력이 풍부하지만, 부인은 기계에 관심이 별로 없고 그 작동에도 흥미가 없다는 식의 시각 또한 존재했다. 그렇기 때문에 판매원은 주부에게는 냉장고의 사용법을 알려주었지만, 그 기계적 원리 및 작동방식은 남편에게만 설명했다.

냉장고와 현대성

1920년대는 당시 미국인이 보기에도 새로운 시대였다. 제1차 세계대전 그리고 '스페인 독감Spanish flu'이라는 전 지구적 역병의 창궐 이후 모든 사람들이 더 이상 국가 통제가 아닌 정상 상태로의 복귀를 희망했다. 그들의 희망처럼 이 새로운 10년은 훗날 '재즈 시대'니 '광란의 20년대Roaring Twenties' 등으로 명명될 정도로 단순한 10년이 아닌, 어떤 새로운 무언가의 시작인 것은 분명했다. 이 시기를 통해서 미국인들은 진정한 의미의 현대로 넘어오고 있었다. 사람들마다 현대의 분수령에 대한 구분은 다르겠지만 말이다.

1922년의 프리지데어 광고는 냉장고와 새로운 시대를 직접적으로 연결했다. 즉 얼음이 아니라 냉장고가 그 역할을 할 것이며, 따라서 세상이 바뀌었으니 냉장고와 더불어 현대로 진입한다는 주장에 다름 아니었다. "더 이상 얼음이 필요치 않다"면서 자사 냉장고가 없다면 "더 이상 현대적이지 않다"고까지 선언했다.[28] 그런가 하면 서빌 냉장고는 '흥겨움gayety'이야말로 현대가 요구하는 "내일의 정신"을 보여준다고 주장했다. "내일처럼 현대적인"을 캐치프레이즈로 내걸며 자사의 냉장고와 더불어 소비 사회의 특성을 보여주는 '흥겨움'과 '즐거움'을 경험하라고 제안했다.[29]

노지Norge 냉장고는 이상적인 냉장고에 대한 의견을 주부들에게 물어 10만 793통의 답신을 받았다. 주부들이 그린 이상적인 냉장고처럼 만든 것이 바로 새로 나온 노지 냉장고였다면서, 자신들이야말로 자사 제품이 '현대적'임을 알고 있다고 주장했다.[30]

점점 커져가는 냉장고

냉장고 업체들은 처음에는 단독주택에 맞는 냉장고를 생산했지만, 얼마 지나지 않아 소규모 주택이나 아파트를 겨냥한 작은 규모의 냉장고를 출시했다. 예컨대, 켈비네이터사는 기존의 냉장고 크기를 줄여 '켈비넷Kelvinet'이라는 냉장고를 새로이 출시했다. 이 냉장고는 그냥 전기 소켓에 꽂기만 하면 바로 음식물들을 냉장 상태에 둘 수 있다고 광고했다. 또한 250달러라는 많지 않은 예산으로 구입이 가능하며, 기존의 더 큰 냉장고보다도 결코

성능이 뒤떨어지지 않는다고 자신했다.[31]

그렇지만 기본적인 방향은 냉장고 용량을 늘리는 것이었다. 냉장고는 시간이 지날수록 용량이 점차 커지고 있었다. 냉장고에 집어넣을 것들이 점점 많아지는 것도 한 이유였다. 심지어 냉장고가 미국 가정에 널리 수용되면서 점차 많은 냉동식품들이 등장했다. 따라서 더 많은 것들을 넣을 냉장고가 필요해진 것은 당연했다. 물론 냉장고 용량이 커지는 것은 미국 주택의 대형화를 반영한 것이기도 했다. 평균 가족의 수는 줄어들고 있었지만, 미국 주택의 크기는 1920년대부터 급속히 커지고 있었다. 즉, 수정된 이민법으로 이민에 대한 규제가 이루어지고 더 이상의 대량 이주가 불가능해지자 노동절약적인 기계화가 속도를 내고, 주택 건설 또한 활기를 띠었다. 여기에 맞추어 전기산업 또한 성장했으며, 동시에 가전제품은 그 종류와 수량이 엄청나게 증가했다. 결과적으로 냉장고 용량의 대형화는 미국인의 생활양식을 반영하는 '소비주의를 상징'하는 것이기도 했다.[32]

예컨대, 제너럴 일렉트릭사는 1927년 '모니터 탑Monitor Top' 모델 중에서 가장 작은 크기를 250리터 용량으로 정했다. 그러면서 이 용량이 평균 가족용이라고 밝혔다.[33] 이건 사실 대담한 결정이었다. 서빌사의 냉장고 크기와 비교해본다면, 250리터 용량의 냉장고는 서빌 냉장고 모델 중 가장 큰 것에 가까웠기 때문이다. 1928년 서빌사는 당시 세 가지 종류의 냉장고를 선보였는데, 소가족일 경우 140리터 용량의 냉장고 S-5를 275달러에, 중간 가족에게는 200리터 용량의 냉장고 S-7를 375달러에, 대가족일 때는 280리터 용량의 냉장고 S-10을 425달러에 구매할 것을 권유했다.[34] 따라서 1920년대 후반만 해도 가격이 최소한 300달러 이상이었을 만한 크기의 냉장고를 모니터 탑 냉장고는 절반 가격에 판 것이었다. 소득은 증가하는데, 가전제품의 가격은 계속적으로 하락하고 있었다. 덕분에 노동계급의 가족들도 냉장고를 어렵지 않게 구입할 수 있었다.

소비사회와 할부제도

당시 중산층 가정에서도 냉장고 가격은 결코 만만치 않았다. 그래서인지 냉장고 업체들은 할부판매제도를 일찍이 도입했다. 그러고는 광고를 통해 할부판매를 활용하라고 넌지시 혹은 강력히 권유했다.[35] 예컨대 프리지데어는 모회사인 제너럴 모터스를 통하면 "가장 편리하고 경제적인 방법"으로 지불을 유예할 수 있다고 선전했다. 각 가정의 예산에 따라 냉장고 구입비용을 매달 조금씩 갚는 제도가 있다는 것이었다.[36] 따라서 많은 미국 가정이 할부제도를 이용하여 냉장고를 구매했으며, 이것은 대량소비사회에서 구매를 용이하게 하는 주요한 촉진 수단이었다.

대략적으로 냉장고의 평균 가격은 할부제도 따위의 마케팅 전략과 기술개발 및 대량생산에 힘입어 계속적으로 가격이 하락했다. 1920년대부터 그러했다. 1920년에 600달러, 1929년에는 292달러로 10년도 안 되어 절반 가격 이하로 떨어졌다. 냉장고 가격은 1930년대에도 계속 내려갔다. 한 해에 수십만 대 이상을 생산할 수 있는 대량생산체제였기 때문에 판매가격의 하락은 당연했다. 1930년에는 275달러였던 냉장고 가격이 1938년에는 172달러로, 1940년이 되면 152달러로 인하되었다. 여기에 소매점에서는 냉장고 제조업체가 제시한 판매가격보다 더 싸게 팔곤 했다.[37] 제너럴 일렉트릭사의 1941년 광고를 보면, 170리터 용량의 냉장고를 124.95달러에 판매했다는 것을 알 수 있다. 그러니까 1920년에 600달러 하던 냉장고가 21년 만에 4.8배가량 가격이 하락했던 것이다.[38]

냉장고 보급은 1920년대 후반부터 가속화되었다. 1920년대 초반부터 냉장고가 판매되고 있었지만, 대규모로 팔리기 시작한 것은 1920년대 후반이라는 얘기다. 예를 들어, 프리지데어 냉장고의 판매량은 눈부셨다. 1925년 8월 광고에는 7만 대, 9월 광고에는 9만 대, 그리고 그해 11월 광고에는 드디어 10만 대를 넘어섰다고 자랑했다. 얼마 지나지 않아 15만 명 이상이 사용한다고 하더니, 두 달 사이에 20만 명 이상이 사용한다고 광고했다. 그러니까 1925년 11월에서 1926년 7월 사이에 10만 대를 판매했다는 얘기가 된다. 불과 8개월 만에 10만 대를 판매했다는 것은 프리지데어의 놀라운 생산력과 소비력을 보여준다. 그러고는 불과 3년도 안 된 1929년 5월, 75만 명 이상이 사용한다고 광고했으며, 마침내 1935년이 되면 미국 가정에서 프리지데어 냉장고가 400만 대 사용되고 있다고 선언했다.[39]

비록 특정 냉장고의 판매 대수였지만, 간접적으로 냉장고가 당시 얼마나 빠른 속도로 미국 가정에 수용되었는지를 짐작할 수 있다. 물론 여기에 웨스팅하우스사와 제너럴 일렉트릭사가 뒤늦게 냉장고 시장에 뛰어든 것도 이러한 수요를 충족시킬 수 있었다. 냉장고의 경우, 제조업체들의 생산력에 맞추어 소비가 뒤따라간 것인지 혹은 소비자들의 증가하는 욕구를 제조업체들이 뒤따라간 것인지는 밝히기가 쉽지 않다. 중요한 점은 냉장고가 1930년대 후반이 되면 미국 보통 주부의 일상생활의 일부가 되었다는 것이다. 유럽의 선진들이 미국처럼 냉장고를 일상적으로 사용하려면 이보다 30년 이상을 더 기다려야 했다.

3. 냉장고 광고가 주는 메시지들

그렇다면 당시 기준으로도 상당히 비싼 냉장고의 구매를 통해 사용자들은 도대체 뭘 얻을 수 있었을까? 혹은 무엇을 기대했을까? 우리는 다양한 냉장고 회사의 광고를 분류하여 그들이 무엇을 소비자들에게 제공할 수 있었는지를 정리해볼 수 있다.

신선함과 건강 지킴이로서의 냉장고

1920년대 초, 주부들을 상대로 본격적으로 시판되기 시작한 초기 냉장고들은 더운 날씨에 얼음 대신, 아니 얼음보다 더 신선하게 식품을 보관할 수 있다고 강조했다. 예를 들어, 켈비네이터는 자사의 냉장고 안에 채소를 넣어두면 "아삭아삭한" 상태를 유지할 뿐만 아니라, 심지어 밭에 있을 때보다 더 신선하다고 광고했다.[40]

초창기 냉장고 업체는 소비자들이 과연 냉장 기능이 제대로 되고 있는지 궁금해하는 점에 착안하여 내부를 들여다볼 수 있게끔 냉장고를 만들기도 했다. 심지어 얼음 상태를 확인할 수 있도록 냉장고의 냉동고 부위 외벽에 코르크로 만든 창―사실은 구멍에 가까웠다―을 뚫어놓기도 했다. 예컨대, 알래스카 냉장고가 그러했다. 주부들로 하여금 언제라도 냉장고 안에 있는 얼음이 진짜로 녹는지 아닌지를 눈으로 확인하게 하는 기막힌 아이디어였다. 주부가 직접 '코르크로 만든 창'을 통해 냉장고 내

7-6. "당신 자신의 눈을 믿을 수 있나요?", 알래스카 냉장고 광고, 『새터데이 이브닝 포스트』, 1924년 2월 16일, p. 124.

부에서 얼음이 잘 보존되는지 확인할 수 있다는 것이 알래스카 냉장고의 광고였다. 열이 통과할 수 없게끔 코르크가 '효과적으로' 단열재 역할을 하면서 얼음을 보존한다는 원리였는데, 그만큼 자사의 냉장고가 외부와의 단열을 완벽하게 해내 부패하기 쉬운 음식을 완벽하게 보존하여 신선함을 제공한다는 사실을 소비자에게 확인시키고자 하였다.[41]

신선함은 당연히 가족 모두의 건강과 직결된다. 모든 식재료는 기온이 올라가거나 혹은 시간이 지나면 썩는다. 그래서 주부들은 특히 날씨가 더워지면 채소를 비롯한 음식이 상할까봐 걱정하지 않을 수 없었다. 그렇기 때문에 불편하더라도, 돈이 많이 들더라도 얼음을 주문하여 아이스박스에 넣고 사용해왔던 것이다.

그러나 냉장고 업체들은 이제 더 이상 얼음을 사와 아이스박스에 재놓는 그런 불편한 일은 필요 없다고 주장했다. 아이스박스는 상온에서 기온이 올라가면 얼음이 녹고 그렇게 되면 채소는 시들시들해지고 고기는 썩겠지만, 아이스코 냉장고는 변화하는 바깥 온도에 상관 없이 항상 일정한 온도를 유지하기 때문에 냉장고 안의 먹을거리를 "신선하고 순수한" 상태로 봄이건 여름이건 잘 보존하고, 나아가 "가족의 건강 지킴이"가 될 수 있다고 주장했다.[42]

서빌사는 새로이 전기냉장고 시장에 진입하면서 어린아이를 겨냥한 광고를 시작했다. 다른 무엇보다도 어린아이가 마실 우유의 신선함을 위해서라도 당연히 우유를 안전하게 보존해야 한다는 광고였다. 그러면서 2주나 자사의 냉장고에 보관해온 우유를 마셨는데도 "새 우유만큼 입에 맞았다"는 주부의 경험담을 소개했다. 무엇보다도 서빌사의 광고는 "건강의 보호자"임을 선언함과 동시에 음식의 신선함과 건강의 문제를 직결시켰다는 것이다. 신선한 채소를 구입한 후 일류 식재료로 사용할 때까지 최상의 상태로 유지할 수 있게 해주는 서빌 냉장고야말로 이제는 "여름의 사치품luxury"이 아니라 가정의 "필수품necessity"으로 자리잡고 있다는 강력한 메시지였다.[43]

프리지데어도 식품을 상하지 않게 만드는 냉장 능력, 즉 "일정하게 낮은 냉장 온도"를 유지할 수 있는 능력을 지니고 있기 때문에 "건강 지킴이" 혹은 "필수적인 건강 지킴이"를 자처하거나, 여름에 아기의 건강을 잘 지키려면 박테리아가 급격히 자라는 상한 음식을 피해야 하는데, 자사의 냉장고가 아기를 위한 응급 역할을 할 수 있다고 주장하기도 했다.[44]

"지금 설치하여 절약과 편리함을 제공받으라"

초기 냉장고 광고가 강조한 또 다른 지점은 경제성이었다. 어떤 냉장고가 되었건, 어느 회사 냉장고가 되었건, 냉장고의 운용비

용이 얼음비용보다도 싸기 때문에 경제성이 있다고 선전했다.[45]

제너럴 일렉트릭사의 광고는 자사의 냉장고가 매일 장에 갈 필요를 없애줬기 때문에 일주일에 두세 번만 가면 된다면서 덕분에 "에너지, 시간, 그리고 돈을 절약"하게 되었다고 강조했다. 심지어 켈비네이터는 자사의 냉장고 덕분에 모든 음식물이 신선한 상태를 유지할 수 있으니 일주일에 한 번만 시장에 가도 괜찮을 만큼 경제성이 뛰어나다고 강조했다.[46] 프리지데어는 주부들이 사용해본 결과, 음식과 얼음비용으로 1년에 105.36달러를 절약할 수 있었다고 주장하기도 했다.[47]

그런가 하면, 절연 기능이 뛰어나 전기료가 적게 나오게 되니 경제적이라고 주장하는 냉장고도 있었다. 즉, 전류를 잘 통하지 않게 하니 전력 소비나 냉장고 운용비용이 다른 냉장고보다도 적다는 것이었다.[48]

이러한 광고는 1930년대에도 재활용되었다. 경제적 어려움이 닥친 1930년대 전반 거의 모든 가정이 대공황의 영향으로부터 벗어날 수가 없었다. 그래도 일단 냉장고에 익숙해지면 냉장고가 제공하는 혜택을 거부하기 힘들었다. 그렇지만 사람들은 냉장고를 사용하면서도 전력을 많이 사용한다는 죄책감에서는 벗어나고 싶어했다. 덕분에 냉장고 제조업체들은 구체적인 수치를 제공하면서 얼마나 절약할 수 있는지를 보여주고자 했다. 예를 들어, 전구 하나보다도 전기를 덜 쓴다고 광고하는 식이었다.[49] 그런가 하면 전력 사용량이 예상보다 적다는 점을 강조하며 1년을 이용하면 한 달치의 냉장고 사용비용이 공짜나 마찬가지일 정도로 '효율적'이라고 주장했다. 즉, 시간당 1킬로와트 전력 사용료를 평균 5센트로 잡을 경우, 하루에 5~6센트의 전기를 사용할 뿐이라는 것이다. 또한 15센트의 전기 값이면 100파운드(약 45.4킬로그램)의 얼음을 만들 수 있다고 주장하면서 결과적으로 일 년이면 한 달 정도 냉장고를 공짜로 사용한 셈이 된다고 광고하기도 했다.[50]

그런데 이러한 경제성은 냉장고의 효율에 근거했다. 또한 효율 덕분에 냉장고가 주부들에게 편리함을 제공할 수 있다고 주장했다. 따라서 편리함과 효율은 모든 가전제품이 강조하는 덕목이기도 했다. 나아가 냉장고 제조업체들은 냉장고의 노동절약적이고도 시간절약적인 편리함을 강조하기도 했다. 서빌사가 대표적이었다.[51] 제너럴 일렉트릭사는 냉장고 설치를 미루면 미룰수록 소비자는 손해이고, 심지어 냉장고가 없다면 "예산이 새는 것"과 마찬가지라면서 식비의 10퍼센트까지도 손해를 보는 것이라고 강조했다. 따라서 "기다리는 것은 낭비하는 것waiting is wasting"이니 "지금" 설치하여 "절약"과 "편리함"을 제공받으라고 권유했다.[52]

경제성과 효율은 바로 가내하인 대신 냉장고가 전기하인 노릇을 할 수 있음을 주장하는 것과 연결되었다. 1920년대가 되면 웬만한 중산층 가정에서는 가내하인을 찾을 수 없게 되었다. 이미 젊은 여성들은 공장이나 사무직으로 이동해갔으며, 단지 기혼 혹은 미혼의 흑인 여성들이 집에서 머물거나 출퇴근하는 형태의 가내하인 직을 유지했다. 지역 또한 남부를 중심으로 그러했다. 따라서 이 시기에 등장한 냉장고는 가내하인, 아니 그 이상을 해낼 수 있다고 주장해야 했다. 물론 '전기하인'이라고 칭하면서 말이다.[53] 예컨대, 서빌 냉장고는 자사 제품을 "현대적 하인 modern servant"이라고 부르면서, 수만의 가정이 이미 "시원함과 기쁨"을 집안에 들여놓았다고 했다. 더운 여름에는 이 하인을 이용하여 차가운 형태로 음식을 먹을 수도 있으니, "수백 가지 다른 방식으로" 요리와 식사 문제를 해결해주고 즐거움을 줄 수 있다고 자랑했다. 따라서 그들의 광고에 따르면, 냉장고는 "가사의 고역"을 가볍게 만들어줄 뿐 아니라 어떠한 하인도 그렇게 완벽하지는 못할 것이었다.[54]

추수감사절 및 크리스마스 광고

냉장고 업체들이 미국인의 명절을 놓칠 리가 없었다. 중요한 연례적 의례인 추수감사절과 크리스마스에는 더 많은 구매가 가능하리라 생각했기에 여기에 맞춘 광고들이 제작되곤 했다. 예컨대, 추수감사절 식탁을 위한 여러 종류의 음식들, 즉 전채요리, 주 요리, 샐러드, 디저트 등의 조리법을 소개한 32쪽의 책자를 보내준다고 광고했다. 물론 자사의 냉장고에 넣을 식재료들이었다. 그 광고는 두 딸이 엄마를 도와 칠면조 요리를 비롯한 음식 준비를 하는 그림이 실려 있었다. 이 광고에서 놓쳐서는 안 되는 점은 여기서도 남편과 아들은 등장하지 않는다는 것이다.[55]

크리스마스 시즌에는, 가정을 사랑하는 주부에게 냉장고의 편리함을 제공한다면 "완벽한 선물"이 될 것이라면서, 부인이 남편의 팔짱을 끼고서 냉장고 안을 들여다보는 광고를 선전하기도 했다.[56] 한편, 프리지데어(7-7)는 크리스마스 선물로 '어떠한 선물도 이처럼 만족을 드릴 수는 없다'는 카피와 함께 손수건으로 눈을 가린 엄마를 냉장고로 이끌고 있는 딸과 냉장고 앞에 서 있는 아들, 그리고 냉장고 뒤편 부엌 입구에서 슬며시 미소 짓고 있는 남편이 그려진 광고를 내보냈다. 이 모습은 미국인들이 생각

7-7. (좌) 프리지데어 냉장고 광고, 1926년 12월 4일, p. 103.
7-8. (우) 켈비네이터 냉장고 광고, 1926년 12월 11일, p. 158.

할 수 있는 완벽한, 그러나 전형적인 미국의 중산층 가정을 보여주고 있었다.[57] 물론 이러한 사회적 풍경에만 예외적으로 아들도 포함되어 있었다.

그런가 하면, 크리스마스 광고 중에는 냉장고를 아내에게 선물하고서 뿌듯한 표정을 한 남편이 의자에 앉아 있는 광고(7-8)도 있었다. 그것도 그냥 앉아 있는 것이 아니라 의자를 흔들면서 뭔가 자랑하고 싶은 표정이 역력한 얼굴로. 뭔가 아내로부터 칭찬받을 일을 했다는 듯이 말이다. 여기서 켈비네이터는 묻는다. "당신의 예쁜 손을 망칠 노동으로부터의 자유보다 더 개인적인" 일이 있겠는가, "매일에 더해지는 여가보다 더 개인적인" 일이 있을 수 있겠는가, 또한 음식이 상할까 걱정할 필요 없는 "완벽하게 보존된 음식보다 더 개인적인 일"이 있을 수 있겠느냐고.[58]

이 광고 문구에는 당시 미국인의 가치관과 희망사항이 녹아 있었다. 가사기술을 통한 가사노동으로부터의 자유, 여가의 추구, 개인주의, 그리고 건강한 음식을 먹을 권리. 이 모든 것들을 냉장고를 통해서 실현시킬 수 있다고 주장하고 있는 것이다. 그러니 이보다 더 완벽한 크리스마스 선물이 어디 있겠느냐고 광고 속의 남편을 통해서 켈비네이터는 단언한 것이다.

백색으로 구현된 스타일과 디자인

1929년 10월 뉴욕 증권가에서 시작된 미국의 대공황은 미국 사회 전체를 공포에 빠뜨렸다. 수많은 개인과 가정에서는 소비 자체에 불안을 느끼며 생활에 필요한 최소한의 금액만 사용하려고 했다. 따라서 기업들은 이 상황에서 살아남기 위해 새로운 수단과 전략이 필요했다. 소비자들이 어쩔 수 없이 지갑을 열게끔 하는 새로운 뭔가가 말이다.

1930년대 들어 냉장고 업체는 이제 냉장고의 스타일과 디자인을 강조하기 시작했다. 성능상으로는 별반 차이가 나지 않았기 때문에 기능이 아닌 다른 것으로 승부해야만 했다. 예를 들어, 제너럴 일렉트릭사는 자사의 냉장고가 "스타일에 대한 감동"을 받기에 충분한 디자인이라고 강조했다. 주부들이 자사 냉장고의 "날렵한 스타일과 현대적 디자인"에 주목하기 시작했으며, 자사의 신제품이야말로 차별화된 "외양과 메커니즘"으로 모든 냉장고 중 단연 "귀족"이 될 만하다고 자부했다.[59] 크로슬리 라디오 회사도 "유선형의 아름다움"을 갖춘 '쉘바도르Shelvador' 냉장고를 새로이 출시했다. 1935년형 일렉트로룩스 가스냉장고는 무엇보다도 일체의 소음이 없는 장점에다 "탁월한 효율" 그리고 "새로운 아름다움"을 더했다고 광고하고 있었다.[60]

바로 이 시기에 유선형이 유행하고 있었다. 비행기에서부터

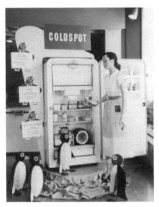

7-9. (좌) 콜드스폿 냉장고 광고.
7-10. (우) 크로슬리 쉘바도르 냉장고 광고.

시작된 유선형 디자인은 거의 대부분의 디자인에 응용되기 시작했다. 냉장고의 경우도 예외는 아니었다. 차별화의 필요성 때문에 더욱 그러했다. 유선형은 '효율성과 장밋빛 미래를 상징'하면서 얼마 안 있어 일종의 시대정신이 되었다. 새로 들어서는 건물들도 많은 경우 유선형을 반영하고자 했다. 심지어 1933년의 시카고 세계박람회나 1939년의 뉴욕 세계박람회조차 그러했다. 주요 테마 중 하나가 유선형이었기 때문이다.[61]

드디어 1935년, 새로운 유선형과 청결을 상징하는 흰색이 결합하여 만든 냉장고가 놀라운 판매고를 자랑하게 되었다. 바로 시어스 로벅Sears Roebuck사의 '콜드스폿Coldspot' 냉장고였다. 음식은 무엇보다도 청결 관념과 연결되어 있었다. 음식이 더운 날 혹은 잘못 관리하여 썩거나 냄새가 날 경우 가족의 건강이 위협을 받고 나아가 질병이 생길 가능성까지도 심각하게 고려해야만 했다. 따라서 여러 종류의 음식을 신선하게 보관해야 하는 냉장고야말로 위생의식과 청결관념이 최대한 반영된 기능과 디자인으로 구현되어야 했다. 1930년대 미국의 대표적 산업디자이너인 레이먼드 로위Raymond Loewy는 시어스 로벅사의 의뢰를 받아 콜드스폿 냉장고를 디자인했는데, 가압 성형된 강철 케이스와 이음새 없는 마무리에다가 매끈한 외관, 둥근 코너, 빛나는 흰색 칠, 먼지만 쌓이는 틈이나 몰딩의 제거로 그야말로 위생관념과 청결이 완벽하게 구현된 것으로 대대적인 환영을 받았다.[62] 수많은 색깔 중에서 흰색만큼 깨끗함을 보여주는 색이 어디 있겠는가. 깨끗함은 청결의식을 반영했으며, 청결의식은 곧바로 위생관념과 연결되었다. 위생관념은 물론 최종적으로 건강과 직결되었다.

다음의 광고(7-11)는 흥미롭게도, 주부들에게 '시간절약과 노동절약'이 가능한 부엌을 제안하고 있다. 해당 광고의 오른쪽 중간에 자리한 도면은 기존의 부엌보다 "더 편리하고, 더 매력적이며, 더 효율적"으로 만들어진 부엌이라고 한다. 이 부엌의 도안이 당시 유럽에서 관심을 받고 있던 '프랑크푸르트 부엌'을 참조했는지는 알 수 없으나, 가정학 관련 협회 여성, 『굿 하우스키핑』이나 『레이디스 홈 저널』 같은 여성잡지 관계자 및 건축가를 심사위원으로 하고 공모를 거쳐 1등상을 받은 부엌 도안을, 소비자가 원한다면 집으로 우송해주겠다는 내용의 광고였다. 당시 냉장고가 독일 가정에 자리잡지 못하고 있었기 때문에 물론 '프랑크푸르트 부엌'에는 냉장고가 위치할 공간은 없었다. 그렇지만 광고에 나온 부엌은 프레더릭의 '과학적 관리'에 대한 주장이 반영된 인상을 준다. 이 도면에 있는 냉장고는 당연히 프리지데어의 것이다. 자사의 냉장고로 더욱 가사노동과 노동시간을 절약하는 부엌 공간으로 만들 수 있다는 광고였다. 이 부엌 도안을 따

7-11. (좌) 프리지데어 냉장고, 『새터데이 이브닝 포스트』, 1926년 7월 17일,
p. 83.
7-12. (우) 제너럴 일렉트릭 냉장고, 『새터데이 이브닝 포스트』, 1941년 4월 19일,
p. 40.

르자면, 이제는 냉장고가 어엿하게 미국 중산층 부엌의 중심공
간을 차지하고 있었다.

위의 광고(7-12)는 아마도 아주 드문 메시지를 전달하고 있다.
그림상으로는 마치 자사의 냉장고만 있으면 남편 혼자서도 저녁
준비가 가능한 것처럼 보인다. 남편인 남성이 음식을 냉장고에서
꺼내 아들에게 건네는 장면과, 마침 외출했다 돌아온 주부인 여
성이 흐뭇한 미소로 앞치마를 두른 남편과 아이가 저녁을 먹으
려는 장면을 목격하고 있다. 아마도 현실은 외출을 하기 전 아내
는 준비된 요리를 냉장고에 넣은 후 다녀왔거나, 식사의 기본 재
료들을 냉장고에 넣어놓고 갔을 것이다. 물론, 당시 미국의 현실
에서는 이러한 상황이 거의 발생하지 않았으리라. 1940년대 미
국의 중산층은 여전히 철저하게 자신의 성 역할gender role에 충
실했기 때문이다.

앞에서도 언급했던 것처럼, 냉장고는 1920년대 중반까지는 여전히 소수의 부유층 사람들만이 부엌에 들여놓을 수 있는 사치품에 속했다. 예를 들어, 1926년 오하이오주의 소도시인 제인즈빌Zanesville의 가정에서는 단지 0.4퍼센트만이 냉장고를 보유하고 있었다. 따라서 냉장고는 1930년대가 되어야 본격적으로 미국의 중산층 가정에 자리잡기 시작했다. 1930년에는 미국 전체 가구 10가구 중 1가구도 안 되는 8퍼센트만이 냉장고를 소유했지만, 불과 10년 뒤인 1940년이 되면 5.5배가 증가하여 44퍼센트의 가정에서 냉장고를 보유했다. 그리고 불과 1년 만에 8퍼센트나 증가하여 52퍼센트의 가정에서 냉장고를 보유하게 되었다. 이제 1941년이 되면 절반 이상의 미국인이 냉장고의 혜택을 누리고 있었다. 10년 뒤인 1951년에는 80퍼센트의 가정에 자리한 냉장고는 바야흐로 미국인들의 필수품이 되었다. 이처럼 불과 30년도 안 되어 냉장고는 미국인에게 사치품에서 필수품으로 자리매김했던 것이다.[63]

이제 미국인들은 냉장고 없는 식생활을 생각할 수 없게 되었다. 예컨대, 캐슬린 앤 스몰츠레이드Kathleen Ann Smallzreid가 1956년에 출간한 『영속하는 즐거움: 1565년부터 2000년까지 미국의 부엌, 요리사, 요리법의 영향』은 냉장고를 사용하기 이전의 부엌과 요리와 관련된 일상생활이 냉장고를 사용한 이후 얼마나 달라졌는지를 분명하게 보여준다.

가정주부가 슈퍼마켓에서 돌아와서 냉장고에 물건을 집어넣고 문을 닫을 때, 그녀는 육류 저장고, 우유와 버터 저장고, 뿌리채소 저장고, 치즈실, 훈연실을 닫고 우물 뚜껑까지 닫는 것이다. 이와 함께 그녀는 저장 솥, 피클 항아리, 푸딩 자루, 식초병에서 등을 돌린다. 게다가 얼음 창고와 얼음 수레도 필요가 없어졌다. 얼음으로 상자를 차갑게 하는 것이 아니라, 그녀에게 필요한 모든 얼음을 상자가 만들어낸다.[64]

●

08

가사기술은 가사노동의
해방을 가져왔는가

Did household technology bring liberation from housework?

•••

1. 새로운 페미니즘 운동: '어떻게', '얼마나'

1940년대가 되면 웬만한 가전제품이 대부분의 미국 가정에서 사치품이 아닌 필수품으로 자리잡고 있었다. 대서양 건너편에서는 이미 제2차 세계대전이 진행 중이던 1940년, 앞에서도 언급한 바 있는 업계잡지인 『일렉트리컬 머천다이징』의 가전제품에 관한 통계에 따르면, 당시 미국에서 전기를 사용하고 있는 총 가구 수는 2445만 1000이었다. 세탁기는 59.6퍼센트의 가정에서, 냉장고는 56퍼센트의 가정에서 사용되고 있었다.[1] 앞장에서 본 1933년도 통계와 비교해본다면, 세탁기의 경우 39.4퍼센트의 보유율이 7년 만에 1.5배 이상 증가했으며, 냉장고의 경우 21.6퍼센트의 보유율이 불과 7년 만에 2.5배 이상 증가했다.[2] 결과적으로 미국의 주부들은 지구상 어느 나라보다도 먼저 소비혁명을 수용하면서 가정에서도 대량소비사회를 실천하게 되었다.

그리고 1950년대 미국은 케네스 갤브레이스Kenneth Galbraith
가 명명했듯이, 전 세계에서 유일하게 대량생산 대량소비가 가
능해진 '풍요로운 사회affluent society'가 되었다.

빌 브라이슨Bill Bryson(1951~)은 자신이 태어난 1950년대를
다음과 같이 묘사했다. 비록 미국과 구소련의 냉전 상태로 여전
히 시대는 긴장을 놓을 수 없었지만, 1950년대는 미국 사람들
"모두가 행복하게 지냈"으며, 그들의 "욕심도 지극히 단순"했다
는 것이다. 토스터 정도를 구입하고도 즐거워하고, 커다란 가전
제품을 구입하면 동네 사람들을 무슨 건수로든지 불러서 구경을
시키곤 했다고 한다. 브라이슨은 네 살 무렵, 집에 새로 구입한
냉장고에 대해 부모가 무려 반 년 동안이나 '귀빈' 대접을 한 것
이며, 집안에 종종 손님을 불러 냉장고 안에서 차가운 홍차를 꺼
내 대접하면서 자연스럽게 새로 산 냉장고를 화제로 올린 추억
을 떠올렸다. 브라이슨 말로는 냉장고를 손으로 들 수 있을 만큼
의 무게였다면 식탁이나 탁자에 올려놓고 소개라도 할 기세였다
는 것이다. 그러니까 1950년대 미국의 중산층은 손님을 불러놓
고 자신의 집에 이미 자리잡고 있는, 혹은 새로 산 가전제품의 특
징들을 나열하며 은근히 자랑하던, 즉 자신들의 소비행위를 놓
고서 아무렇지도 않은 듯, 위선적인 느낌도 없이, 드러내놓고 무
려 한 시간씩이나 대화를 나눌 수 있었던 마지막 세대였을 것이
다. 브라이슨은 아쉬운 듯 회상한다, 그 시간이 "전에는 누구도
누리지 못한 행복한 시간이었다"고.[3]

제2차 세계대전이라는 가공할 만한 전쟁이 끝난 지 불과 6년
만에 미국은 이미 군사적으로나 경제적으로나 전 세계를 압도하
고 있었다. 아래에 인용된 글은 빌 브라이슨이 자신이 탄생한 해

인 1951년에 미국에서 무슨 일이 있었는지를 담담하게 묘사한
글이다.

내가 이 세상에 툭 떨어진 1951년 즈음에는 약 90퍼센트의 미국 가
정에 냉장고가 있었다. 또 거의 4분의 3의 가정에 세탁기와 전화기,
진공청소기, 가스난로나 전기난로가 있었다. 대부분의 나라는 아직
꿈에서나 그리던 가전기구들이었다. 미국인이 세계 가전제품의 80퍼
센트를 독차지하고, 전 세계 생산 능력의 3분의 2를 좌우했다. 또 세
계에서 사용되는 40퍼센트 이상의 전기, 60퍼센트 이상의 원유, 약
66퍼센트의 철강을 생산했다. 세계 인구의 5퍼센트에 불과한 미국인
의 재산이 나머지 95퍼센트 인구가 지닌 재산보다 많았다.[4]

빌 브라이슨이 묘사한 1950년대 미국의 상황은 1951년 11월
19일자 『라이프』지에 실린 기사를 통해 당시 미국이 얼마만큼
'풍요로운 사회'인지를 실감나게 확인할 수 있다. 오하이오주 클
리블랜드에 거주하는 스티브 체칼린스키Steve Czekalinski는 뒤
퐁Du Pont 회사에서 화물운송을 담당하는 일을 했으며, 부인과
사내아이 둘이 있었다. 이들이 1년에 소비하는 식료품—2.3톤
의 무게에 해당하며, 약 1300달러의 비용—을 나열해놓고 찍은
사진을 보면 그저 놀라울 뿐이다. 이 사진은 미국이 세계 제일의
소비국가임을 웅변적으로 보여주고 있었다.[5]

어찌 보면 미국의 전형적인 노동자계급의 일원이었던 그는 가
족들과 만면에 미소를 띠고 자신들이 1년 동안 소비한 먹을거리
앞에서 자랑스럽게 포즈를 취하고 있었다. 그의 가족은 "205킬
로그램의 밀가루, 32.5킬로그램의 버터, 14킬로그램의 닭고기,

136킬로그램의 쇠고기, 11킬로그램의 잉어, 65킬로그램의 햄, 17.7킬로그램의 커피, 313킬로그램의 감자, 660리터의 우유, 157줄의 달걀, 180덩어리의 빵, 32리터의 아이스크림"을 주당 25달러의 식비 예산으로 살 수 있었다. 당시 그는 시간당 1.96달러의 임금을 받고 있었는데, 만약 그가 주당 52시간 근무했다면 그의 주급은 101.02달러가 된다. 1928년 미국의 공장 노동자의 대략적인 주급은 25달러였으니까 23년 사이에 노동자의 임금이 대략 4배가량 상승한 셈이 된다. 이 정도 수준이면 서유럽에서조차 중상류층이나 누릴 수 있는 생활수준이었다. 당시 미국인의 음식 섭취량은 유럽인에 비해 무려 50퍼센트나 더 많았다. 그러니 나머지 국가들과 생활수준을 비교한다는 것은 어리석게 보일 정도였다. 전쟁 중이었던 한국인을 생각해보라.[6]

같은 시기 서유럽조차도 가전제품의 보급은 미국의 1920년대보다도 못한 수준이었다. 제2차 세계대전이 얼마 전에 끝났고 마셜플랜에 의해 미국의 자본이 유입될 즈음이었다. 예컨대 1950년대 중반에 가서야 서독은 가전기술이 중산층 이상의 가정에 보급되기 시작했다. 예컨대, 1955년에 세탁기 보급률은 10퍼센트, 냉장고는 11퍼센트였다.[7] 겨우 1950년대 후반경이 돼서야 서유럽 국가들은 미국처럼 자동차나 냉장고, 세탁기 등의 가전제품을 본격적으로 구입하기 시작했다. 이 시기 사치품이었던 이러한 제품들은 1960년대 말 70년대 초가 돼서나 이들 국가의 주부들이 소비제품으로 본격적으로 즐기게 되었다. "그전까지만 해도 석 달에 한 번씩 욕조에 침대 시트를 담가 빨던 우리 프랑스 농촌의 주부들이 점차 사흘에 한 번씩 침대 시트를 벗겨서 '세탁기'에 넣고 돌리는 (미국) 와이오밍주Wyoming의 주부들을 닮아가는” 상황이 연출되었던 것이다.[8] 드디어 영국이나 서독, 그리고 프랑스도 미국처럼 소비사회가 가정 내에 자리잡기 시작했다. 서유럽과 미국의 격차는 간신히 한 세대 이후에나 미국의 소비사회 형태로 수렴되었다.

제2차 세계대전이 끝나자마자 미국의 많은 젊은 여성들은 결혼을 선택했다. 무려 절반가량이 스무 살도 되기 전에 가정을 마련하고, 소비제품을 판매하는 회사들의 광고에 따라 소비를 할 준비가 되어 있었다. 그러나 결혼 후 전업주부로만 지내는 자신의 모습에 불안해하는 여성들이 많아지자, 대중적인 여성잡지에서는 문제 없고 괜찮다는 식의 조언의 목소리를 실었다. 예컨대, 1949년의 『레이디스 홈 저널』의 한 필자는 “여러분은 열두 가지 직업을 동시에 수행해내는 전문가입니다. 지배인 겸 요리사, 간호사, 운전기사, 재단사, 실내장식가” 등등을 해내는 대단한 사람들이라고 한껏 추켜올렸다.[9]

이처럼 미국은 서유럽과도 엄청난 격차를 벌이며 물질적으로 풍요로웠지만, 남녀의 고정된 역할은 변할 생각을 안 했다. 1950년대까지도 남녀의 영역 구분은 여전히 지속되고 있었다. 『하퍼스Harper's』지 1951년 12월호에 실린 미스터리물 소설가인 낸시 마비티Nancy B. Mavity(1890~1959)의 글은 여러모로 음미할 가치가 있다. 마비티는 당시 새로운 사회현상인 맞벌이 부부를 논하면서 미국의 장래를 어둡게 예측했다. 하지만 마비티의 글은 주부들이 아이들 양육과 집안일뿐만 아니라 직장의 여러 스트레스까지 감당해야 하는 힘든 상황을 걱정하는 글이 아니라, 맞벌이가 확대될수록 집안에서 남편들의 전통적인 지위가 흔들리게 되지 않을까 하는 우려였다. 이 글에 등장한 어떤 남자는 자신이 만일 부인을 직장에 내보냈다면 많이 부끄러웠을 것 같다고 답변했다. 아마 이 남자의 심정이 당시 미국 대다수 남자들의 심정이었을 것이다. 제2차 세계대전 이전까지, 즉 1941년 12월 일본의 하와이 진주만 공습이 있기 전까지 미국 48개 주의 절반가량이 결혼한 여성을 직장에 고용하는 것을 금하고 있었다. 절반의 미국이 주부들의 임금노동 참여를 법적으로 거부하고 있었던 것이다, 그저 임금 없는 그림자노동에 만족하면서.[10]

'풍요의 시대'로 불린 1950년대, 일자리를 원한 대부분의 주부는 집안일을 싫어해서가 아니었다. 남편의 소득만 가지고는 자신이 원하는 가전제품을 구입할 능력이 안 되거나 오래된 가전제품을 바꿀 수 없는 경제적 상황 때문이었다. 그녀들은 물질적 행복을 추구했으며 그 목표를 달성하기 위한 수단으로서 기꺼이 직장에 다니기를 원했다. 즉, 바깥일을 원하는 기혼여성들은 "버젓한 삶을 사는 데 필요하다고 여겨지는 특정 제품을 구입하려는 목표"를 지니고 있었던 것이다.[11] 무엇이 "버젓한 삶"이었을까. 아마도 1950년대 대량소비사회를 살던 주부 입장에서는 원하는 가전제품을 구입하고 더 많은 외식을 할 수 있는 그러한 삶이었을 것이다. 그리고 그러한 목표를 실현하기 위해서 그 일자리가 임시직이건 시간제 자리건 혹은 승진과는 관련 없는 자리일지라도 받아들이는 경향이 있었다.

이미 1936년의 갤럽 조사에서도 조사에 응한 여성 중 무려 75퍼센트가 기혼여성의 직장생활을 반대하고 있었다. 10년 뒤인 1946년, 『포춘Fortune』지의 또 다른 여론조사에서는 남성보다 오히려 여성이 가정보다 직장에 우선순위를 두는 기혼여성에 우려를 표명했다. 말하자면, 1950년대는 여성해방운동이 힘을 쓰기는커녕 쇠퇴 일로에 있던 시기였다. 페미니즘은 제철 지난 꽃처럼 시들어가고 있었고 제 목소리를 내지 못했다. 따라서 이 시기는 차라리 "모성애나 결혼이라는 말이 물갈퀴 장식이 달린 흰색 캐딜락이나 호화판 점심식사만큼이나 유행하던 시기"였다. 심지어 인류학자 겸 대중저술가인 애슐리 몬태규Ashley Mantagu(1905~99)는 남편이 있고 어린아이를 둔 기혼여성이 직장을, 그것도 전일직장을 다니면서 훌륭한 어머니나 주부가 된다는 것은 불가능하다고 주장했다. 기혼여성이 일과 가정을 돌보는 것은 양립할 수 없다고 선언한 것과 마찬가지였다.[12]

그러나 이렇듯 불변하는 법칙인 양 존재하던 남녀의 영역 구분에 속으로만 끙끙 앓던 여성들이 드디어 침묵을 깨고 미국 사회에 목소리를 내기 시작했다. 이른바 새로운 페미니즘 운동이 시작된 것이다. 그리고 이 도전은 누가 뭐래도 베티 프리댄Betty Friedan(1921~2006)의 저서 『여성의 신비The Feminine Mystique』가 물꼬를 텄다고 하는 것이 맞을 것이다. 이해가 바로 1963년이었다.

이후 베티 프리댄을 따라 많은 여성들이 자신의 삶에 의문을 제기하고, '성차별주의'에 맞서 싸웠다. 이들은 남성과 새로운 관계를 정립하고자 했다. 예컨대, 앨릭스 케이츠 슐먼Alix Kates Shulman(1932~)은 1969년 결혼 당시 남편과 가사노동을 분담하기로 하는 결혼계약서를 작성했다. 집안의 빨래는 자신의 몫이지만, 밖으로 가져갈 세탁물을 세탁소에 가져가는 것은 남편이 담당한다 따위의 것 말이다. 오늘날 기준으로 보면, 초보 수준이지만 당시 이 문서는 『미즈Ms』나 『라이프』 같은 대중잡지에 소개되기도 했다. 결국 프리댄을 비롯한 새로운 여성들이 원한 것은 육아를 포함한 가사노동을 남편들과 같이하자는 것이었다. 여전히 구체적으로 '어떻게'와 '얼마나'의 문제가 남겠지만 말이다.[13]

2. '코완의 패러독스'

미국의 농촌은 도시 지역에 비해 자동차의 소유나 가정의 전기화가 많이 뒤진 편이었다. 특히나 전기화가 훨씬 뒤처졌다. 1920년만 해도 중서부 지역의 농장 절반이 자동차를 가지고 있었지만, 전기화는 10퍼센트도 되지 못했다. 10년이 지난 1930년에는 농장의 80퍼센트가 자동차를 소유했지만, 여전히 전기화는 충분치 못해 겨우 15~20퍼센트 정도의 농장만이 전등을 설치할 수 있었다.[14]

이렇듯 도시와 비교하면 한참 뒤지던 미국의 농촌도 당시 세계 3위의 산업국가인 영국과 비교해본다면 엄청난 격차가 존재했음을 알 수 있다. 예컨대, 가전제품의 시장 크기가 얼마만큼 차이가 나는지를 확인해보자. 1931년 영국에는 겨우 6만 대의 세탁기, 22만 대의 냉장고, 그리고 40만 대의 청소기가 있었을 뿐이다. 거의 비교 자체가 무의미할 정도로 영국 가정에서의 기계화와 전기화는 미국과 비교해 한참이나 뒤처져 있었다.[15] 가전제품 시장에서 이러한 압도적 차이는 40년 뒤에도 여전히 존재했다. 영국은 1969년에 겨우 5퍼센트의 가정만이 자동세탁기를 갖고 있었다. 그런데 이해는 자동세탁기가 출현한 지 이미 30년도 넘는 시기였으며, 미국의 가정에서는 이미 1940년대 후반이면

널리 쓰이기 시작하고 있었다.[16]

그렇다면, 미국의 주부들은 20세기 전반을 통해 이렇게 많은 가전제품을 세계에서 거의 유일무이하게 압도적으로 사용하면서 가사노동으로부터 해방되었는가? 아니, 최소한 가사기술의 실현물인 가전제품들이 주장한 노동절약과 시간절약으로 인하여 그녀들의 가사노동시간은 줄어들기는 했을까? 줄어들었다면, 얼마나 줄어들었을까?

우리가 앞에서도 검토해보았듯이, 20세기 전반 미국 대부분의 가정에 전기가 공급되고 상하수도가 보급되었다. 음식 준비를 위해 필요한 물을 찾아 먼 길을 왕복할 필요가 없어졌으며, 추운 날에도 보일러 덕분에 따뜻한 물을 받아 목욕을 할 수 있게 되었다. 이렇듯 현대 문명의 인프라가 충분히 제공된 상태에서 가정에서의 기계화도 진행되었다. 즉, 산업혁명의 세례가 가정에도 파고들어, 주부들의 수고를 줄여주거나 혹은 허드렛일을 없애기 위한 가전제품들이 쉬지 않고 쏟아져 나왔다.

20세기 초 빗자루를 들고 먼지를 직접 마셔가면서 집안 청소를 할 필요 없이 쓱 밀기만 하면 바닥 등의 더러움을 힘들지 않게 제거할 수 있는 진공청소기가 미국 가정에 정착하기 시작했다. 빨래 바구니에 쌓인 옷이나 침구류 등을 두드리고, 헹구고, 짜고, 널고, 말리고, 다리는 주부들의 일손을 줄여주기 위해 전기다리미와 세탁기 또한 등장했다. 1920년대부터는 더운 날씨에 음식이 상할까 얼음집에 가서 얼음을 주문할 필요도 없었을 뿐더러 음식 재료를 부패하지 않은 상태로 보관 가능한 냉장고도 보급되기 시작했다.

위의 질문에 대해 길게 설명하기 이전에 먼저 간단히 얘기하자면, 이렇게 자랑스러운 기계화된 전기제품이 가정에 속속 자리잡았는데도 주부들의 가사노동[17]시간은 지난 100년이 지나는 동안 전혀 줄어들지 않거나 심지어 늘어나는 현상까지 보였다는 것이다. 예컨대, 전기세탁기는 미국 가정에 본격적으로 보급되기 시작한 1925년부터 1964년 사이 40년 동안 불완전한 세탁기능에서 시작하여 제2차 세계대전 전후로 완전 자동세탁기로 진화하였다. 또한 그 이후 자동건조기도 생산되고, 심지어 분말비누와 세탁 후 다림질이 필요 없는 옷이 나타났다. 그럼에도 이시기 동안 세탁에 걸린 시간은 주당 5시간 이상에서 주당 6시간 이상으로 늘어났다.[18]

노동절약적이고도 시간절약적인 가전제품들이 미국의 가정에 줄줄이 도입되었는데도 불구하고 왜 여성들의 가사노동시간은 여전했을까? 아니, 왜 오히려 더 늘어났을까? 바로 여기에 역사학자 루스 코완이 제기한 '기이한 패러독스strange paradox'가 존재한다.[19]

저명한 경제사가인 조엘 모키르Joel Mokyr 또한 코완이 제기했던 문제를 '코완의 패러독스'라고 명명했다.[20] 주류 경제사학자가 가내경제 혹은 가사노동에 관심을 기울인 것은 특이한 경우인데, 모키르는 지난 150년 동안 산업화된 서양 세계, 특히 1870년 이후 가정에 전기라는 새로운 에너지가 공급되면서 힘든 가사노동을 쉽게 할 수 있는 혹은 노동시간을 절약할 수 있는 기계화된 가전제품들이 계속적으로 출현했음에도 왜 가사노동에 투입된 시간은 줄어들지 않았는가에 대한 수수께끼를 나름대로 풀고자 했다. 필자 또한 이러한 패러독스가 왜 아직도 해결되지 않고 있는지에 대한 문제를 이해하기 위한 시도와 함께 나름의 대답을 하고자 한다. 가전제품을 통한 가사기술의 실현이 가정에서 주부들의 가사노동시간에 어떠한 영향을 미쳤는지에 대한 시간측정 사례 연구들을 검토함으로써 가사기술의 도입과 확산이 가사노동시간에 어떠한 변화를 가져왔는지 확인해볼 것이다.

3. 가사노동시간 측정에 대한 역사적 접근

우선 19세기 말부터 크고 작은 가정용품들이 발명되고 미국 가정에 도입되었는데, 과연 가정경제를 유지하는 데 들인 시간이 줄어들었는지 확인해보자. 짐작하다시피 초기에는 제대로 된 기록이 많지 않으며, 심지어 있다손 치더라도 개인의 단상을 기록한 것이거나, 집단 사례 기록의 경우 모집단이 너무 적거나 표본 집단의 성격이 복잡하거나 불투명했다. 그 시기에는 체계적인 가사노동시간 측정에 관심이 없거나 체계적인 측정이 불가능했던 것이다. 따라서 우리는 20세기 전반 가사노동시간의 변화를 확인하려면 대단히 제한된 사례 연구에 의존할 수밖에 없음을 인정해야 한다.

어느 주부의 가사노동시간(1917년)

가정과학운동에 앞장섰던 일군의 사람들이 만들었던 잡지인 『가정경제학지』 1973년 10월호에 흥미로운 기사가 실렸다. 1973년 시점에서 56년 전인 1917년 12월호에 실린 '침실 3개와 거실, 부엌, 욕실, 지하실이 있는 주택에 사는 한 가족 성인 3명이 가사노동에 필요한 시간'이라는 제목의 글이었다. 위스콘신주의 스티븐스 포인트에 위치한, 오늘날 교육대학에 해당하는 학교의 선생이었던 메리 로Mary Rowe의 글로, 당시 주부의 하루 일과를 항목별로 분류하여 1년 동안 총 얼마만큼의 시간을 가사노동에 사용했는지를 계산했다.[21]

다만 이 경우는 소득별, 교육 정도, 자녀 수 등을 고려한 수백 명 이상의 대규모 모집단의 평균치를 제시하는 것은 아니었다. 게다가 다음의 가사노동시간표(표 4)를 보면 알겠지만, 자녀 돌보기와 관련된 가사노동시간이 전혀 없다. 이미 자녀들이 다 커서 집을 떠났기 때문이다. 그럼에도 이 시간표는 그즈음 미국 주부들의 가사노동시간이 어떻게 할애되었는가를 이해하는 데 큰 도움을 줄 수 있을 것이다.

이 가족이 사는 스티븐스 포인트는 당시 인구가 1만 8000명이고 여러 개의 대규모 공장, 제지공장, 2개의 주물공장이 있어 매연이 심했다. 그리고 2개의 철도 노선이 지나갔으며, 위의 주부가 살던 집은 근처 주물공장에서 불과 7블록 떨어진 곳에 위치했다. 도로는 포장되어 있었고, 비즈니스 지역에서 가까웠다. 이 집은 상수도가 공급되고 하수도도 연결되어 있었다. 또한 전력 공급을 받아 전등을 사용하고 가스스토브도 구비하고 있었다. 나아가 지하실에는 저수조가 있었으며, 겨울에는 화로를 통해, 여름에는 가스를 통해 더운 물을 공급받을 수 있는 부엌과 욕실도 구비했다. 이 집에는 1층에 거실, 침실, 부엌, 식당, 욕실, 세탁실이, 2층에는 2개의 대형 침실이 있었다. 다만 이 집에는 노동절약적인 제품들이 많지 않았다. 기껏해야 전기다리미가 한 대 있어 다림질할 때 사용했으며, 제과점에서 만든 빵을 좋아하

지 않아 제빵 믹서기를 이용하여 집에서 직접 빵을 만들어 먹었
다. 물론 제빵믹서기도 전기제품이었다. 그리고 시간절약적인
인공물로는 축열 조리기fireless cooker를 필수품인 양 갖고 있었
는데, 요리할 때 열을 잘 보존하기 때문에 요리시간을 절약할 수
있었다.

자, 그럼 구체적으로 1년 동안 이 주부가 어떤 종류의 가사활
동을 얼마만큼 했었는지를 확인해보자.

	시간	분	시간/연
연 2회 작업			
단풍나무 바닥 손보기	4		
목조 벽과 벽지 청소	3		
부엌 벽 청소 또는 도색	3		
욕실 벽 청소 또는 도색	2		
매트리스와 침대 청소	3		
가구 청소	3		
지하실 청소	3		
	21		42
연 1회 작업			
가장에 의한 페인트칠	3		
도장업자에 의한 페인트칠	4		
봄 청소와 모직물 및 모피 정리하기	4		
	11		11
월 1회 작업			
양탄자를 마당에서 털고 다시 깔기	2	15	
1층 창문 청소	2		
2층 창문 청소	2		
	6	15	75
주 1회 작업			
바닥과 가구 먼지 털기	1	30	
양탄자		40	
부엌 청소		30	
욕실		30	
침실의 침대 바꾸기 등등		25	186
세탁			
-옷 분류하기		15	
-세탁기 돌리기	1		
-삶기, 헹구기, 널기	1	30	

-세탁물 개기		20	
-다림질	2		
	5	5	264
매일의 작업			
청소, 기타 등등			
침대 정리(침대 3개)		15	
바닥, 가구 먼지 털기		30	
부엌		15	
욕실		10	
	1	10	426
요리			
-아침 식사(불 없이 조리한 시리얼)		20	
-정식dinner	1	15	
-가벼운 식사supper		30	
	2	5	760
제빵			
-빵, 매주 두 번(매일 평균치)		25	
-케이크, 쿠키, 디저트 등등(매일 평균치)		35	
	1		365
설거지			
-가벼운 저녁과 아침식사(접시)		30	
-오븐용 접시를 포함한 정식(접시)		40	
	1	10	426
(1/2년) 화로 관리(매일 평균치)		10	
가압탱크 펌프질		5	
		15	91
1년 전체			2,646

표 4. 가사노동시간(1917년).

위 시간표의 특징은 매일의 가사노동뿐 아니라 1년에 한 번 혹은 두 번 하는 일들과 월마다 하는 일, 그리고 주마다 하는 일을 분류해 1년의 가사노동시간을 가능한 한 정확하게 계산하고자 했다는 점이다. 심지어 8월에 딸과 네 살짜리 손녀가 찾아와 머무른 덕분에 빨래에 30분이, 다림질에 1시간이 추가되었다는 것까지 기록하였다. 표를 보면, 이 집에서는 1년 기준으로 총 가사노동에 2646시간을 사용했음을 알 수 있다. 하루 평균 7시간으로 언급하고 있지만, 보다 정확하게 말하면 약 7.2493시간이다. 따라서 이 가정에서는 매일 7시간 15분을 가사노동에 사용하였다. 식사준비와 설거지에만 760+426시간이 사용되었고, 또한 제빵 만드는 데 들어간 시간 또한 먹는 일에 포함시켜야 하므로 365시간을 더해야만 한다. 이 주부는 가사노동 중 식생활을 위해 1년 중 무려 1551시간을 사용하여, 먹는 것과 관련된 집안일이 결국 전체 노동시간의 약 58.62퍼센트를 차지하고 있다.

물론 이 모든 가사노동시간이 주부의 몫은 아니었다. 예시된 위의 집은 76세의 은퇴한 농부가 가장이었다. 고령임에도 불구하고 그는 세탁기를 돌리고, 가압탱크나 화로를 다룰 힘을 지니고 있었다. 즉, 위에서 열거된 가사노동 중에서 (1년 중 6개월 정도만 사용했던) 매일의 화로 관리나 가압탱크 펌프질, 그리고 연 1회의 페인트칠은 가장의 몫이었다. 총 94시간(91+3)이었지만, 1년으로 계산하면 도장업자의 페인트칠 4시간을 추가로 빼도 2548시간이 오롯이 가정주부의 몫이었다. 즉, 가사노동시간의 약 96.3퍼센트가 가정주부의 몫이었다.

그러나 이보다 10년 전인 1907년에는 이 집에 전기와 수도가 공급되지 않았다. 당시는 매일 등유램프를 닦는 데 30분, 식사나 목욕에 필요한 물을 근처에서 길어오는 데 1.5 내지 2시간이 사용되었다.[22] 매일 최소한 2시간 이상의 추가적인 노동력이 필요했던 것이다. 그렇다면 1907년에는 이 집에서 무려 매일 9시간 15분을 가사노동에 사용했었을 것이다. 전기와 수도의 공급 덕분에 등유램프 대신 백열전구를, 숯불다리미 대신 전기다리미를, 세탁부 대신 세탁기를 사용할 수 있었다. 당시 중산층의 경우 웬만한 집에서는, 앞에서도 언급했듯이, 월요일에 세탁부를 불러 빨래를 하곤 했다. 그러니까 전기와 수도가 보급되던 초기단계인 1920년대 이전에는 문명의 이기를 이용하여 가사노동시간을 줄이거나 급속히 빠져나간 가내하녀들이 하던 힘든 가사노동을 덜 수 있었던 것으로 보인다.

어느 교수 부인의 가사노동(1918년)

앞의 경우는 당시의 평균 가사노동시간을 추정하는 데 치명적인 약점이 있었다. 자식들이 다 커서 이미 독립한 상태라 육아에 투입된 시간이 빠져 있으며, 또한 자동차가 있었는지 없었는지는 몰라도 일용할 양식이나 옷 같은 생필품 등의 물건을 사러 시장을 다녀온 시간 또한 생략되어 있다. 이런 면에서 거의 동일한 시기인 1918년에 발표된 또 다른 여성의 가사노동에 관한 통계는 위의 시간표를 보충해주어, 이 시기 미국 여성의 가사노동시간과 그 시간이 어떻게 쓰였는지를 이해하는 데 도움을 줄 수 있을 것이다.

이 집은 대학교수인 남편과 전업주부, 네 살짜리 어린애, 9개월의 갓난애 그리고 기숙사 대신 이 집에 들어와 잔일을 도와주는 남편 학교의 대학생으로 구성된 5인 가족이 살고 있었다. 이 집의 1층에는 거실, 조그만 놀이방, 식당과 부엌이, 2층에는 4개의 중간 크기 침실과 욕실이 하나 있었다.[23]

다음의 시간표(표 5)는 낮의 일과를 시간 순으로 배열하여 전업주부의 가사노동시간과 도우미의 가사노동시간을 별도로 분류하고 있다. 그리고 1917년 사례와 달리, 이 집 주부의 가사노동시간은 집안일과 아이 돌보기로 나눠져 있었다. 이 주부를 돕는 사람들 중에는 대학생과 세탁부뿐 아니라 심지어 네 살짜리 아이도 포함되어 있었다.

이 시간표는 주부가 아침에 기상해서 저녁 7시까지 가사노동을 하면서 보낸 시간을 순차적으로 보여준다. 표에서 보듯이 이

시간	시, 분	집안일	시, 분	아이 돌보기	시, 분	개인 생활
6.15 ~ 6.45			10	갓난애 먹이기와 말리기	15	목욕 및 옷 입기
			5	어린애 목욕 및 옷 입히기		
6.45	15	아침 준비				
7.00					30	아침 식사
7.30	30	테이블 닦기, 음식물 처리, 식품 저장실 챙기기, 식단 짜기, 상점에 주문하기, 하루치 물품 꺼내기				
8.00			30	기저귀 빨래 및 말린 기저귀 개기, 목욕 준비		
8.30			30	갓난애 목욕시키고 어린애에게 말로 숫자 교육하기		
9.00 ~ 9.30	15	침대 정리 및 침실 정돈	15	갓난애 먹이기, 욕실청소, 잠옷 헹구기, 갓난애 낮잠 재우기		
9.30 ~ 10.00	15		15			
	colspan이 30분 동안 전화하기와 잡다한 일, 그리고 오전 중 아이들 개별적으로 돌보기 등.					
10.00			30	하루치 조제유와 오렌지 주스, 이틀치 오트밀 또는 커스터드 준비하기, 일하는 동안 어린애에게 읽기 수업		
10.30	45	(1) 점심용 접시; (2) 스프, 샐러드 또는 디저트; (3) 즉석 빵 재료; (4) 저녁 식사를 위한 고기 (또는 대용식) 그리고 채소와 디저트 준비하기				
11.15			15	갓난애 낮잠 깨우기, 말리기, 오렌지 주스 먹이기		
11.30 ~ 12.00	15	점심 준비하기	15	어린애를 위해 음식 별도 준비하기: 고기 또는 달걀, 채소, 빵과 버터, 과일 또는 디저트		
12.00					30	점심 먹기

12.30 ~ 1.30	30	식탁 닦기, 설거지를 위한 접시 쌓기, 음식물 처리, 1층 바닥 정돈, 식물에 물주기	30	갓난애에게 오트밀과 커스터드 먹이기, 병 우유를 덥혀 먹이기, 두 아이 낮잠 재우기.		
1.30					1 - 0	쉬거나 책 읽기 (외출 시 제외).
2.30 ~ 3.00			15	아이들 옷 입히기	15	옷 입기
3.00	1- 30	**특정 날의 일** 월요일: 침대 시트 바꾸기, 욕실 · 식탁 및 부엌용 리넨 바꾸기, 빨랫물 담그기: 청구서 및 가계부 정리 화요일: 집과 아이들을 위한 바느질하기 수요일: 적십자사에서 일하기 1.00-5.00 목요일: 옷 깨끗하게 정리하기와 수선. 바느질하면서 붙어 수업 금요일: 방 청소 준비, 두 가족을 위한 장보기 1.00-5.00 토요일: 빵 굽기				
4.30			30	밥 먹이기, 침대에 놓기		
5.00	30	저녁 준비				
5.30					30	저녁 먹기
6.00	15	시리얼과 과일 준비하기, 아침 식사를 위한 테이블 세팅				
6.15			45	어린애에게 책 읽어주기. 침대로 데려가기		
총시간	5 - 0		5 - 0		3 - 0	

표 5. 주부의 작업량.

주부는 집안일을 하는 데 하루 5시간, 두 어린아이를 돌보는 데 5시간을 사용하여 총 10시간 가사노동을 한다. 이 주부의 주중 오후 일과는 매일 다를 만큼 다양한 가사활동이 포함되어 있다.

그중 금요일에는 이웃과 같이 일주일에 한 번 장을 보러 간다. 또한 한정되지만, 파이나 케이크, 샐러드나 디저트 같은 요리도 함께 만들어 시간을 절약하기도 한다.[24]

이 주부는 수요일 오후에는 적십자 단체를 위해 봉사를 한다. 일주일에 한 번 정도 1시에서 5시까지의 시간을 사회활동을 하는 데 사용한 것으로 보인다. 그러나 놀랍게도 주부 자신에게 사용된 시간이라고는 하루에 3시간인데, 그나마 아침에 일어나 목욕하고 옷 입는 시간과 식사시간을 빼면 고작 1시간을 쉬거나 독서에 사용하고 있다. 교수 부인이라는 위치도 이러할진대 일반 가정의 여성들은 더 상황이 열악했을 것이다.

또 하나 주목할 만한 점은 아이들 돌보는 데 사용된 시간이 집안일을 하는 데 사용된 시간과 동일하다는 것이다. 아이들이 어려서 다른 집과 비교해 육아에 더 많은 시간을 사용했을 것이다. 이것은 당시나 지금이나 가전제품이 아이를 돌보는 데 전혀 사용되지 않고, 아니 사용될 수 없음을 보여준다.

이 시간표는 흥미롭게도 주부가 수행한 가사노동과 다른 사람들, 즉 도우미들이 수행한 가사노동이 구분되어 있었다. 이 집안의 큰아이는 자신의 놀이방을 정리하는 데 스스로 참여하고 있으며, 같이 사는 대학생은 바닥과 가구 청소, 그리고 설거지와 부엌 마무리를 도와주었다. 다만 세탁물의 경우, 일주일에 한 번꼴로 세탁부가 화요일에 와서 빨래를 끝냈을 것이다. 그리고 또 다른 날, 아마도 수요일에 다림질과 여러 종류의 청소도 하고 갔을 것이다.[25] 세탁부는 대부분 일종의 전문직으로서 힘든 빨래만을 담당하는 외부 조력자일 경우가 많았다. 따라서 이 교수 부인의 경우도 보통의 중산층 주부들처럼 세탁같이 힘든 일은 도우미의

	시, 분	청소, 설거지 기타 등등	도우미
	15	놀이방과 서랍장의 먼지 털기와 정리 테이블 먼지 털기와 점심을 위한 테이블 세팅	4살배기 아이
	30	(1, 2층) 바닥과 가구의 먼지 청소	대학생
	1 - 30	설거지와 부엌 정리	대학생
총 시간	2 - 15		

표 6. 다른 사람들의 작업량.

	시, 분	주간 작업	도우미
	5 - 0	빨래	세탁부 일주일에 1.5일
	4 - 0	다림질	
	3 - 0	잡다한 청소	
	7 - 0	매주 1층과 2층 방과 지하 저장고 쓸기 및 청소	대학생
	2 - 0	바닥 닦기, 기타	
총 시간		21 - 0 또는 매일 3시간	

표 7. 다른 사람들/도우미의 작업량(계속).

손길로 해결하고 있었다.

결국 이 집의 경우 주부가 하루에 한 가사노동의 총량은 청소를 비롯한 집안일 유지 및 관리에 3시간 45분, 음식 만들고 치우는 데 2시간, 아이 돌보는 데 5시간으로 총 10시간 45분이었다. 이 대학교수 부인은 하루에 가용한 거의 모든 시간을 가사노동에 사용했던 셈이다. 또한 이 부인은, 위에서 언급했던 1917년의 성인 3명으로 이루어진 한 가족의 가정주부가 하던 가사노동량인 7시간 15분보다 훨씬 많은 시간을 가사노동에 쓰고 있었다. 이유는 간단하다. 이 집의 경우는 손이 많이 가는 두 아이를 돌보는 데 집안일을 하는 만큼의 시간을 사용했기 때문일 것이다. 집안일 하는 시간을 최대한 줄이고 말이다.

여하튼, 위의 1917년과 1918년의 가사노동시간표는 기본적으로 미국의 중산층 주부가 집에 상주하는 가내하인 없이 집안일을 힘들게 처리하는 모습을 보여준다. 불과 얼마 전인 19세기 말이나 20세기 초까지도 웬만한 중산층이면 가내하인 한 명 정도는 거느렸지만 이제는 하녀 없이, 그리고 별반 도움도 되지 않는 '전기하인'을 거느리고 힘든 가사일을 처리해야만 했다. 가내하인이 빠른 속도로 중산층 이상의 가정에서 빠져나와 공장으로, 사무실로, 상점으로 이동했기 때문이다. 그 결과 중산층 가정주부의 가사노동시간은 이전보다 더 늘어났다.

왜 도시 주부들의 가사노동시간은 오히려 늘어났는가

1920년대부터 미국 농업부 소속의 가정경제국Bureau of Home Economics을 비롯한 여러 공공기관에서 주부들의 가사노동시간을 주기적·체계적으로 측정하기 시작했다. 여기에 신생 학문인 가정경제학 전공자들이 동원되어 전업주부들의 노동시간에 관한 데이터를 모으고 분석했다. 이들은 당대부터 1960년대 후반까지도 그러한 자료들을 축적해왔다.

1928년 오리건주에서 조사한 가정주부의 노동시간 연구는 가전제품을 사용한 경우와 그렇지 않은 경우를 구분하여 가사노동시간을 측정하고자 했다. 그렇기 때문에 모집단을 농촌의 주부와 도시의 주부로 구분했다. 즉, 도시 주부들이 전기화된 가정용 기계들, 즉 가전제품을 더 많이 사용하고 있을 거라는 전제하에서 농촌 주부들과 비교하고자 했던 것으로 보인다. 그러나 조사 결과는 뜻밖이었다. 1920년대는 세탁기를 비롯한 주요 가전제품들이 중산층 가정에 도입되고 확산되던 시기였다. 그런데 여러 종류의 가전제품들이 웬만한 가정에서 널리 사용되고 있었음에도 가사노동시간이 이전보다 줄어들지 않았던 것이다. 게다가 비록 농촌에서는 288가구를, 도시에서는 154가구를 대상으로 하여 동일한 조건은 아니었지만, 농촌 주부의 가사노동시간이 주당 평균 61시간인 반면 도시 주부의 가사노동시간은 63.4시간으로 오히려 2.4시간이나 더 많았다. 즉, 매일의 가사노동량이 농촌 주부의 경우 약 8.7시간, 도시 주부의 경우 약 9시간이라는 의미였다.[26] 이것은 분명 예상이나 상식에 부합하는 결과가 아니었다. 어떻게 가전제품을 더 많이 사용하고도 집안일이 줄어들지 않고, 가전제품을 더 많이 사용하는 도시의 가정주부들이 더 많은 시간을 가사노동에 사용하고 있단 말인가.

그러나 1929년 농업부 주관으로 여러 주들에서 진행했던 가사노동 사용시간 조사에서도 거의 비슷한 결과가 나왔다. 또한 1945년 브린모어 대학의 경제학자들이 행한 조사에서도 다르지 않은 결과가 나왔다. 이번에는 농촌, 소도시, 대도시로 구분하여 주부들이 가사노동에 사용한 시간을 측정했는데, 각각 주당 평균 60.55시간, 78.35시간, 80.57시간이었다.[27]

이것은 예상과는 완전히 반대되는 결과였다. 아니, 어떻게 거의 모든 집에 전력이 공급된 대도시의 주부들이 전력화가 여전히 진행 중인 농촌의 주부들보다 20.02시간을 더 집안일에 매달릴 수 있단 말인가.

그리하여 이러한 연구에 토대를 둔 후속 연구들에서도 노동절약적인 가사기술의 도입에도 불구하고 미국 주부들의 집안일은 줄어들지 않았다는 주장이 나오게 되었다. 예를 들어, 워커와 우즈K. E. Walker and M. E. Woods는 1976년 세 시기와 세 지역—1926~27년의 오리건주 도시 지역, 1952년의 뉴욕주의 소도시 오번Auburn, 1967~68년의 뉴욕주 시러큐스—에 걸쳐 주부들의 가사노동시간을 조사한 기존의 연구를 정리했다. 이들 연구에 따르면, 주부들의 가사노동시간이 1926~27년에는 하루 평균 7.3시간에서 1952년에는 7.4시간으로, 그리고 1967년에는 8.0시간으로 줄어들기는커녕 증가했다는 것을 보여준다고 주장했다.[28] 그렇다면 이 40년 동안 미국의 가정에서 진행된 전기화와 기계화가 주부의 가사노동을 줄여주기는커녕 늘려주는 데 일조했다는 결과를 어떻게 해석해야 할 것인가. 1950년대 이후의 몇몇 사례 연구를 통해 이러한 주장을 확인해보도록 하자.

A. 1953년 위스콘신주 농촌 주부 연구

1950년대 전반 제2차 세계대전이 끝난 냉전 초기, 미국은 바야흐로 '풍요로운 사회'로 진입하고 있었다. 대부분의 가정에는 전기가 공급되고 더운물과 찬물이 언제든지 나오는 수도 시설이 주요 인프라로 깔려 있었으며, 많은 종류의 기계화된 노동절약적 가전제품들을 이용하고 있었다. 또한 1920년대와 비교하면 많은 주부들이 남편들처럼 일터에 나가 일을 했다. 게다가 일하는 주부들은 퇴근하면서 저녁 준비하는 시간을 줄이기 위해 즉석음식을 구입하기도 했는데, 이 또한 용이한 일이었다. 이러한 사회적·기술적 변화들이 가정에서 일하는 시간에 분명히 어떤 영향을 미쳤을 것이다. 그러나 놀랍게도, 이러한 변화에도 불구하고 미국 가정에서의 가사노동시간에는 거의 변화가 없었다는 주장들이 발표되었다.

1956년에 발표된 한 논문은 농촌 주부들의 가사노동시간을 1953년 측정한 결과에 토대를 두고 있었다. 비록 모집단이 85명의 위스콘신주 농장 주부들이었지만, 이들은 가사노동에 쓴 시간들을 구체적으로 어떤 활동에 썼는지를 일주일 내내 기록했다. 이러한 작업일지를 5분 간격으로 기입하는 것이 쉽지 않았는지 총 115명이 기록을 제출했지만, 최종적으로는 85명의 작업일지만 유의미했다.[29]

이 논문에서는 흥미롭게도 농업부 소속의 가정경제국에서 수행했던 조사(1929년), 오리건주 농장 주부들을 대상으로 했던 윌슨Maud Wilson의 조사(1929년), 그리고 뉴욕주 주부들을 대상으로 했던 워런Jean Warren의 조사(1940년)를 저자들의 대상 주부들과 비교하고 있었다.

연구/연도	가사노동시간						가정주부의 총 노동시간	
	가정주부		다른 구성원들		모든 구성원			
	시	분	시	분	시	분	시	분
가정경제국, 1929	51	40	9	15	60	55	61	15
윌슨, 오리건주, 1929	51	34	9	28	61	2	63	42
워런, 뉴욕주, 1940	51	54	11	36	63	30	60	40
위스콘신주, 1953	52	46	7	44	60	30	60	46

표 8. 농촌 가정주부 및 다른 가족 구성원이 소비한 주간 시간.[30]

일단 1953년의 위스콘신주 농장 주부들이 일주일 동안 일한 가사노동시간과 위의 세 조사를 비교해보자. 85명의 농장 주부들의 주당 평균 가사노동시간은 52시간 46분이었다. 그런데 가정경제국의 자료는 평균적으로 주부들이 51시간 40분, 윌슨의 자료는 51시간 34분, 그리고 워런의 자료는 51시간 54분으로 최고 시간과 최저 시간의 차이는 1시간 12분이다. 말하자면, 2.3퍼센트 차이로 큰 차이가 없는 셈이다. 구태여 지적한다면, 오히려 1929년보다도 1953년의 주부가 약간 더 긴 가사노동시간을 보내고 있었다. 위 4개의 자료들은 지역과 시기의 차이, 사회적·기

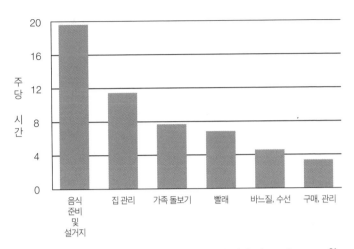

표 9. 농장 주부가 여러 유형의 가사활동에 사용한 주간 시간, 위스콘신주, 1953.[31]

술적 변화에도 불구하고 주부들의 가사노동시간은 거의 변화하지 않았다는 점을 보여준다.

또 하나 주목할 점은 가사노동 영역들의 변화였다. 여전히 식사준비 및 설거지에 가장 많은 시간을 들였지만 앞선 세 연구에서는 22.8시간, 27.1시간, 23.6시간을 주부들이 쓴 반면, 위스콘신주의 농장 주부들은 19.47시간으로 20시간 미만이었다. 반면에 구매와 관리 영역에서는 상당히 증가했다. 이들이 시간을 들인 집안일을 여러 영역별로 표시하면 위의 차트(표 9)로 나타낼 수 있다.

이 농장 주부의 시간 연구에서 흥미로운 점은 주부들을 나이별로 3개의 집단으로 나누어 가사노동시간을 별도로 측정한 것이다. 35세 미만의 상대적으로 젊은 주부층, 35세에서 49세까지의 중간 주부층, 그리고 50세 이상의 나이 든 주부층으로 분류했다. 젊은 주부층은 모집단 중 25명으로 평균적으로 4.4명의 가족을 구성했으며, 아이들의 평균 나이는 5.1세였다. 중간 주부층은 모집단 중 34명으로 평균 4.8명의 가족을 지녀 가장 큰 규모의 가정을 꾸렸고, 아이들의 평균 나이는 10.1세였다. 나이 든 주부층은 모집단 중 26명으로 평균 4.2명의 가정을 꾸렸으며, 아이들의 평균 나이는 19.3세였다.

전체 전업주부들이 주당 평균 52시간 46분을 가사노동에 투입했지만, 젊은 주부층의 주간 가사노동시간은 58시간 58분으로 세 집단 중 가장 길었다. 그리고 중간 주부층이 54시간 33분, 나이 든 주부층이 45시간 20분으로 이 집단의 가사노동시간이 가장 적었다. 이러한 차이는 손이 많이 가는 어린아이를 돌보는 젊은 주부층이 육아에 상대적으로 가장 많은 시간을 사용했기 때문이다. 그런데 집안의 다른 식구들이 가장 많이 도와주는 집단은 중간 주부층으로서, 평균 11시간 11분의 도움을 받고 있었다. 반면, 젊은 주부층은 6시간 18분, 나이 든 주부층은 4시간 34분의 집안일 도움을 남편이나 아이들로부터 받고 있었다.[32]

B. 1968년 시애틀 도시 주부 연구

1968년 겨울 시애틀에서 주부들의 노동시간에 대한 또 다른 조사가 이루어졌다. 시 전화번호부를 통해 임의로 총 1200명의 주부를 선별하여 설문지를 보냈지만, 229개의 설문지만이 되돌아왔다. 연구자들은 이 자료를 바탕으로 기존의 자료들, 농업부의 1920년대 조사와 위건드E. Wiegand가 1952년에 분석한 자료들, 그리고 지난 38년 동안 도시에 사는 주부들의 가사노동시간을 비교했다. 그 결과, 주당 가사노동시간이 거의 비슷했다. 표 10에서 보여주듯이, 1920년에 47.1시간이었다면, 1952년은 47.6시간, 그리고 1968년이 49.3시간으로 유의미한 차이가 거의 없었던

집안일	미국 농업부 1920년, 10만 명 이상 도시들	위건드, 1952년(1일×7)				시애틀, 1968년		
		전업주부 (농장)	전업주부 (도시)	일하는 주부 (도시)	모든 주부	전업주부 (도시)	일하는 주부 (도시)	모든 주부
음식 준비와 설거지	13.3	21.0	18.2	13.3	17.5	19.6	16.8	18.5
집 관리	7.3	9.8	11.2	5.6	9.8	12.5	8.4	10.8
옷 관리	8.6	11.9	11.2	5.6	10.5	8.5	5.5	7.3
가족 돌보기	9.5	4.9	7.7	2.1	5.6	6.7	5.9	6.4
관리 및 쇼핑	5.5	5.6	3.5	2.1	4.2	4.5	3.6	4.1
여러 교통 수단	-	-	-	-	-	1.4	1.3	1.4
마당 가꾸기	-	-	-	-	-	0.8	0.3	0.6
기타	4.6	-	-	-	-	0.6	0.2	0.4
전체	**47.1**	53.2	51.8	28.7	**47.6**	54.1	42.1	**49.3**

표 10. 도시 주부들이 집안일로 보낸 주당 평균시간(1920, 1952, 1968년).[33]

것이다.

시애틀 주부들의 가사노동시간은 평균적으로 주당 49.3시간 이었지만, 가족 구성원, 주부의 나이, 아이들의 나이와 숫자 등에 따라 그 시간은 제법 차이가 있었다. 영역별로는 여전히 식사 준비와 설거지가 주당 18.5시간으로 가장 많은 시간을 필요로 했다. 그다음으로 집 관리로 10.8시간, 가족 돌보는 데 6.4시간이 사용되었다.

이 조사의 흥미로운 점은 다른 조사들과 달리 각각의 가정에 개나 고양이를 키우는지 여부를 가지고 집안일에 변화가 있는지를 살핀 점이다. 예상할 수 있겠지만, 반려동물을 키우지 않는 집의 경우 주당 평균 가사노동시간이 44.1시간인 반면, 반려동물이 있는 집의 경우는 52.2시간으로 8.1시간이 늘어났다. 또한 주부가 일을 하느냐 아니냐가 가사노동시간에 큰 차이를 보여주었다. 즉 주당 40시간 이상 일하는 주부의 경우 가사노동시간이 38.6시간인 반면, 26~39시간을 일하는 주부는 45.7시간, 15~25시간을 일하는 주부는 40.4시간, 1~14시간을 일하는 주부는 54.3시간을, 그리고 전업주부는 54.1시간이었다. 결과적으로 일하는 주부의 주당 평균 가사노동시간은 42.1시간으로 전업주부보다 12시간이나 집안일을 덜했다. 그리고 가장 많이 가사노동에 종사하는 집단은 26~40세 사이의 전업주부로, 13세 이하의 아이들과 반려동물을 키우고 있었다.[34]

　우리의 주된 관심사인 가사기술의 활용은 이 도시 주부들의 가사노동시간에 어떤 영향을 미쳤을까? 시애틀 도시 주부를 대상으로 조사한 연구자들은 주부들의 가사노동을 절약할 목적으로 만든 가전제품 중에서 유일하게 식기세척기만이 유의미한 결과를 가져왔다고 본다. 즉, 식기세척기가 없는 주부의 경우 설거지에 주당 6.3시간을 사용한 반면, 있는 주부의 경우는 4.9시간을 사용하여 1.4시간을 절약할 수 있었다. 반면 나머지 가전제품은 몇 개를 가지고 있건, 어떤 종류의 가전제품이건 의미 있는 효과를 보여주지 못했다. 그런데 당시 조사 대상 가정에서는 98퍼센트가 진공청소기를, 95퍼센트가 자동세탁기를, 90퍼센트는 의류 건조기를, 27퍼센트는 음식찌꺼기 분쇄기를, 그리고 56퍼센트가 식기세척기를 소유하고 있었다.[35] 그렇다면, 모집단이 충분히 크다고 볼 수는 없지만, 시애틀이라는 도시에서는 거의 모든 집에 청소·세탁과 관련한 가전제품을 사용하고 있었다고 볼수 있다. 그럼에도 1968년까지 가사노동시간은 1920년과 비교해서 거의 차이가 없었다. 그러니까 반세기가 지나도, 더 많이 가전제품을 사용해도, 심지어 가전제품의 성능이나 편리함이 증가했어도 가사노동시간은 유의미한 감소가 없었던 것이다.

이러한 가사노동시간 측정 사례 연구를 토대로 조안 바넥 Joann Vanek이 1974년 자신의 박사학위 논문을 썼고, 그 요약한 글을 『사이언티픽 아메리칸Scientific American』에 게재했다. 이 대중잡지에 실린 5쪽짜리 글은 당시 대중과 언론의 주목을 받았다. 바넥의 분석에 의하면, 1924년 전업주부의 주당 평균 가사노동시간이 약 52시간인 반면 1960년대 전업주부의 그것은 55시간으로 오히려 가사노동시간이 늘어났다. 하지만 이 기간 전체로 보자면 51시간에서 56시간 사이에 위치하여 전업주부의 가사노동시간이 큰 변화 없이 안정적이었다.[36]

이러한 결과가 나온 가장 큰 이유는 주부들의 가사노동시간을 줄여준다고 생각했던 가전제품을 사용해도 가사노동시간이 감소하지 않았기 때문이다. 바넥은 세탁기를 예로 들면서 기술적 변화와 세탁시간에 대해서 설명했다. 세탁기가 보편화되기 시작했던 1920년대 중반부터 전자동세탁기를 본격적으로 사용하기 시작한 1940년대 후반, 세탁기에서 나온 옷들을 빨랫줄에 널 필요도 없게 한 자동건조기가 만들어진 1950년대를 지나 마침내 다림질할 필요 없이 그냥 물빨래만 하면 되는 의류가 1960년대에 등장했다. 이 모든 기술적 변화가 발생했음에도 불구하고 세탁에 걸리는 시간은 1920년대부터 1960년대까지 거의 대동소이했다. 보다 정확하게 설명하자면, 가정에서 세탁에 드는 시간은 1930년대 중반까지는 6시간 이하로 줄어들다 다시 증가하기 시작했다. 5시간 정도까지 줄어들다 결국에는 6시간 이상으로 증가하고 말았다. 그러니까 1924년에서 1964년의 40년 동안 주부들이 주당 세탁에 사용한 시간은 대략 5시간에서 6시간으로 늘어나 오히려 20퍼센트 증가한 셈이 되었다.[37]

바넥이 보여준 메시지는 간결했다. 무엇이 원인이 되었건 전업주부의 가사노동시간은 그녀의 할머니가 했던 시간보다 줄어들 것이라고 기대할 수 없다고. 그러니까 1920년대 중반부터 1960년대 중반까지 40년 동안 그렇게 많은 사회적 변화와 기술적 변화가 미국 사회에 있었음에도 불구하고, 주부들의 가사노동시간은 할머니나 어머니 세대의 그것과 비교해서 거의 줄어들지 않았다. 많은 사람들이 막연히 생각해온 가사노동에 관한 신화가 여지없이 깨지는 순간이었다.

C. 비판적 시각의 대두

그러나 1980년대 들어와 글렌 케인Glen G. Cain이 기존 연구자들의 가사노동시간 자료들의 문제점을 비판적 관점에서 제기했다.[38] 즉, 이들의 연구가 동일한 대상, 즉 전업주부만을 대상으로 하는지 혹은 전업주부와 일하는 주부 모두를 대상으로 하는지가 불분명하며, 심지어 관찰시간, 예를 들어 1주를 7일로 하는지 5일로 하는지도 달랐으며, 계절에 따라 다를 수도 있는 집안일의 차이, 지역 간 차이, 소득 간 차이, 교육 배경 등 서로 상이한 조건들을 고려한 수정된 평균시간을 사용하고 있지 않다고 비판했다.

예를 들어, 1926~27년 오리건주의 연구와 1967~68년 시러큐스 연구에서는 7일을 1주로 계산하고 있지만, 1952년 뉴욕주 오번의 연구는 5일을 1주로 계산했다. 게다가 1920년대 연구는 모집단이 고학력 중산층 여성으로 편향되어 있었으며, 1965~66년과 1975~76년 자료는 모집단이 전국에서 무작위로 추출되어서 동일한 기준으로 평가하기가 곤란했다. 케인은 이러한 한계들을 보정하여 주부의 가사노동시간을 다시 계산해본 결과, 가사노동시간은 20세기를 지나면서 감소해왔는데, 그 경향이 제대로 반영되지 못했다고 주장했다.[39]

코넬 대학의 키스 브라이언트W. Keith Bryant도 기본적으로 케인의 주장에 동의했다. 그도 케인처럼 주부들의 가사노동시간이 결과적으로 줄어들었다는 시각을 지니고 있었다. 그는 워커와 우즈의 1967~68년 연구와 1920년대 중반의 연구가 거의 동일한 방식으로 질문을 했음을 간파하고 이 둘을 상호 비교했다. 그리하여 제대로 계산된 가사노동시간과, 만약 가사노동시간이 변화했다면 40년 동안 이 둘 사이가 어떤 식으로 변화했는가를 알고자 했다.

그가 이용한 자료는 1924년에서 1931년 사이에 진행된 주부의 시간-사용 조사였는데, 1924~28년은 주 대상이 주로 농촌 여성들인 반면, 1930~31년에는 주 대상이 도시의 여성들이었다. 또한 농촌 여성들의 경우에는 농업에 종사한 여성과 농업에 종사하지 않는 여성으로 분류되었다. 그렇지만 대상은 모두 백인 중산층 기혼여성들로서 준-무작위semirandom 추출로 선별되었다.[40]

조사 결과, 도시 여성은 농촌 여성과 비교하여 여가와 개인적일에 시간을 더 많이 쓰고, 잠을 더 잤다. 주목할 점은 1925년 기준으로 도시와 농촌의 비농가nonfarm homes에는 69.4퍼센트의

	시간/하루
가사활동	
음식 준비 및 청소	2.93
집과 정원 돌보기	1.51
겉옷과 속옷 관리	1.31
가족 구성원 돌보기	.82
장보기와 집안일 관리	.78
전체 가사노동량	**7.35**
농장일과 비非가사노동	.44
전체 노동량	7.79
다른 활동들	
잠자기	8.41
쉬기(낮 시간)	.35
먹기	1.33
개인 관리	1.02
여가	4.65
전체 비非노동시간	15.76
미확인 시간	.45
전체 (시간)	24

표 11. 1920년대 중반 기혼여성의 하루 활동을 위해 할당된 가중 추정치.[41]

전력이 공급된 반면, 농가에서는 불과 3.9퍼센트만이 전기를 사용할 수 있었다. 전자의 경우 대략 10가구 중 7가구에서 가전제품을 사용할 수 있었지만, 후자의 경우에는 100가구 중 겨우 4가구 정도만 가전제품을 사용할 수 있음을 의미했다. 전자의 경우 후자에 비해, 밤에도 더 많은 문화 및 여가생활이 가능했을 것이며 따라서 수면시간이 더 적었을 것이다.

표 11에서 보듯이, 1920년대 중반 주부들의 하루 평균 가사노동량은 7.35시간이었다. 이 추정치는 주중의 5일 평균이 아니라 주 7일간의 평균이었다. 따라서 이 시기의 가사노동은 주부들에게 '결코 끝나지 않는' 힘들기 짝이 없는 육체노동이었다.

브라이언트는 위의 자료와 1967~68년도 조사에 근거한 워커와 우즈의 저작을 재분석한 자료를 제시했다. 후자의 경우, 전국

가사활동	고용	비非고용	전체
음식 준비 및 청소	1.62	2.16	2.02
집, 마당 및 자동차 관리	1.17	1.64	1.48
겉옷과 속옷 관리	.98	1.21	1.17
가족 구성원 돌보기	.45	.85	.70
장보기와 집안일 관리	.91	.98	.94
전체	5.13	6.84	6.31

표 12. 1968년 취업상태와 활동에 따른 가사노동에 사용한 기혼여성의 시간 추정치.[42]

작업 종류	1925년 분포		1968년 분포		퍼센트 변화
	시간/하루	퍼센트	시간/하루	퍼센트	
음식 준비 및 청소	2.93	39.9	2.02	32.0	-31.1
집, 마당 및 자동차 관리	1.51	20.5	1.48	23.5	-2.0
겉옷과 속옷 관리	1.31	17.8	1.17	18.5	-10.7
가족 구성원 돌보기	.82	11.2	.70	11.1	-14.6
장보기와 집안일 관리	.78	10.6	.94	14.9	+20.5
전체 가사노동	7.35	100	6.31	100	-14.1

표 13. 1920년대 중반과 1968년 기혼여성의 가사노동 비교: 가중치 평균.

적인 모집단이 아니었지만 전업주부와 일하는 주부를 구분하고 또한 자식의 수로 구분되었다. 표 12에서 보듯이 이 시기 주부들의 하루 평균 가사노동량은 6.31시간이었다. 그리고 이 시간 중 약 74퍼센트는 식사 준비와 설거지, 청소, 그리고 빨래에 사용되었다. 약 15퍼센트는 장보기와 집안일 관리에 사용되었다. 표에서 보듯이 전업주부는 일하는 주부보다 1.71시간을 더 가사노동에 매달렸다. 그리고 평균적으로 일하는 주부가 전업주부보다 아이들 수가 적었다. 즉, 첫애를 낳기 전과 막내를 낳은 후의 상황에서 일하는 주부가 많다는 것을 의미했으며, 또한 이들은 주간 아이 돌봄이 프로그램을 더 잘 활용하고 있었다.

위의 두 표(표 11, 표 12)를 근거로 1920년대 중반의 주부와

1968년 주부의 가사노동시간과 그 시간들이 어떻게 사용되었는가를 보여주는 것이 표 13이다. 표에 의하면, 미국 주부들은 하루의 가사노동 평균시간이 6.31시간으로 40여 년 전보다 1.04시간, 그러니까 1시간 정도 가사노동시간이 줄어든 삶을 살고 있다. 줄어든 비율로 보자면 가사노동시간이 14.1퍼센트나 감소했던 것이다. 특히 음식 준비 및 청소에 쓴 시간은 31퍼센트 이상 줄어들었다. 나머지 항목도 줄어들었지만, 다만 시장을 다녀오고 집안일 전반을 관리하는 데 드는 시간은 20퍼센트 이상 늘어났다.

브라이언트의 결론은, 서로 다른 조건의 자료를 보정한 결과, 크게 봐서 가사노동시간이 줄어들지 않았다는 기존의 해석에 대한 반론이었다. 그는 이러한 가사노동시간의 감소에 대해서 5가지 요인을 제시했다. 첫째, 20세기를 통해 여성의 고등교육 참여가 증가하여 이것이 시장에서의 여성 가치를 올려주었다. 둘째, 가족 구성원의 수가 1925년의 4.16명에서 1968년의 3.24명으로 줄어들었다. 이것은 평균적으로 부모가 아이 2명이 아니라 1명을 키운다는 의미였다. 이 사실은 육아에 투입하는 시간이 물리적으로 줄어들 가능성을 제공해준다. 생각해보라. 1800년경, 미국의 여성은 평균 7명의 자식을 키웠지만 100년 뒤에는 3.56명으로 그 숫자가 절반으로 줄고, 1990년이 되면 1.8명으로 줄어들었다.[43] 약 200년 사이에 키워야 할 아이가 4분의 1 이하로 줄어든 것이다. 물론 덕분에 경제적 능력이 되는 부모가 아이에게 좀 더 집중적으로 시간을 들인 것도 사실이다. 셋째, 이 기간 동안 농촌에서 도시로의 인구이동이 있었다. 1925년에 전체 인구의 46퍼센트였던 농촌 인구가 1968년이 되면 27퍼센트로 거의 절반이나 줄어들었다. 넷째, 실질소득의 증가가 있었다. 이 기간 사이에 연평균 2.22퍼센트 소득이 증가했다. 다섯째, 기술적 변화로 인한 경제적 풍요의 증대는 가정에서의 기술 변화 또한 가정에서 생산한 재화의 가격을 떨구었다.[44]

가사노동시간이 역사적으로 감소해왔다는 케인과 브라이언트의 주장에 기본적으로 동의하는 사회학자들도 나타났다. 거슈니Jonathan Gershuny와 로빈슨John P. Robinson은 미국에서 진행된 3건(1965, 1975, 1985년)과 영국에서 진행된 3건(1961, 1974, 1984년)의 시간-예산 조사를 분석하여 1980년대의 주부들이 1960년대의 주부들보다 가사노동시간이 실질적으로 줄어들었으며, 반면에 남편들의 가사노동시간은 증가했다고 주장했다. 나아가 이들은 집안일에 있어서 남녀의 성차별이 이 기간 동안 점차 줄어들었다고 보았다. 이러한 변화는 여성이 시장노동에 더 많이 참여하는 시기와 일치했다. 물론 여성의 가사노동 감소가 원인이 되어 더 많은 여성이 돈 버는 바깥일에 참여하는 결과를 가져왔을 수도, 혹은 그 반대의 경우일 수도 있다고 이들 사회학자들은 보았다. 즉 이 두 사회적 변화의 인과관계가 일방적이지 않을 수 있다고 암시한 것이다.[45]

이들이 볼 때, 또 하나 주목할 점은 여성의 가사노동시간이 줄어든 원인이 새로운 가사기술의 도입, 즉 가전제품을 구입하여 사용한 덕분에 생산성이 증가했거나 혹은 남성의 가사노동시간의 증가와 관련이 있다는 것이었다. 다만 이러한 상관관계를 확실하게 검증하지는 않은 상태에서, 남성의 집안일 참여를 기존 가치관의 변화와 관련이 있을 것이라고 추정한다.[46]

결론적으로 1980년대 이후 일군의 학자들이 제기한 주장은,

사실상 미국 가정주부의 가사노동시간이 줄어든 시기가 1960년대 후반이라는 것을 공통적으로 보여주고 있지만, 가사노동시간이 줄어든 이유가 반드시 가전제품의 사용 때문이라고는 주장하지 않는다. 그렇다면 왜 1960년대 후반부터, 이들의 주장을 받아들인다면, 가사노동시간이 줄어들기 시작했을까?

4. 왜 여성들의 가사노동시간은 여전할까?

모키르의 '코완의 패러독스' 풀기

'코완의 패러독스'는 왜 여전히 해결되지 않고 있는가? '코완의 패러독스'는 사실상 이미 동시대부터 알고 있었다. 즉, 가전제품이 본격적으로 대량생산되어 가정에 자리잡기 시작한 1920년대가 막 지나는 1930년, 중간계급 여성이 즐겨 보던 대표적 잡지 『레이디스 홈 저널』에 가사노동시간을 줄이고자 발명된 가전제품이나 수도의 공급, 나아가 영양학적 지식들이 오히려 주부들의 가사노동시간을 늘어나게 만드는 기대치 않은 상황을 목격한 기록이 다음과 같이 실렸다. 이른바 사회학에서 즐겨 사용하는 '예상치 못한 결과'가 나타났던 것이다.

현재 주부들은 노동절약적인 도구들이 있기 때문에, 할머니 시절에는 봄에 한 차례 대청소 때까지 남겨놓았을 먼지들을 매일 닦아내고 있다. 주 1회 아홉 명 아이들을 목욕시키는 극소수의 사람을 제외하고 우리는 매일 목욕시켜야 하는 두세 명의 아이들이 있다. 선반이나 항아리에 둘 파이나 과자가 떨어졌다고 해서 우리의 양심이 찔리지는 않지만, 식단에 비타민이 빠졌는지 혹은 칼로리는 모자라지 않는 지에 대해서는 양심의 가책을 느낀다.[47]

진공청소기를 사용하면 힘 안 들이고 청소할 수 있는데 왜 먼지를 그냥 내버려둔단 말인가? 청소기가 없을 때에야 너무 힘이 드니 일주일에 한 번 정도 청소를 하거나 혹은 본격적인 청소는 계절에 한 번 혹은 일 년에 두 번씩 해야 했지만, 이제 그럴 이유를 찾을 수 없었다. 청결에 대한 인식이 20세기 초부터 바뀌기 시작한 것이다. 강박적일 만큼 청결에 대한 기준이 향상되었다. 또한 거의 모든 집에 욕조가 비치되어 있고, 더운물이나 찬물도 수도꼭지만 돌리면 콸콸 나오는데 왜 아이들 목욕을 매일 못시킨단 말인가? 왜 일주일에 한 번 정도밖에 목욕을 못해야 하는가? 게다가 애들이 대여섯 명도 아니고 이제는 고작 두세 명인데 말이다.

시카고 대학의 가정경제학자인 헤이즐 커크 또한 1933년에 출간된 저서 『가족의 경제 문제들Economic Problems of the Family』을 통해서 분명하게 노동절약을 목표로 한 가전제품, 즉 전기세탁기 도입 이후 빨래를 더 많이 한다거나 진공청소기 덕분에 더 자주 청소를 하거나 전기/가스레인지의 사용으로 요리의 가짓수를 늘리는 등 오히려 주부들의 가사노동을 증가시키는 효과를 가져왔다고 날카롭게 지적했다.[48]

앞에서도 검토했듯이, 주부들의 가사노동시간은 이 시기 동안거의 줄어들지 않았다. 노동시간이 감소한 것이 아니라면 무엇이 이러한 현상을 가능케 했을까? 3, 4명의 하인들에게 쓰는 비용이 절감되었다면 그 비용은 가계에서 어떻게 처리되었을까?

아마도 그 비용으로 필요한 가전제품들을 구입했을 것이다. 하인들이 떠난 자리에 즉각적이지는 않지만 시차를 두고 노동절약적인 가전제품들이 빈자리를 채웠을 수 있다. 하지만 동시에 이러한 가전제품의 도움을 받고도 더 많은 일을 해야만 했기 때문에 주부의 노동시간이 안 줄어들었을지도 모른다. 즉 위생이나 청결 등의 문명 기준을 충족해야 하는 '생활수준'의 향상으로 주부들은 중산층으로서의 수준을 유지하기 위해 더 많은 일을 해야만 했을 것이다. 일주일에 한 번 빨던 빨래도 매일의 세탁물로 바뀌었을 것이다. 비록 노동 강도는 줄어들었지만, 세탁의 빈도는 오히려 더 늘어났던 것이다.

이러한 '코완의 패러독스'에 대해서 기존의 설명은 다음과 같이 요약할 수 있다. 첫째, 특정 가사일에 대한 노력이 줄어든 반면, 그 일의 양은 증가했다. 그 결과 노동절약의 효과가 상쇄되었다. 둘째, 가내하인의 공급이 줄어들면서 그들이 했던 노동을 시장에서 구입할 수 있게 되었다. 셋째, 가사노동과 구입한 설비가 대체재 관계일 때 노동절약적 인공물은 시장이라기보다는 가정에서 만들어내는 방향으로 유도되었다. 넷째, 여성 노동력에 대한 수요가 계속적으로 낮기 때문에 선택의 여지가 별로 없는 여성들은 여가활동이나 가사노동에 종사하게 되었다.[49]

그런데 모키르는 이러한 패러독스를 해소할 수 있는 방도를 찾아냈다고 생각했다. 그는 아동들이 근대 이후 서양의 가정에서 중요해지기 시작했다는 프랑스 역사학자 아리에스Philippe Ariès의 테제가 유효하다고 보았다. 특히 19세기 후반과 20세기 전반 아동들을 잘 보호하고 영양 상태를 증진시켜야 한다는 생각은 서구 열강의 주요한 개혁 중 하나였다. 특히 이러한 생각은 우생학자들과 사회진화론자들에 의해 강화되었다. 제국주의 국가들은 "더 나은 아이들이 그들의 '인종'을 향상시킬 것"이라는 이념을 강화, 전파시켰다. 이러한 이념은 '국가 효율national efficiency'이라는 이념과 결합되었다. 따라서 아동들을 잘 키워야 하는 도의적 의무를 지닌 어머니의 역할이 무엇보다도 중요해지기 시작했다. 어머니는 아이의 건강에 더 관심을 기울여야 하며, 그것은 곧 주부들이 집에서 더 열심히 아이들을 신경써야 한다는 것을 의미했다.[50]

그는 위의 현상들과 연관지어 3개의 과학혁명에 대해서도 언급한다. 첫째는 위생운동으로 1830년에서 1870년 사이에 힘을 얻기 시작하여 1870년대 이후 커다란 영향력을 행사했다. 이 운동은 질병과 더러움 사이에 상관관계가 있다고 보았기 때문에 자연스럽게 '더러움과의 전쟁'으로 연결되었다. 또한 이 전쟁은 '통계혁명'으로부터 많은 도움을 받았다. 즉, 19세기에 발달한 통계학이 "소비 패턴, 개인의 습관, 그리고 질병 간의 오랫동안 의심해온 밀접한 관련성을 지지하는 데이터를 제공해"주었던 것이다.[51]

둘째는 이른바 질병의 세균설germ theory이 일으킨 혁명이다. 이 이론은 16세기 이후 주기적으로 제안되었지만, 1840년 독일의 병리학자인 야콥 헨레Jacob Henle(1809~85)가 부활시켰다. 특히나 1865년 이후의 세균설은 논쟁의 여지가 많이 남아 있었지만, 그럼에도 이 이론은 실험적 방식을 토대로 한 '과학적 설득의 승리'로 간주되었다. 그리고 이 이론의 승리는 학계뿐 아니라 일반 대중에게도 '강력하고도 설득력 있는' 지식으로 귀결되었다. 나아가 세균설은 역사상 중요한 '기술적 돌파구' 중 하나가

되었다.[52]

1882년 독일의 로베르트 코흐Robert Koch(1843~1910)가 결핵균을 발견해냄으로써 서구 사회에 엄청난 충격을 줌과 동시에 이 이론은 대중으로부터 커다란 지지를 받았다. 그 이전까지 인간이 통제할 수 없는 천벌을 받은 죄인으로 여겨졌던 결핵환자들은 새로운 희망을 갖게 되었으며, 병균의 감염경로 파악이 중요시해졌다. 그리하여 감염경로를 통제할 수 있으며, 질병 또한 통제할 수 있다는 믿음을 갖게 되었다. 나아가 박테리아학이 발달하게 되었으며, 그 결과 질병의 원인을 더 이상 운명이니 신의 뜻이니 하는 구태의연한 얘기는 할 수 없게 되었다. 그 대신 질병의 원인이 되는 더러움을 제거하는 몫은 주부들의 것이 되었다.

이제 질병들은 통제 가능하기도 하고 예방 또한 가능해졌기 때문에 주부들이 가족의 건강, 나아가 유아 사망률을 낮추기 위해서는 가정이 바뀌어야 했으며, 그러기 위해서는 주부들이 더 부지런히 청소하고 빨래하고 건강을 해치지 않는 음식들을 준비해야만 했다. 공공의 위생을 국가가 책임진다면, 가족의 위생은 누구보다도 주부가 책임져야만 했다. 따라서 주부들은 세균으로부터 자유로운 환경을 만들어 청결함을 유지해야만 했으며, 그러한 의무를 다하지 못한 주부는 당연히 도덕적으로 '비난' 대상이 되었다. 결과적으로, 주부들과 나아가 대중을 대상으로 이러한 지식을 전파하기 위해 '가정과학'이 만들어졌다. 이러한 분위기는 이미 제1차 세계대전 무렵에는 돌이킬 수 없게 되었다.[53]

세 번째 혁명은 바로 영양학에서의 진보와 관련되어 있었다. 시간이 지나면서 감염 가능한 질병으로부터 벗어날 수 있는 최선의 예방책 중 하나는 좋은 건강 상태를 유지하는 것이며, 그러기 위해서는 영양가 많은 '좋은 식단'을 마련하는 것이라는 생각이 자리잡게 되었다. 영양 상태가 나쁘면 질병에 감염되기 쉽다는 명제 아래 주부들은 대구 간으로 만든 오일이나 비타민 정제를 구입함으로써 그들의 어깨에 내리운 무거운 짐을 덜 수 있었다. 물론 1930년대 이후, 특히 제2차 세계대전 이후에는 항생제를 필요로 하는 질병들의 존재에 관심을 기울이게 되어 주부들의 부담이 의사 등의 전문가들에게 전가되었지만 말이다.[54]

결과적으로 위의 3가지 과학혁명 혹은 의학혁명 덕분에 20세기 들어오면서부터 주부들은 질병과 관련된 모든 문제들에 우선적 책임을 지게 되었다. 이러한 책임 때문에 주부들이 가사노동을 절약하기 위해 만들어진 가전제품들을 이용하여 더 많은 청소를 해야 했으며, 더 많은 세탁물을 처리해야 했으며, 더 위생적인 부엌 상태를 만들기 위해 결국에는 가전제품 이용 이전보다 가사노동시간이 늘어나거나 최소한 줄어들지 않게 되었다고 모키르는 주장한다. 그리하여 그는 이런 방식으로 '코완의 패러독스'를 이해하거나 혹은 '코완의 수수께끼'를 풀었다고 생각했다. 그렇다면 진실로 그는 이러한 역설을 풀었던 것일까?

'코완의 패러독스'는 해결되었을까?

표준적인 경제학의 주장에 따르면, 가사노동시간이 줄어들면 주부들의 노동력이 가사노동에서 벗어나 시장노동market work 혹은 시장경제에 더 많이 편입된다. 줄어든 가사노동시간 덕분에 시간제든 전일제든 화폐를 받는 일자리를 차지하게 된다는 뜻이다. 그러나 경제학자 밸러리 레이미Valerie A. Ramey의 분석에 의하면, 현실은 1900년에서 1960년 사이 총 시장노동시간이 가사노동시간에 비례해서 줄어들었다. 심지어 가사노동시간 사용의 증가나 감소도 전력공급의 유무 혹은 가전제품의 유무와 관련이 없었다.[55]

우리는 앞에서 어찌 보면 지루할 수 있는 주부들의 가사노동시간을 1920년대부터 1970년대, 더 나아가 20세기 말까지 추적하여 가사노동시간이 과연 줄어들었는지, 줄어들었다면 무엇 때문인지, 특히 노동절약을 목표로 한 가전제품이 미국 가정에 적극적으로 수용되면서 가사노동시간이 줄어들었는지를 확인하고자 했다. 그런데 가사노동시간에 대한 많은 조사들은 대부분의 가사노동시간이 20세기 내내 거의 줄어들지 않았으며, 줄어들었다손 치더라도 1960년대 후반 이후에나 그러했다는 결과들을 보여주었다. 청소기니 세탁기니 하는 가전제품들이 주부들을 가사노동으로부터 해방시키기는커녕, 나아가 가사노동시간의 증감과 인과관계는 물론이고 상관관계조차 성립하지 않는다면, 이러한 현상을 우리는 어떻게 해석해야 할까?

통계로 확인해보면, 1929년 후반에 시작하여 1930년대 내내 그 긴 시간 동안 경제 불황이 지속되었다. 이 기간 동안 주부이자 기혼여성은 실직한 남편을 대신해서 일을 해야만 했다. 그럼에도 1940년 기준으로 기혼여성 중 15퍼센트만이 직장에 다녔다. 제2차 세계대전이 끝난 다음에는 대공황 시기 이전으로 많은 것들이 돌아갔다. 다시금 가족이 중요해졌으며, 이른바 '베이비붐'이 시작되었다. 비록 전쟁 이후였다손 치더라도 미국의 경우는 비정상적일 정도로 많은 여성들이 아이를 낳았다. 그리고 출산율은 1957년이 되어야 비로소 급감하기 시작했다. 그런데 1960년의 고용 자료는 기혼여성의 30퍼센트가 직장에 다닌다는 것을 보여주었으며, 1980년이 되면 기혼여성의 절반이 직장에 다니고 있었다. 1990년대 말이 되면 미국 여성들 중 62퍼센트 이상이 시장경제에 참여하고 있었다. 이 여성들은 20세에서 64세까지의 생산연령 여성들로서 전체 여성의 3분의 2를 차지했다. 전형적인 모습의 일하는 여성은 학교 다니는 아이를 둔 기혼여성이었다.[56] 도대체 언제 이런 변화가 시작된 것일까. 우리는 20세기 후반 미국의 이러한 사회적 변화를 어떻게 해석해야 할까.

코완은 1950년을 기준으로 할 때, 평균적인 미국의 주부가 혼자서 집안에서 벌어지는 일을 해치우는 양이 한 세기 전인 1850년의 평균적 주부가 3명 내지 4명의 도우미, 즉 가내하인들의 도움을 받고서 할 수 있는 양에 해당한다고 보았다. 또한 자본주의 경제학적 표현을 빌리자면 이러한 생산성의 증가는 바로 현대 기술의 도입, 즉 가전제품의 사용 때문이라고 주장했다.[57] 미국의 주부들은 혼자서 처리해야 할 집안일의 증가를 가전제품의 도움을 받아서 가까스로 해결해왔다는 것이다.

그렇지만 과연 주부가 3, 4명 하인의 도움을 받는 양 혹은 시간은 어느 정도일까. 유감스럽게도 우리는 그 양이나 시간을 정확하게 알 수 없었다. 코완조차도 그 수치를 제시하지는 못했다. 우리가 정확하게 알지 못하는 중요한 이유 중 하나는, 기술사가 데이비드 에저턴David Edgerton도 정확하게 지적하듯이, 공적인 기관에서 공식적으로 측정해온 적이 없기 때문이다. 덕분에 가사노동이 생산한 가내생산량이 얼마만큼인지, 또한 가사기술의 확산으로 가내생산성이 얼마나 증가했는지를 확인키 어려우며, 나아가 공업이나 농업의 그것과도 비교할 수 없으니 곤혹스러운

상황에 있는 것이다.[58]

집안에서 생산하는 재화와 서비스의 총량은 근대국가들이 본격적으로 통계학을 사회에 적용하기 시작한 19세기부터 의도적이든 우연이든 주요 지표로 채택되지 않아 정확한 측정이 불가능했다. 즉, 집안 일과 집밖 일을 의도적으로 구별했으며, 가사노동과 시장노동을 엄격하게 구분했던 것이다. 전자는 노동의 대가로 화폐를 지불받지 않는 그림자노동으로, 후자는 화폐를 지불받는 임금노동으로 고정되었다. 그리하여 후자의 경우에만 생산의 영역으로 받아들여 생산량과 생산성을 측정했으며, 최대한 노동생산성과 효율을 높이기 위한 테일러주의도 받아들였다. 그 결과, 시장노동으로 인정받은 집밖 일만이 인구센서스나 GNP 혹은 GDP 산정에 포함되어왔던 것이다. 그렇기 때문에 의복에서 음식에 이르기까지 산업화 이후 가정에서 벌어진 급격한 변화의 "이 방대한 생산의 세계"는 안타깝게도 거의 기록될 수 없었던 것이다.[59] 물론 극소수의 여성들이 자신의 가사노동에 대해서 기록을 남기기는 했지만 말이다. 이 경우, 그들의 기록은 공식적인 혹은 공적인 기록물은 아니며, 더구나 당대의 전체상을 이해하는 데 분명 한계가 있을 수밖에 없었다.

분명히 19세기 말 20세기 초까지도 유급 여성 노동자 중에서 가장 많은 직업군은 바로 가내하인층이었다. 이들은 타인의 가정의 가사노동을 대신한다는 이유로 임금을 받았다. 그렇다면 이들에게 지불했던 '시장경제'는 왜 이들이 떠난 후 주부들에게는 그 임금을 지불하지 않았을까, 혹은 임금을 지불할 수 없었을까? 즉, 왜 '가내경제'는 '시장경제'와 달라야 하는가? 설사 달라야만 한다면, 하녀를 포함한 가내하인들의 노동은 '시장노동'

으로 취급된 반면, 왜 '가사노동'은 무임금 혹은 무보수 노동으로 취급되었을까? 나아가 왜 공공기관에서조차 무임금 노동으로 분류했던 것일까? 예컨대, 미국 연방정부의 인구조사는 이미 19세기 후반부터 가정주부를 '유급 노동자gainful workers'로 취급하고 있지 않았다. 집안에서의 가사노동을 '시장노동'과 구분하고 '시장노동'만을 노동으로 인정했던 것이다. 이러한 성차별적 개념에 대해서 1878년 '여성향상협회Association for the Advancement of Women'는 미 의회에 진지하게 그리고 심각하게 문제를 제기하기도 했다. 심지어 1976년에는 인구조사에서 '가장head of household'이라는 용어가 얼마나 "주관적이고 직관적 의미"를 지녔는지를 지적하며, "어떠한 객관적 타당성"도 없는 이 용어를 인구조사에서 없애야 한다고 비난하고 나선 여성단체도 있었다.[60]

그렇지만 미국을 비롯한 자본주의 국가들은 19세기뿐 아니라 현재까지도 여성, 특히 전업주부의 가사노동에 대한 경제적 가치를 인정하지 않는다. 가정주부로서의 여성은 그들이 노동시장에 얼마만큼 참여했는지를 왜곡된 상태에서 이해할 수밖에 없었다. 1940년 이전에도, 미국의 인구조사는 시장경제 참여는 단순히 '돈을 버는' 직업과 그렇지 않은 직업으로 나뉘어 전자만이 노동력 참여로 인정되었다. 따라서 '사회적 정체성'으로서 주부로 분류될 경우, 그녀가 시장노동에 참여했는지 아닌지와 관계없이 결혼한 여성의 경우 주부로 분류될 뿐이었다.[61] 파트타임으로 일하는 기혼여성은 밖에서 돈을 벌지만, 집에서 행하는 가사노동은 전혀 경제적 행위로 취급받지 못했던 것이다. 이러한 분류는 분명 남성중심적 이념과 구조에서 나온 것이다.

그럼에도 동시대의 경제학자인 리처드 엘리Richard T. Ely(1854~1943)는 일찍이 1889년에 저술한 『정치경제학 입문』에서 가내생산의 중요성이 간과되고 있다고 지적했으며, 영국의 위대한 신고전주의 경제학자인 앨프리드 마셜Alfred Marshall(1842~1924) 또한 "자신의 옷을 만드는 여성이나, 자신의 정원을 파거나 수리하는 남성은 재단사, 정원사 혹은 목수가 고용되어 그 일을 하는 것과 똑같이 소득을 올리는 것"이라고 1898년 그의 『경제학 원론』 4판에서 주장했다. 비록 훗날 하인의 임금은 소득으로 인정하면서도 주부의 집안일에 대한 노력을 임금으로 주지 못하는 이유가 주부의 공헌을 정확하게 평가하기 어렵기 때문이라고 발을 뺐지만 말이다.[62]

그 결과, 가사노동은 시장노동에 비해 열등한 것으로, 나아가 경멸적 의미로 이해되기도 했다. 특히 많은 기혼남성들이 아내가 하는 가사노동이 자신이 밖에서 하는 시장노동만큼이나 중요하다는 것을 이해하지 못했다. 예를 들어, 결혼 전 타이피스트였던 어느 주부는 다음과 같이 남편들이 지니고 있는 편견과 고정관념에 반기를 들었다.

> 나는 주부가 하는 일이 어려운 것이라고 생각한다. 남편이 집에 돌아와서 "당신은 집안일 조금 하고 애들을 돌본 것 외에는 하루 종일 아무것도 한 일이 없군"이라고 말하는 것은 참을 수가 없다. 이러한 일들은 나 자신을 힘들게 하며 또한 힘들지 않더라도 직장일만큼이나 어려운 것이다.[63]

이러한 고정된 '가사노동'과 '시장노동'의 역사적 구분은 여성 자신들에게도 지대한 영향을 미쳤다. 사회학자인 마거릿 넬 슨Margaret K. Nelson은 인터뷰 조사를 통해, 상대적으로 전체 가계소득에 보다 큰 기여를 한 주부는 그렇지 않은 여성에 비해 남편에게 더 적극적으로 가사일을 도와달라고 요청한다는 것을 알게 되었다. 즉, 대체적으로 전업주부는 남편이 집안일을 돕는 시간이 적어도 큰 문제로 삼지 않지만, 일하는 주부는 더 적극적으로 남편의 가사노동 참여를 요청하고 있다는 것이다. 전자에 해당하는 어느 여성은, "나는 집 밖에서는 아무것도 하지 않아요. 결코 해본 적이 없어요. 그리고 남편이 밖에서 잘하고 있기 때문에, 기본적으로 내가 집안에서 모든 일을 하죠"라고 답했다. 그렇지만 맞벌이 부부의 경우에는 남편이 집안일에 보다 잘 참여함을 알 수 있다.[64]

또 하나 흥미로운 사실은, 주부가 일하는 여성일 경우 가사노동에 대한 남편의 조력이 증가해왔다는 점이다. 특히 1965년 이후 그 증가세가 가파르게 증가했다. 즉, 20세기 후반부터 더 많은 기혼여성이 노동시장에 참여하면서 남편들도 가사노동에 더 많은 시간을 사용하게 되었다. 경제학자 레이미의 분석에 따르면, 18세에서 64세 사이 여성의 주당 평균 가사노동시간은 1900년에 47시간이었으며, 그야말로 서서히 감소하여 1965년에는 41시간이 되었다. 그러고는 놀랍게도 2005년에는 29시간으로 급격히 줄어들었다. 65년간 6시간이 감소한 반면, 40년 동안 12시간이 줄어들어, 1965년과 2005년 사이의 감소율이 1900년과 1965년 사이의 그것보다 2배에 달했던 것이다.[65]

이러한 통계가 두드러지고 의미 있는 것은 이미 1965년이면 거의 대부분의 가전제품이 미국 가정에서 포화상태에 도달했기 때문이다. 예를 들어, 1968년 기준으로 전체 미국 가정에서는 진공청소기는 89.1퍼센트, 냉장고는 99.8퍼센트, 그리고 세탁기는 90.8퍼센트를 소유하고 있었다.[66] 따라서 주부의 가사노동시간이 1965년 이후 급격하게 줄어든 것은 가전제품이 더 많이 보급된 결과로 보기 힘들며, 차라리 다른 사회적 변화에서 찾아야 할 것이다. 즉, 1960년대 본격적으로 힘을 얻기 시작한 이른바 2차 페미니즘 운동의 영향이 미국 남성들의 인식을 바꾸어, 더 많은 남편들이 가사노동에 참여하는 것을 꺼리지 않게 되었다는 점에 주목할 필요가 있다. 가정에서의 전통적인 혹은 고정적인 성역할이 무너짐과 동시에 남편들의 가사노동시간이 증가한 결과 주부들의 가사노동시간이 빠른 속도로 줄어들었던 것이다. 게다가 여성의 시장노동에 대한 참여의 상당한 증가도, 1960년대 후반부터 1970년대 전반에 걸쳐 출생률이 급속하게 감소한 것도 이러한 사회적 변화에 영향을 주고받았을 것이다.[67]

레이미의 또 다른 통계수치를 보자. 개인의 일생에서 가장 활동적으로 일하는 25세에서 54세 사이 여성의 주당 가사노동시간이 1900년에는 50.4시간이었지만, 2005년에는 31.1시간으로 줄어들었다. 그러나 같은 나이대 남성의 주당 가사노동시간은 같은 시기 동안 3.7시간에서 17.3시간으로 늘어났다. 아내의 경우 19.3시간이 감소한 반면, 남편의 경우 13.6시간이 증가했다. 이것은 또한 지난 100년 동안 주부와 남편을 합친 총 주당 가사노동시간이 54시간에서 48.4시간으로 줄어들어 결국에는 주당 5.6시간이 감소했던 것과 내용이 부합했다.[68] 이것은 또한 하루에 1시간 정도를 가사노동에 덜 사용함을 의미했다. 지난 1세기 동안 눈부신 가사기술의 발달과 대부분의 가정에 가전제품이 보편적으로 사용되고 있음을 고려해본다면, 이러한 가사노동시간의 감소는 작지는 않지만 그렇다고 결코 크다고 볼 수는 없다.

위의 레이미의 분석을 따르자면, 결국 지난 100년 이상 동안 가사노동의 사용시간은 감소되었다고 볼 수 있다. 그러나 이 노동시간의 감소는 가사기술의 도입과는 상관관계가 없었다. 웬만한 가전제품들이 포화상태에 이르던 1950년대와 1960년대에도 가사노동시간은 크게 줄지 않았기 때문이다. 그러니까 그러한 가전제품의 포화상태 이후에나 오히려 주부들이 집안일에 전념하는 시간들이 급속히 줄어들기 시작했다. 그리고 그 시기에 남편들의 가사노동시간도 급속히 늘어나기 시작했던 것이다. 위의 통계에서도 확인한 바와 같이, 이 시기 아내의 가사노동시간 감소와 남편의 가사노동시간 증가는 반비례하고 있었다. 따라서 1960년대 후반 이후 미국에서 주부의 가사노동시간이 감소한 것은 사실상 집안의 기계화와 전기화가 가져다준 현상이라기보다는 페미니즘 운동의 영향력하에 남편들의 가사노동 참여의 증가가 가져온 결과로 보아야 할 것이다.

그런데 가전제품의 사용이 가사노동의 사용시간을 줄였는가를 직접적으로 확인한 논문이 21세기 초에 나타났다. 비록 미국에서는 이러한 작업이 진행되지 못했지만, 오스트레일리아의 통계국이 1997년 자국 사람들이 어떻게 하루 시간을 사용하는지를 4555가구의 8618명을 통해 조사를 진행했다. 이 정도 모집단 크기면 여태껏 우리가 보았던 미국에서의 어떤 조사보다 훨씬 더 유의미한 결과를 가져올 수 있다. 하여간, 이들은 모두 15세 이상으로서 선별된 가전제품 유무가 각 가정에 어떻게 영향을 미치는지를 일지 형식으로 작성했다. 초저온 냉동고deep freezer,

전자레인지, 식기세척기는 식사 준비와 설거지에, 의류 건조기는 세탁에 필요한 노동시간을 절약하거나 도움을 주기 위해 고안된 인공물들이었으며, 풀 깎는 기계는 집의 앞뒤 마당일을 경감할 목적으로 만들어진 것이었다. 그리고 이러한 기술들을 집안의 남성과 여성들 중 누가 사용하는지, 어떻게 사용하는지를 조사했다.[69]

다음의 표(표 14, 15)에서 보듯이, '먹을거리·마실거리 준비와 설거지' 영역과 '세탁' 영역은 절대적으로 여성의 몫이었다. 반면, '마당 가꾸기'는 대부분 남성의 몫이었다. 그리고 전자레인지는 10가구에 8가구꼴로 보유하고 있었지만, 냉동고나 건조기는 절반 이상이, 식기세척기는 3가구에 1가구꼴로 지니고 있었다. 그런데 풀 깎는 기계는 4가구에 3가구 이상 지니고 있어 웬만한 오스트레일리아 가정에서는 이 기계가 필수품임을 알 수 있다.

그런데 문제는 주방에서 사용되는 가전제품들의 경우, 그것들이 주부의 가사노동시간 절약에 도움을 주지 못한다는 점이었다. 심지어 식기세척기조차도 설거지 시간을 줄이는 데 '의미 있는 효과'가 없었다. 게다가 건조기를 사용한 주부는 그렇지 않은 주부에 비해서 오히려 3분 정도 세탁시간이 더 많았다. 그러나 공교롭게도 초저온 냉동고의 경우 남성에게는 음식 준비와 설거지 시간을 하루에 약 3분 정도 절약해주었다. 비록 이러한 시간 절약이 남성의 하루 가사노동시간에 의미 있는 절약까지는 아닐지라도 말이다. 반면, 풀 깎는 기계를 가진 남성은 그렇지 않은 남성에 비해 하루에 9분이나 일을 더하고, 전반적인 집안일을 15분이나 더하는 것으로 나타났다. 또 하나 이 조사를 통해 세탁과 마당 가꾸기가 성별이 분명한 집안일이었음을 알 수 있었다.

	여성	남성
먹을거리·마실거리 준비와 설거지	72.3	26.9
세탁	30.8	4.3
마당 가꾸기	15.3	21.2
집안일	324.2	186.8
사람 수	6,781	6,351

표14. 오스트레일리아 여성과 남성이 다양한 가사노동에 소비한 평균시간(분/하루).[70]

기술		사람 수	%
전자레인지	있음	5,518	83.1
	없음	1,122	16.9
	전체	6,640	100.0
초저온 냉동고	있음	3,528	53.1
	없음	3,112	46.9
	전체	6,640	100.0
식기세척기	있음	2,231	33.6
	없음	4,409	66.4
	전체	6,640	100.0
건조기	있음	3,798	57.2
	없음	2,842	42.8
	전체	6,640	100.0
풀 깎는 기계	있음	5,053	76.1
	없음	1,587	23.9
	전체	6,640	100.0

표15. 오스트레일리아 가정의 가사기술 보유 여부.

세탁일의 경우, 88퍼센트는 여성에게만 해당되었으며, 마당 가꾸기는 57퍼센트가 남성의 몫이었다. 그리고 한 가정의 소득이 높을수록 가사노동시간은 조금일지라도 소득이 낮은 가정보다 줄어들었다. 예를 들어, 주당 500달러를 더 번다면 하루에 15분 정도 절약할 수 있었다.[71]

결론적으로 말해서, 시간절약이 되었건 노동력절약이 되었건 특정 목표를 지향하는 가전제품들은 특정의 임무에 투여되는 가사노동시간을 줄이지 못했다. 게다가 몇몇 경우에는 가전제품을 사용하면 노동시간이 약간 증가하기도 했다. 문제는 가사기술이 실현된 가전제품들이 가사노동에 있어서 기존의 성별 구분을 전혀 해소하지 못할 뿐 아니라, 가사노동시간을 절약할 경우에도 오히려 그 수혜자가 남성이 되는 경우가 많았다는 것이다. 예컨대, 건조기는 여성의 세탁시간을 증가시킨 반면, 전자오븐이나 식기세척기, 냉동고는 없는 가구나 있는 가구나 가사노동시간에 의미 있는 차이가 없었다. 그런데 식기세척기나 초저온 냉동고는 남성들의 가사노동시간을 줄여주는 방향으로 나아갔다. 이러한 현상은 어떻게 설명해야 할까?

오스트레일리아 가정에서의 가사노동과 가전제품에 관한 연구를 진행한 저자들은 특정의 가사기술이 가정에 진입할 때 이미 사회에서의 기존 성별 구분이 저장된 상태였기 때문에 가사노동에 있어서 기존의 성차별을 없애주기는커녕 오히려 강화시킨다고 주장한다. 따라서 위의 오스트레일리아 사례에서 보듯이, 가전제품의 사용은 여성들의 가사노동시간 절약에 대한 해답을 제공하지 못할지도 모른다.[72]

그렇다면 노동절약을 목표로 한 가사기술은 가정주부의 힘든 일은 줄여주었을지라도 가사노동시간은 줄여주지 못했음을 알 수 있다. 오히려 청결 기준의 강화와 육아와 관련한 영양학적 기준치의 증가 등의 사회적 요소들이 추가로 결합되면서 가전제품의 사용 빈도수가 증가했지만, 가사기술은 여전히 근본적으로 여성들을 가사노동으로부터 해방시켜주지 못했다. 가정에서 진행된 기계화와 전기화는 가사노동을 근본적으로 바꿀 수 있는

'혁명적인 잠재력'을 지니고 있었을지 모르나, 결과적으로 많은 가전제품들이 미국 가정에 의미 있는 변화를 가져오지도, 변화의 원동력도 제공하지 못했다. 미국에서의 가사기술은 단지 미국인들이 지키고자 하는 '사회적 규범', 즉 남녀의 노동에 있어서의 영역 구분이나 가정을 지켜야 하는 주부 등 전통적인 젠더의 역할이 유지, 나아가 강화되는 범위 내에서 사용되었을 뿐이다.[73]

세탁기의 배신

09

소비정치를 통해서 본
가사노동과 가사기술

Housework and household technology seen through the politics of consumption

...

1. 미국과 구소련의 '부엌 논쟁'[1]

제2차 세계대전이 끝나자마자 어제의 적이 동지가 되고 어제의 동지가 적이 되었다. 어찌 보면 예상된 방향이었지만, 미국과 구소련의 등 돌리기는 진실로 빨랐다. 독일과 일본은 유럽과 아시아에서 자본주의의 보루이자 자유세계의 전시장이 되어야 했다. 전쟁이 끝난 지 불과 몇 년도 되지 않아 유럽에서는 동유럽을 경계로 새로운 전선이 형성되었다. 아시아에서는 한반도 38선이 자본주의와 공산주의 대결의 경계가 되었다. 그리고 1949년 10월 그 거대한 중국 대륙이 마오쩌둥의 공산주의 세력에 넘어가버렸다. 미국은 이제 본격적으로 냉전을 준비하지 않으면 안 되었다. 군사력뿐만 아니라 사상과 문화를 통해서도 말이다.

1950년대 이후 양국은 기회만 되면 자국의 체제가 더 우수하다고 선전하기 바빴다. 그러다 스탈린 사망 후 흐루쇼프 시대가 열리자 양국은 군사적 대결보다는 문화적 대결로 방향을 틀었다. 미국은 대내적으로는 바야흐로 소비품으로 가득 찬 대량소비사회를 만끽하고 있었으며, 대외적으로는 상품 선택의 자유야말로 진정한 의미의 자유가 보장되는 민주주의임을 천명했다. 특히나 수많은 종류의 가전제품들이 넘쳐나 이것을 체제 선전에 활용하고 싶어했다.

그리고 흐루쇼프 제안으로 그러한 기회가 찾아왔다. 구소련과 맺은 문화협정 덕분에 1959년 모스크바에서 미국전시관이 열렸다. 최신 주방시설을 갖춘 전시관 내 모델하우스에서 미국의 부통령 닉슨과 구소련의 당서기장 흐루쇼프가 한 치도 양보할 수 없는 체제 논쟁을 벌이게 되었다. 세탁기 앞에서 벌어진 이른바 '부엌 논쟁kitchen debate'이었다. 미국 자본주의를 유감없이 보여준 공간이 부엌이라는 것과 미국이 자유세계의 선두주자로서 자랑스럽게 보여준 인공물이 가전제품이라는 것은 우리에게 시사해주는 바가 많다. 일단 우리는 마지막 장의 시작을 구소련의 공동부엌으로부터 시작해보자. 공동부엌은 구소련의 어떠한 이념을 구체적으로 구현하고 있었던가.

1917년 러시아혁명 이후 1922년에 탄생한 소비에트 연방(이하 구소련)은 수백만의 러시아인들, 특히 도시에 살고 있는 노동자를 위한 주거지를 제공해야 했다. 주택 위기를 해결하기 위해 많은 경우 혁명 이전 차르 체제하에서 특권을 누리던 귀족이나 부자들의 주택이 재활용되었다. 노동자들의 주거 공간으로서 '코무날카kommunalka'라고 불리는 이 공동주택communal apartment은, 한 가족이 아닌 여러 가족이 공동생활을 하는 방식이었다. 『소련 요리법 마스터하기Mastering the Art of Soviet Cooking』의 저자 아냐 본 브렘셴Anya von Bremzen의 경우 "공동주택은 구소련 사회의 소우주microcosm와 같다"고 주장하기도 했다. 요리 저술가이기도 한 그녀는 1963년 모스크바에서 태어났는데, 무려 18가구가 하나의 부엌을 같이 사용하는 공동주택에서 살았다고 한다. 훗날 어머니와 함께 구소련을 벗어나 미국에 정착한 브렘셴의 이 책은 요리로 풀어본 구소련의 역사이자 일종의 자서전이다. 브렘셴은 구소련 사회를 제대로 이해하려면 무엇보다도 공동주택에서의 삶이 무엇인지를 알아야 한다고 보았다. 특히나 우리 입장에서는 공동부엌이 그러했다.

볼셰비키는 자본주의 체제와 달리 공산주의 체제는 사생활이 허용되어서는 안 된다고 생각했기 때문에 개인의 사생활이 보장되는 공간을 없애고자 했다. 구체적으로는 부엌을 없애고 누구나 이용할 수 있는 음식점과 카페테리아를 만들고자 했다. 부엌에서 정치적 토론이 가능했고 사회적 불만들도 표출될 수 있었기 때문에 더더욱 부엌을 제거하고자 한 것이다.

그러나 적군과 백군의 내전 이후 간신히 이를 수습한 구소련의 지도부는 부엌을 없애지는 못하고 대신 공동부엌을 만들었다. 이렇게 만들어진 공동부엌은 요리만 하는 공간이 아니었다. 그곳은 세탁물 건조대 역할도 해야만 했다. 빨래를 하고 난 후 건조시킬 공간이 따로 없어 부엌 안은 여러 개의 줄을 걸어 젖은 세탁물들을 널어놓는 공간이기도 했다. 얼핏 보기에도 치렁치렁 복잡하게 얽혀 있어 가뜩이나 좁은 부엌 공간이 더더욱 비좁고 정신없어 보였다.

최소 7가구 이상이 부엌과 화장실을 같이 사용해야만 했기 때문에 결과적으로 공동부엌에서는 정치적인 얘기건 사적인 얘기건 불가능했다. 결국 구소련의 공산주의 체제는 어떠한 사생활도 불가능하게 만들고자 했다. 그렇지만 공동부엌임에도 모든 가정은 각자가 가진 자신의 소유물로 요리를 만들었다. 예컨대 5가구가 부엌을 공동으로 사용한다면 5개의 주전자와 냄비가 있었으며, 거기에는 누구네 것인지가 표시되어 있었다. 심지어 이웃끼리 사이가 안 좋을 경우, 부엌의 찬장을 열쇠로 잠가놓기도 했다.

스탠퍼드 대학의 러시아문학과 교수인 그레고리 프레이딘 Gregory Freidin도 1940년대 10가구가 같이 사는 공동주택에 살았는데, 공동부엌에는 4개의 버너가 장착된 스토브가 2개 있었으며, 가구들이 모두 조그맣긴 했지만 각자 식탁이 있어 나름 자신들의 요리를 해먹을 수 있었다고 회상했다. 그렇지만 많은 경우 일반적으로 요리는 부엌에서 해도 식사는 공동부엌에서 하지 않고 각자 자신들 방으로 가져가서 식사를 했다. 따라서 요리는 가능한 한 빠른 시간 내에 만들어 각자의 냄비를 들고 긴 복도를 지나 자신들의 방으로 가져가는 식이었다. 요리를 만드는 즐거움이란 있을 수도 없고, 먹는 즐거움은 더더욱 생각할 수 없었다.

따라서 공동부엌은 일종의 '전쟁 공간'이었다. 1928년에서 1953년 사이인 스탈린 독재 시절 "가장 위험한 곳은 부엌 안"이었다고 러시아 작가이자 라디오 언론인인 알렉산더 제니스 Alexander Genis는 주장한다. 모든 일상생활의 긴장과 갈등이 시작되는 공간이었기 때문이다. 따라서 구소련의 공동부엌은 자본주의 국가의 부엌처럼 친구들을 데려와 자신의 요리를 자랑할 수 있는 공간이 아니었다. 오히려 구소련이 공동부엌을 고안한 이유 중 하나는 부엌을 친밀한 공간이 아닌 감시의 공간으로 만들 의도였던 것으로 보인다. 거기서 사람들은, 즉 공산주의 사회의 인민들은 서로가 서로를 감시하면서 여차하면 당국에 보고했던 것이다. 그러니 공동부엌에서 어떤 대화가 오고갔는지가 이웃의 자발적인 밀고에 의해 조만간 공산당 당국에서 알게 되었다. 게다가 문제는 누군가 밀고를 하는데, 그가 이웃 중 누구였는지는 결코 알지 못했다. 따라서 이웃끼리 서로가 서로를 신뢰할 수 없었으며, 나아가 두려움을 느끼기까지 했다.[2]

소비에트 시절 부엌이 그렇게 문제가 되었던 것은 그곳에서 사적인 대화가 이루어지면, 정치에 관한 토론, 나아가 공산당에 대한 비판도 가능할 것이라는 생각에서였다. 즉, 구소련 공산당 지도부 생각으로는 부엌이 있다는 것은 사적인 공간이 가능하다는 것이며, 사적인 공간이 가능하다는 것은 '개인의 생활과 개인의 재산'이 가능하다는 것이었다. 따라서 부엌은 부르주아적 삶과 관련된 것이므로 폐기해야 마땅하다고 보았던 것이다. 우선 그들은 먹는다는 것이, 먹기 위해 뭔가 식재료를 가지고 부엌이라는 공간에서 요리한다는 것이 무엇을 의미하는지 제대로 이해 못했던 것 같다. 레닌은 결코 미식가가 아니었으며, 나머지 볼셰비키들도 음식에 관심이 없기는 마찬가지였다. 그들은 음식을 그저 노동을 하기 위한 '연료' 정도로만 생각했다. 그들에게 사생활이란 모든 인민들에게서 제거되어야 마땅한 것이었다. 따라서 '사적인 난로, 사적인 스토브'는 문제가 될 수밖에 없었다.

나아가 초창기 구소련 입장에서는 부엌이야말로 여성을 가정에 노예처럼 묶어두는 공간이었다. 따라서 여성이 남성과 같이 평등해지려면 부엌은 사라지는 것이 마땅했다. 여성을, 어머니를, 주부를, 아내를 부엌에서 벌어지는 일상의 허드렛일로부터 해방시켜 그녀들이 원하는 취미 활동도 마음놓고 할 수 있게 하겠다고 선전했으며, 또한 남성처럼 일을 하려면 부엌 대신에 간이식당과 카페테리아를 많이 만들어야 한다고 생각했다. 그러나 그런 일은 구소련에서 벌어지지 않았다. 예정대로 부엌을 대신할 만큼 간이식당을 만들지도 못했거니와, 만들어놓은 간이식당조차도 워낙 형편없었기 때문에 사람들이 드나들기는커녕 꺼려하며 오히려 각자 집에서 만들어 먹었던 것이다.

스탈린이 정권을 잡은 1928년 이후 구소련은 본격적인 산업화를 추진하였는데, 여기에는 음식의 산업화도 포함되어 있었다. 그리하여 육류건 생선이건 스프건 간에 공장에서 대량 생산되는 통조림과 가공식품을 통해 구소련 내의 120여 서로 다른 민족과 인종들에게 동일한 재료로 만든 동일한 음식을 제공하고자 했다. 어떤 종류의 음식을 생산할 것인지를 공산당 정치국에서 결정하거나, 심지어 어떤 종류의 캔디를 생산할 것인지까지도 스탈린과 당시 2인자였던 몰로토프Vyacheslav Molotov(1890~1986)의 회담을 통해 확정되었다. 여기 어디에 구소련 인민의 일상의 소비생활과 활동이 의미를 지닐 틈이 있단 말인가.

1953년 스탈린이 죽고 새로운 공산당 서기장으로 취임한 니키타 흐루쇼프(1894~1971)는 미국 및 서방과의 평화적 공존을 모색하면서도 경쟁을 통해 미국을 따라잡고 추월하고자 했다. 1957년 6월, 미국 CBS방송과의 대담을 통해 미국이야말로 '철의 장막'을 거두라면서 미국 정부에 문화적 교류를 제안했다. 당시 아이젠하워 행정부의 부통령이던 닉슨의 비난성 답변 이후 우여곡절 끝에 어렵사리 1958년 1월 양국은 문화교류협정을 맺

기에 이르렀다. 첫 번째 시도로 양국은 뉴욕과 모스크바에서 대규모 전시회를 열기로 했다.[3]

1959년 6월에 먼저 구소련이 뉴욕시의 거대한 경기장인 나소콜리세움에 전시관을 개설하여 미국을 충격에 빠트린 인류 최초의 인공위성 스푸트니크와 원자력을 이용한 쇄빙선을 비롯한 첨단기술 등을 선보여 공산체제의 우월성을 보여주려고 했다. 반면 미국은 '라이프 스타일'을 키워드로 해서 모스크바의 소콜니키 공원에 전시관을 만들어 미국인들의 일상적인 삶을 보여주려고 했다. 전시장은 미래지향적 돔 형태로 한 축에는 미국적인 것들, 예컨대 야구, 재즈, 여성용 뾰족구두 등을 배치했으며, 또 다른 축에는 미국의 가정을 중심으로 자동차나 냉장고, 세탁기 따위의 가전제품들이 전시되었다. 많은 구소련 시민들은, 한 시민의 체험에 의하면, 전시장 입구에서부터 펩시콜라를 받았는데 콜라 맛도 처음이거니와 처음으로 일회용 종이컵을 받아보고는 충격을 받았다.

모스크바의 미국전시관 오픈 하루 전인 1959년 7월 24일, 닉슨 부통령의 개막식 참석이 있었는데, 흐루쇼프가 예정에도 없이 갑자기 전시장을 방문했다. 물론 당연히 닉슨 부통령과 갑작스러운 만남이 이루어졌다. 문제는 흐루쇼프가 '전형적인 미국의 가정관'을 방문하여 '전형적인 미국의 부엌' 공간을 지나가면서 닉슨과 우발적인 설전을 벌였다는 것이다. 여기서 그 유명한 자본주의와 공산주의 체제에 대해서 서로 간에 한 치의 양보도 없는 논쟁이 진행되었다.

닉슨: (모델 하우스의 부엌 전시관 앞에 흐루쇼프를 세우더니) "뉴욕의 당신네 전

시회에서는 매우 멋진 집이 있었지요. 제 아내와 저는 그것을 보고 매우 즐겼습니다. 저는 당신에게 이 부엌을 보여주고 싶습니다. 이건 캘리포니아에 있는 우리 집과 같은 종류의 것입니다."

흐루쇼프: (닉슨이 패널로 조작 가능한 세탁기에 주목한 후) "우리도 그런 것들을 갖고 있습니다."

닉슨: "이것은 최신형 모델입니다. 집에 직접 설치키 위해 수천 개씩 제조된 것입니다."

그는 미국인들이 자신의 아내를 위하여 생활을 더 편안하게 만드는 데 관심이 있다고 덧붙였다. 흐루쇼프는 구소련에서는 "여성에 대한 자본주의적 태도"를 가지고 있지 않다고 지적했다.

닉슨: "제 생각에 여성(아내)에 대한 이러한 태도는 보편적입니다. 우리가 원하는 바는 주부들의 생활을 더 편안하게 만드는 것입니다."

……

닉슨: "우리에게는 다양성, 선택의 권리가 있습니다. 1000개의 다른 집을 짓는 데 1000명의 건설업자가 있다는 사실이 가장 중요합니다. 우리는 위에 있는 한 사람의 정부 관리에 의한 하나의 결정을 하지 않습니다. 이것이 차이입니다."

흐루쇼프: "정치적 문제에 있어서 우리는 당신에게 결코 동의하지 않을 겁니다." ……

닉슨: "당신은 우리로부터 배울 수 있고 우리도 당신으로부터 배울 수 있습니다. 자유로운 교환이 있어야 합니다. 보통사람들the people이 집의 종류를, 스프의 종류를, 그들이 원하는 이념의 종류를 선택하게 합시다."

흐루쇼프는 대화를 다시 세탁기로 돌렸다.

닉슨: "우리에게는 다양한 제조업자들이 만든 수많은 종류의 세탁기

가 있기 때문에 가정주부들이 선택합니다."……

닉슨: "우리는 러시아 사람들을 놀래키겠다는 것이 아닙니다. ……로켓의 힘보다는 세탁기의 상대적 장점들을 경쟁시키는 것이 더 낫지 않겠습니까? 이것이 당신이 원하는 종류의 경쟁인가요?"

흐루쇼프: "그래요. 그것이 우리가 원하는 종류의 경쟁이오. 그러나 당신네 장군들은 '로켓끼리 경쟁합시다. 우리는 강하고 우리는 당신을 이길 수 있습니다'라고 말하지요. 그러나 이 점에서는 우리도 당신에게 보여줄 수 있지요."[4]

위의 대화가 저 유명한, 현장에 있던 기자들에 의해 재치 있게 명명된 '부엌 논쟁'의 일부다. 위 대화의 핵심은 세탁기를 통해서 자본주의 체제와 공산주의 체제의 성격을 드러냈다는 점이라고 본다. 닉슨은 흐루쇼프 앞에서 여러 개의 소비재 중에서 선택을 할 수 있어야만 그것이 좋은 체제라는 것을 은근히 드러냈다. 닉슨이 강조한 보통사람들이라면 어느 국가, 어떤 체제에 살건 누구나 선택의 권리를 가져야 한다는 주장은 바로 자유주의 경제학자 밀턴 프리드먼이 강조해온 '선택의 자유freedom to choose'와 일맥상통한다. 또한 민주주의란 선택의 자유를 포함하고 있다는 전제를 깔고 있기도 했다. 그러니까 민주주의는 시장경제와 짝을 이룰 수밖에 없다는 의미도 되었다. 흐루쇼프 또한 향후 구소련 인민들에게 제공할 소비재에 대한 관심뿐만 아니라 소비재의 대량생산에도 관심을 갖고 있었다. 그렇기 때문에 닉슨의 제안에 선뜻 자신 있게 소비제품을 통한 체제 간 선의의 경쟁에 뛰어들 수 있다고 말했던 것이다.

냉전시대에는 자본주의가 공산주의보다 우월한 체제임을 보

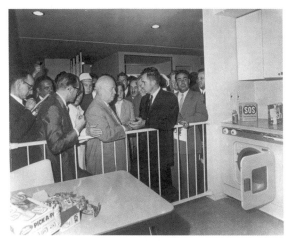

9-1. 미국의 부엌 전시관, 특히 세탁기 앞에서 설전을 벌이는 구소련의 흐루쇼프 서기 장과 미국의 닉슨 부통령.

여주는 수단이 가전제품을 비롯한 소비제품밖에 없었을까? 근 대화의 목표가, 산업화의 목표가 물질적으로 편안한 삶이었던 가, 닉슨이 주장하듯이. 체제 내에서 개개 시민이 좀더 편안하게, 편리하게 누리는 생활이 자본주의의 목표였던가. 다양한 내구 소비재 중에서 선택할 수 있는 자유, 그것을 보장하는 것이 민주 주의인가.

2. 다시 가사노동과 가사기술, 그 미완결의 문제로

앞에서 보았듯이, 가사기술은 여성들을, 주부들을 가사노동이라 는 허드렛일로부터 해방시켜준다는 거창한 구호하에 가전제품 의 형태로 집안으로 들어왔다. 미국의 산업혁명은 19세기 초부 터 대서양 연안의 면방직공장에서의 대량생산에서 시작되었지만, 20세기 초부터 진행된 미국 가정에서의 산업혁명은 다리미, 청소기, 세탁기, 냉장고 따위의 소비 내구재를 순차적으로 대량 생산하기 시작했다. 특히나 양차 세계대전 사이인 1920년대와 1930년대 미국의 주부들은 소비자로서 가전제품들을 구입하여 1950년대에 이르러서는 마침내 가정에서의 소비혁명에 이르게 되었다. 냉장고니 세탁기는 이제 소비재로서 언제든지 버릴 수 있거나 바꿔치울 수 있는 일회용 물품처럼 되어버렸다. 가전제품들은 초창기 사치품에서 시간이 지나자 심지어 노동계급의 사람들조차 구입하는 가정의 필수품이 되었다. 이제 미국의 가정은, 미국의 주부들은 가전제품 없이는 집안일을 할 수 없는 수준에 이르렀다.

그렇지만, 앞장에서도 확인했듯이, 가전제품을 더 많이 사용해도 가사노동시간은 거의 줄어들지 않았다. 가사기술은 주부들을 가사노동으로부터 해방시키기는커녕, 주부들은 여전히 가사노동의 굴레에서 벗어나지 못하고 있다. 무엇이 잘못된 것일까.

여성의 노동, 주부의 노동일 수밖에 없는 그림자노동은 임금노동과 더불어 탄생하였다. 산업혁명이 진행되면서 가부장적 제도와 자본주의는 중산층 가정에 임금노동에 종사하는 남편과 그림자노동에 종사하는 아내라는 한 쌍의 부부를 만들어냈다. 어찌 보면 제한된 일자리에서 행해지는 임금노동을 위해 그림자노동은 필요조건이다. 그리하여 돈을 벌어오는 일을 하는 남편은 직장에서 힘든 노동을 끝내고 집으로 퇴근하는 반면, 돈을 벌지 못하는 일을 하는 아내는 퇴근이 불가능한 집에서 잠자기 전까지 결코 끝나지 않는 힘든 가사노동을 한다. 집안 전체가 출근 장소이자 퇴근 장소이기 때문이다. 게다가 이러한 상황하에서 자본주의는 어찌 보면 임금노동보다 지불되지 않는 그림자노동을 통해 더 많은 이익을 창출해내고 있는지도 모른다. 그렇기 때문인지 이반 일리치는 그림자노동에 종사하고 있는 전업주부의 존재를 "전례가 없는 성적sexual 격리체제의 증거"라는 파격적인 주장까지 했다.[5]

정리해보자. 가사노동은 기본적으로 임금이 지급되지 않은 무보수 혹은 무급의 노동이며, 일하는 장소는 집안이라는 공간에 고립되어 있다. 전문가의 일로 취급되지 않는 성격의 노동이라는 점에서 '시장노동'과도 근본적으로 달랐다. 그럼에도 노동시장에서는 대체 수단으로 전업주부를 위한 혹은 화폐라는 교환수단을 많이 지닌 계층을 위한 시간제 가사도우미가 존재해오고 있다. 따라서 주부들의 가사노동의 경우는 돈을 벌기 위한 수단이 아닌 자발적인 것이다. 그러나 가사노동은 혼자만 하는 노동, 요즘 말로 '혼일'에 해당한다. 게다가 일을 죽어라 해도 티가 안 나는, 오히려 일을 안 해야 티가 나는 고약한 노동이기도 하다.

가사기술은 명목상 주부들을 이러한 '3D 업종' 같은 가사노동으로부터 해방시켜준다는 명분으로 출발하여, 미국의 경우 불과 반세기도 안 되어 거의 모든 가정에 수용되었다. 그러나 여러 번 강조했듯이, 현재 미국의 주부들은 가사노동으로부터 해방되기는커녕 여전히 가사노동으로부터 벗어나 있지 못하다. 약속한 대로 주부들에게 더 많은 여가와 일자리를 만들어줄 수도 없다면 가사기술은 왜 존재해온 걸까? 따라서 가사기술의 목표가 무엇이었건 간에 결과적으로 가사기술은 주부를 고립시키는 데 커다란 역할을 담당한 반反사회적 기술이라고 볼 수 있다. 기술변화가 긍정적인 사회변화를 가져오기는커녕 기존의 가부장적 이데올로기를 강화하는 수단을 제공했기 때문이다.

가전제품은 주부들에게 노동절약과 시간절약을 제공한다면서 편리함, 편안함, 효율성을 준 대신에 주부들에게 더 많은 일을 만들어주었다. 남편과 아이들은 가전제품이 주부들의 가사노동을 대신하고 있다고 생각하여 더 많은 빨랫감을 내놓고 더 다양한 음식을 요구했다. 미안한 감정도 느끼지 않고 당연한 듯이. 따라서 가전제품은 주부들로 하여금 더 많은 여가시간을 만들어 노동시장에 진입하게 만들기는커녕 많은 경우, 진입을 막는 역할을 했다.

제2차 세계대전 이후 남녀의 역할 분담 혹은 남녀의 고유한 영역이라는 오랜 통념이 도전받기 시작했다. 특히나 1960년대 후반 이후 피임약과 페미니즘으로 무장한 여성들이 남성들 직장에 동료로서 더 많이 자리잡게 되고, 남편의 소득이 아내의 소득보다 오히려 적어지는 상황이 연출되었다. 특히 중산층 기혼여성들이 맞벌이를 선택하게 된 것은, 많은 경우, 단지 페미니즘 때문이라기보다는 현실적으로 그녀들이 처한 경제적 이유 때문일 것이다. 가장의 월급만 가지고는, 즉 맞벌이를 하지 않고는 현실적으로 중산층의 지위를 유지하는 것이 불가능한 상황이 만들어졌기 때문이다.[6]

그 결과 소수의 남성들은 좋건 싫건 육아와 가사를 떠맡게 되었다. 나아가 이혼율이 증가하면서 양육권으로 다투고, 양육권을 얻어올 경우 아이를 키워야 하는 상황을 경험하면서 이제 남성들도 가사노동에 뛰어들 수밖에 없게 되었다. 따라서 오늘날은 '말보로 맨'으로 상징되는 마초적인 카우보이 이미지가 빠른 속도로 부식되고 있으며, 오히려 퇴근한 아버지가 '아기 기저귀를 갈고 맛있는 저녁을 요리하는 광고'로 바뀌는 중이다. 그럼에도 가사노동을 떠맡는 남편의 실제적인 통계를 보면 여전히 소수에 불과하다.[7] 예를 들어, 최근 들어 영국의 경우 가사노동에 종사하는 주부主婦 대 주부主夫, househusband의 비율이 20 대 1인 반면 미국의 경우는 40 대 1이라고 한다. 하지만 정작 영국의 맞벌이 부부들조차도 여성이 남성보다 3분의 1 정도 아이들 양육과 가사노동에 더 많은 시간을 들이고 있는 형편이다.[8] 그러니 한국의 경우는 더 말할 것도 없을 것이다.

페미니스트이자 여성 기술사회학자인 와이즈먼도 지적하듯이, "가사기술의 중요성은 사적인 세계와 공적인 세계가 서로 겹치는 지점에 놓여" 있음에도 불구하고, "공적인 산업 영역에 있는 남성이 사적인 가족 영역의 여성이 사용하는 기술을 개발하고 상업적 설계를 하고 생산한다는 사실은 이미 가부장적·자본주의적 관계라는 복잡한 연결망을 반영하고 실현시키고 있는 것"이다. 덕분에 가사기술이 가사노동의 힘든 부분을 줄여준 것도 사실이지만, 여전히 가사기술은 "그 기술을 낳은 구조적 불평등의 관계를 드러"내고 있다.[9] 특히나 가사기술이 본질적으로 가부장적 사회의 이념적 산물이라면, 가사기술은 본질적으로 보수적인 성격을 가질 수밖에 없다. 여성이 가사기술의 수용자라는 전제하에서 가전제품들이 만들어졌다면 그 한계 또한 명백하지 않겠는가.

나아가 가부장 사회가 낳은 구조화된 젠더의 문제 또한 언급해야 한다. 왜냐하면 젠더는 "다름의 문제만은 아니며 권력의 문제"이기도 하기 때문이다. 가사기술의 경우, 구체적으로 가전제품으로 완성된 인공물을 보면 암묵적으로 기술적 능력은 남성적인 것이며, 기술적 무능력은 여성적인 것이라는 "우리 사회의 지배적인 문화적 상상력"을 드러내고 있다.[10] 만약에 가사기술의 사용자인 여성들이 진즉에 가전제품을 만드는 설계자와 디자이너로 참여했었다면, 아마도 가전제품의 진화는 지금 같은 방식으로 진행되지 않았을 것이다.

미국의 저명한 페미니스트이자 소설가인 메릴린 프렌치 Marilyn French(1929~2009)는, 1977년 출간된 자신의 첫 소설이자 가장 유명해진 『여성의 방The Women's Room』에서 "달콤한 인생 La dolce vita은 신형 세탁기 안의 세제로 채울 수 있는 것이 아니었지만, 특히 여자들에게 신형 세탁기, 드라이기, 냉장고는 노예 상태로부터 약간의 해방을 의미했다. 그런 새로운 제품과 경구 피임약이 없다면 여성해방은 요원할 것이다"라고 주장했다.[11]

프렌치의 주장은 비록 충분하지는 않을지라도 가전제품이 여성들의 해방에 기본적인 물질적 토대를 제공했다는 것이다. 사실상 많은 가전제품들이 노동절약적이거나 시간절약적인 기능을 수행한 것은 사실이었다. 문제는 그러한 노동절약과 시간절약을 여성들이, 주부들이 생산적인 방식으로 이용하기는커녕, 더 많은 빨랫감, 더 자주 하는 청소, 더 많은 요리하기 등의 추가적 가사노동으로 사용한 덕분에 가전제품을 사용하여 얻는 이점들을 많은 경우 상쇄했다는 것이다.

코완의 주장을 따르자면 미국에서 가사노동을 실질적으로 없앨 수도 있는 기술 시스템이 확립될 수도 있었다, 물론 반反사실적 가정에 기초한 것이지만. 그러나 대다수 미국인들이 볼 때 그러한 기술 시스템은 미국인들이 바람직하게 생각하는 가정을 약화 혹은 분해시킬지도 모른다는 두려움 때문에 그들은 쉬지 않고 반대해오고 저항을 했던 것이다.[12] 따라서 가사기술은 역사적으로 주부를 고립시키는 데 커다란 역할을 했던 보수적인 기술이었다. 가사기술이 주부를 고립시키는 대신에 주부에게 더 많은 여가를 만들어주지도 못한다면, 더 많은 일자리를 제공할 수도 없다면 왜 존재해야 하는가?

문제는 왜 가사기술은 사회변화를 가져온 것이 아니라 기존의 주류 이념을 따라갔는가 하는 점이다. 왜냐하면 많은 정보기술(IT)이 사회변화를 가져왔음에도 가사기술만은 그러하기는커녕, 자본주의 사회의 가부장적 이데올로기를 강화하는 방향으로 나아갔기 때문이다. 또한 가사기술은 남성의 기술 혹은 남성을 위한 기술이 아닌, 여성의 기술 혹은 여성을 위한 기술이라고 광고 혹은 선전했음에도 결과적으로는 기존 사회의 이념—가부장제도와 남녀 영역의 분리 그리고 개인주의와 사생활 보장 등—을 강화하는 방향으로 나아갔다. 물론 결과적으로 가전제품 개발에 여성이 참여한 경우는 거의 없었다. 있다손 치더라도 제품 디자인 개발 시에만 소비자 혹은 사용자로서 의견을 제시하는 경우는 있었지만 말이다.

가사기술을 통해 가사노동시간과 강도를 획기적으로 줄이고 효율성을 높여보겠다는 '가정에서의 산업혁명'은 완전히 성공하지 못했을지도 모른다. 그러나 그 대신 가정에서의 소비혁명은 성공했다. 이제 미국의 주부들은 세탁기나 냉장고 같은 가전제품 없이는 일상생활을 꾸려나가기가 어렵게 된 것이다. 가전업체의 이해관계가 기존의 미국적 이념을 강화시키는 방향을 선택했기 때문이다. 코완도 날카롭게 지적했듯이, 미국인들은 기회만 된다면 가족의 사생활이 보장되고 가정의 자율성을 확보할 수 있는 방향을 선택하고자 했다. 이러한 방향에 부합했던 것은 당연히 각자의 가정에 각각의 가전용품을 구입하는 것이었다. 그렇기 때문에 상업용 세탁소는 서서히 이용이 줄어들었으며, 음식배달 서비스는 실패했으며, 공동부엌의 가능성은 단호히 부정되었다.[13]

기계화와 전기화는 자동적으로 가사노동을 줄여주거나 없애준 것은 아니었다. 와이즈먼도 지적하듯이, 가사기술은 여성들을 가정에서 해방시키기는커녕 오히려 가정에 더 묶이게 만들었다. 가사기술은 성별 노동 분업을 강화시켰으며, 집안에서 해야 할 일들의 '재배열'을 지연시키거나 오히려 남성의 가사노동 몫을 줄이는 데 공헌했다.[14] 가전제품들로 인해 가사노동의 강도는 줄어들었을지 몰라도 여성들에게 새로이 해야 할 더 많은 집안일들이 만들어졌다. 즉, 항상 기술이 인간의 삶을 더 나은 방향으로 이끌어가는 것은 아니었다. 그것은 인간들이 혹은 사회가 원하는 방향으로 분명하게 기술을 드라이브하기 전에는 기술은 그저 도구에 불과할 뿐이라는 메시지이기도 하다.

미국인들의 핵심적 가치 중 하나는 독립선언서에서도 밝혔듯이 '행복의 추구'다. 그리하여 19세기까지 빅토리아적 가치관을 지닌 미국의 중산층 가정은 도덕적 행복을 추구했다. 도덕적 행복을 자신의 가정에서 구현하는 것이 중산층 여성의 목표였다. 그러나 20세기가 되자 그 목표가 바뀌었다. 아니, 바뀌었다기보다는 그 목표의 내용물이 바뀌었다. 20세기 미국의 가정은 19세기의 가정처럼 행복을 추구하지만 더 이상 도덕적 행복이 아닌 물질적 행복을 추구하게 되었다.[15] 그리고 그러한 목표를 실현하는 구체적인 수단은, 주부들의 입장에서, 청소기니 세탁기니 냉장고가 되었다. 이러한 가전제품의 구매야말로 자신이 꿈꾸는 행복을 실현하는 길이라고 생각하게 된 것이다. 그리하여 옆집에서 소유한 최신형 전기레인지가 없으면 자신은 상대적으로 불행하다고 느끼게 되었다. 결국 가사기술은 미국의 여성들에게 가사노동의 해방을 선물하기는커녕 오히려 가사노동에 예속시켰다고 볼 수 있다. 바로 가전제품이 제공하는 편리함, 편안함, 청결함 등으로 그들을 중독시켰기 때문이다. 이제 그것 없이는 가사노동을 생각할 수조차 없다. 더 많이, 더 자주 사용하면서, 더 쉽다는 이유로. 그리하여 일견 생산기술로 보이는 가전제품들은 소비재가 되는 것이고 가정에서의 소비혁명을 가져올 수 있었다. 미국이 다른 어느 국가보다도 가정에서 엄청 빠른 속도로 소비사회로 진행했던 것은, 물질적 조건이 갖추어지자 미국인 특유의 편리함과 개인주의, 그리고 행복의 추구가 실현되는 방향으로 접근했기 때문일 것이다.

에필로그
저녁이 있는 삶을 위해

1.

기억하는가, 월트 디즈니의 〈판타지아〉라는 제목의 만화영화를. 〈마법사의 제자〉를 세계적으로 알린 작품으로, 마법사의 철없는 제자로는 미키마우스가 등장한다. 스승이 잠시 자리를 비운 사이 미키마우스가 빗자루를 만들어 물을 긷게 하는 마술을 부리다가 결국에는 제대로 상황을 통제할 수 없어 모든 것을 엉망으로 만들 때쯤 스승이 나타나 문제를 해결해주는 이야기다. 이 영화의 교훈은 무엇일까. 코완의 명쾌한 지적처럼, 사람들이 자신이 사용하는 도구에 대해서 모르면 모를수록 사람이 도구를 지배하는 것이 아니라 도구가 사람을 지배할 것이라는 점이다.[1] 우리가 이용하는 가사기술 또한 그러하다. 우리가 가사기술에 무지하면 할수록 우리는 점점 더 가사기술에 휘둘리게 된다. 가사기술에 맹목적으로 종속되는 상황이 만들어지는 것이다.

그렇다면 여성을, 혹은 나아가 우리 인간을 단순하지만 반복적이고 번거로우면서도 힘든 가사노동으로부터 진정 해방시킬 수 있는 가사기술은 가능할까? 쉽지는 않아 보인다. 예컨대, 최근에 독일항공우주센터에서 가사 로봇을 만들었다. 이름이 '저스틴Justin'인 이 로봇은 공을 붙잡기는 하는데, 정작 식기세척기에 접시를 넣는 초보적 동작조차도 제대로 수행하지 못했다. 결국 로봇을 통해 가사노동의 문제를 해결해보겠다는 야심찬 생각은 일단 로봇 수준으로는 '일상의 복잡한 상황'을 제대로 이해하지 못하고 또한 '로봇의 예측능력 부재' 때문에 성공하지 못했다.[2] 만일 요즘 '핫한' 인공지능(AI)을 장착한 가사 로봇이 새롭게 등장한다면, 과연 성공할 수 있을까. 이러한 발상의 가사 로봇은 마치 1910년대 전기하인이 가내하인 자리를 대신할 수 있을 것처럼 등장했던 역사적 상황이 연상된다.

하지만 가사기술을 통해 가사노동시간을 획기적으로 줄여주는, 나아가 주부들을 가사노동으로부터 해방시켜주는 길은 아직은 요원한 듯하다. 가사기술은 주부들이 해야 하는 허드렛일로부터 해방시켜준다는 약속은 할 수 있었지만, 어머니로서 가정에서 해야 하는 가장 큰일은 무엇보다도 육아였다. 임신과 출산 그리고 수유, 그러고도 이후 끊임없이 돌봐야 하는 아이, 학교 갈 나이가 된 아이를 위해서는 이제 교육에 전념해야만 한다. 이 일은 어떠한 가사기술로도 해결이 불가능하다. 임신, 출산, 수유는 여성 고유의 몫일 수밖에 없다손 치더라도 그 이후, 아니 그 이전부터라도 아이를 잘 키우고 교육시키는 것은 부모 공동의 몫이다. 과연 가사 로봇이 아이를 잘 돌볼 수 있을까. 나아가 육아 문제를 해결할 수 있을까. 아직 아이를 돌보는 가사기술은 출현한 바 없다.

2.

한국에서의 가사노동과 관련한 지나간 신문 기사를 읽다 짧지만 흥미로운 외신을 접하게 되었다. 1973년 서독—당시는 서독과 동독으로 나뉘어 있었다—의 저명한 주간지인 『슈테른Stern』에 실린 글을 간략하게 소개한 내용이었다. 기사에 의하면, 독일의 한 저축은행이 추정 계산한 주부의 한 달 가사노동을 시장가격으로 환산하면 1900마르크에 해당한다는 것이다.[3] 이는 당시 서독의 1인당 국민소득의 거의 2배에 해당하는 금액이었다. 그러니까 서독 주부가 하는 노동은 시장에서 두 사람 노동의 몫의 가치가 있었던 것이다.

흥미롭게도 우연의 일치인지는 몰라도, 같은 해인 1973년 미국에서도 가사노동을 시장가격으로 환산하려는 시도가 있었다. 코넬 대학 교수 게이저William Gauger의 계산에 의하면, 당시 1년간 가사노동의 시장가격은 총 8800달러로, 주부는 7600달러, 남편은 1200달러만큼의 공헌을 한 것으로 계산되었다. 1972년 미국의 1인당 국민소득은 6112달러(1973년의 경우는 6744달러)였으니, 주부는 1인당 국민소득을 상회하는 일을 집에서 하고 있었던 것이다.[4] 이처럼 미국이나 서독에서는 이미 1970년대에 보수 없는 가사노동을 유급의 서비스노동으로 이해하려는 시도를 했다.

한국 또한 최근 들어 뒤늦게나마 가사노동을 시장가격으로 환산하려는 최초의 공식적인 시도가 국가 차원에서 이루어졌다. UN에서 가사노동의 경제적 가치를 반영하여 각국의 소득통계에 활용할 것을 권고한 다음 해인 2018년 10월, 통계청은 2014년 기준 연봉으로 계산할 경우 '무급' 가사노동의 1인당 시장가격은 710만 8000원이라고 발표했다. 이를 전체 국민으로 계산하면 360조 7300억 원이었다(여성은 272조 4650억 원, 남성은 88조 2650억 원). 이는 전체 국내총생산(GDP)의 24.3퍼센트에 해당했다. 물론 정부는 이를 '객관적 지표'로서 당장 활용하지는 않는다고 선언했지만, 향후 국민들의 '삶의 질'을 이해하는 데 조만간 이용 가능할 것으로 예상된다. 흥미로운 점은 1999년부터 2014년까지 가사노동에 참여하는 남성들의 수가 꾸준히 늘고 있다는 것이다. 쉽게 말해, 가정에서 여성의 가사노동 가치 대 남성의 가사노동 가치의 비율이 1999년의 3.98에서 2004년에는 3.36, 2009년에는 3.25, 그리고 2014년에는 3.09로 줄어드는 경향을 보였다. 즉 1999년에는 남성의 가사노동 참여가 여성의 4분의 1 정도에서 2014년에는 3분의 1 정도로 늘어난 것이다. 맞벌이 부부와 1인 가구의 증가가 이러한 변화에 커다란 영향을 미쳤으리라 추정할 수 있다.[5]

위에서 언급한 가사노동의 시장가격 환산 작업은 무급의 가사노동을 유급의 서비스노동으로 간주하고자 하는 시도의 일환일 것이다. 그러나 아직까지 그림자노동으로서의 가사노동의 성격에 있어 근본적인 변화는 없다. 이러한 시도는 그저 반反사실적 가정에 근거할 뿐이다. 과연 무급의 가사노동이 노동시장 참여 없이도 유급의 서비스노동으로 인정받을 수 있을까?

생각해보자. 이반 일리치의 '그림자노동'은 그 핵심이 금전적 보상은 없으면서 자발적이고도 철저하게 고립된 노동이다. 마치 권투에서 '그림자복싱'이 실제의 권투시합이 아닌 것처럼, '그림자노동'은 노동의 대가에 대한 경제적·금전적 보상이 없었던 실재하지 않는 가공의 노동으로 취급되어왔다. 19세기 산업혁명이 본격화되면서 공고화된 이념인 여성과 남성, 아내와 남편의 노동 분리로부터 아내이자 주부는 '그림자노동'의 역사적 주체로서 활동해왔다. 문제는 이 그림자노동이라는 것이 임금노동의 짝으로서 산업화의 산물이자 가장으로서의 남성이 임금노동자가 될 수 있는 '필요조건'으로 존재해왔다는 점이다. 어떤 면에서는 "상품집약형 사회의 존속 유지에 임금노동보다 더욱 근본

적"일 수 있다는 말이다.[6]

3.

다시 한번 묻자. '코완의 패러독스'는 해결되었는가? 미국의 경우
100년 동안 가사노동시간이 점차 감소하는 방향으로 움직인 것
처럼 보이지만, 사실 처음 60년 이상은 거의 변화가 없었다. 오히
려 증가하기도 했다. 그렇지만 1960년대 후반부터 가사노동시간
의 감소가 가시화되기 시작했다. 그런데 그러한 변화는 가사제품
들의 확산으로 벌어진 것은 아니었다. 오히려 사회적 인식의 변
화 때문에 가능했다. 당시 진행되던 2차 여권운동은 남녀 간의
고정관념에 커다란 충격을 주었다. 덕분에 남성들이, 남편들이
점점 더 가사노동에 기꺼이 혹은 마지못해 참여했던 것이다.

그 결과 오늘날 미국 사회는 남녀평등이 실현되고 남편과 아
내 모두 일을 하면서 가사노동도 똑같이 나누고 있는가. 이 질문
에 대해서는 다음과 같은 일화만으로도 명백한 답이 되리라 생
각한다.

2018년 12월 초, 전 미국 대통령의 부인 미셸 오바마가 자신
의 회고록을 소개하는 자리였다. 사회자와 대화를 나누던 도중
여성의 사회적 지위에 관한 얘기를 하게 되었다. 미셸 오바마는
21세기 미국 사회에서는 여성이 가정과 자신의 직업 둘 다 잘할
수 있다고 주장한 셰릴 샌드버그Sheryl Sandberg의 책『린 인Lean
In』(2013년)에 대해, 말도 안 되는 소리라면서 "여전히 결혼은 공
평하지 않다"고, 심지어 그러한 주장이 거짓이라고까지 단언했
다.[7] 2008년부터 페이스북의 최고운영책임자로 있는 샌드버그
는 이를 계기로 논쟁에 휩싸였다. 2013년 7월, 한국어 번역본 출

간 기념으로 방한한 샌드버그는 기자간담회에서 "남편들은 꽃다발 선물 대신 세탁기를 돌려줘야 한다"[8]면서 집안일에 대한 남편의 가사분담이 여성의 사회진출에 필요하다고 강조한 이력의 소유자이기도 하다. 미셸 오바마는 당시 비속어인 "shit"라는 단어를 사용하면서 『린 인』이 출간된 지 5년도 넘은 시점이지만 집안일과 회사일을 공평하게 나눌 수 있는 상황은 아직까지도 미국 사회에서 실현되지 않았다고 잘라 말했다. 대통령 영부인을 지낸 최고 엘리트 여성의 시각에서도 여전히 미국 여성의 사회진출은 장애물이 많으며, 여성의 커리어와 가족 모두를 균형 있게 유지한다는 것은 대부분의 미국 여성에게 너무 힘들다는 얘기였다. 자리에 참석했던 청중들은 미셸 오바마의 격한 감정 표현에 열광적으로 반응함으로써 그녀의 견해에 동의해주었다.

그렇다면 21세기 한국 사회는 어떠한가. 미국이라는 사회조차도 기울어진 운동장이라면 한국 사회는 더 언급할 필요도 없을 것이다. 가사기술이 가사노동 문제를 해결할 수 없다면, 결국 가사노동은 부부 모두의 문제인 것이다. 가사노동 문제를 여성만이, 주부만이 매달리는 전제하에서는 어떠한 해결도 찾기 힘들다. 대학을 졸업한 남자들이 일자리를 찾듯이, 대학을 졸업한 여자들도 일자리를 원한다. 아이를 키우느라 경력이 단절된 여성 또한 일자리를 원한다. 그것이 자아실현의 수단이건 혹은 생활수준을 높이기 위한 수단이건 간에 말이다. 그리고 기술은 우리가 어떻게 사용하느냐에 따라 사회변화를 가져오는 촉진제 역할도 하지만 거꾸로 기존의 사회 시스템을 지키는 안전판 역할을 하기도 한다. 결국 선택은 우리가 한다, 어떤 종류의 기술이 되었건. 현재의 가사기술로 가사노동을 완전하게 대신할 수 없다면 차라리 가사노동을 남편과 혹은 가족 모두와 합리적인 방식으로 나누려는 생각을 진지하게 할 때가 되었다. 아니, 늦었지만 지금이라도 본격적으로 사회적 합의를 이끌어내야만 할 것이다.

현재와 같은 소비자본주의 체제하에서 앞으로 많은 가전제품들이 출현한다손 치더라도, 가사노동이 구조적으로 그림자노동을 벗어날 수 없다면, 또한 대부분 주부만의 몫이라면, '코완의 패러독스'는 근본적으로 해결될 것처럼 보이지 않는다. 오늘날 미국 사회건 한국 사회건 가부장제가 많이 부식되었지만, 여전히 아내와 주부는 끊임없이 감정을 소비하면서 더 많은 시간을 가정을 유지하는 데, 아이를 돌보는 데 사용하고 있다. 만약 가사노동이 남편과 아내 사이에서 최소한이라도 공평하게 분배되고, 여기에 자녀들이 자발적으로 가사노동에서 할 수 있는 자신의 일을 찾아서 부모를 도운다면 '코완의 패러독스'는 상당 부분 해결될 여지가 크다고 볼 수 있다. 그렇지만 가정에서 계속적으로 새로운 일을 만들어내거나, 더 많이 구입하거나, 더 크게 집을 넓힌다면 가사노동시간의 감소로 인한 여가시간의 증가 혹은 '저녁이 있는 삶'이 보장되는 여유로운 삶은 여전히 요원해 보인다. 그것은 미국뿐 아니라 이 땅에서도 그러할 것이다.

감사의 글

어쩌다보니, 가사노동에 전념하지도 않는 주제에 가사노동과 가사기술의 역사에 관한 책을 쓰게 되었다. 크게 보면 미국이라는 공간과 19세기 후반부터 20세기에 걸친 시간을 교차시켜, 딴에는 기술사와 사회사가 결합하기를 희망하면서 이 책을 완성하였다.

원래 기술사는 내 전공분야가 아니었다. 아니, 1970년대 한국의 사학과에서는 과학사나 기술사를 교과과정에 포함시키지도 않았다. 물론 현재는 제법 여러 대학에서 이 분야 강의를 제공하고 있지만 말이다.

1994년 현재의 학교에 부임하자마자 가르쳐야 하는 과목이 과학사였다. 공대 위주의 학교다보니 이미 그렇게 교과과정이 짜여 있었다. 당시 과학사에 관한 교재가 없었던 것은 아니었으나, 카이스트에 근무하던 김동원 선생께 도움을 청했다. 김 선생은 미국에서도 많지 않은 과학사학과에서 공부를 했기 때문에 어떤 방식으로 과학의 역사에 접근하는지 궁금했기 때문이다. 고맙게도 본인의 강의노트 복사본을 선뜻 빌려주었다. 물론 약속했던 것처럼, 그 노트를 다른 사람들에게 보여준 적은 없었으며 그분의 강의노트로 강의한 적도 없었다.

그런데 당시 내가 가진 깊지 않은 지식으로도 과학사를 가르치면 가르칠수록 과학사와 기술사가 그 뿌리가 다르다는 것을 깊이 의식하게 되었다. 결국 과학사는 공대생들에게 그들의 역사적 정체성을 보여주기에는 아쉬움이 있으며, 따라서 기술사를 별도로 가르쳐야겠다는 생각을 갖게 되었다. 그렇다 치더라도 기술사는 내게 생소한 분야였다. 과학사는 학부시절 교양과목 강의로 수강했지만, 사학과에서 기술사를 공식적으로 배운 적이 없었기 때문이다. 내가 박사학위를 받은 대학에 기술사 분야에서 맹활약 중인 루스 코완Ruth Cowan 선생이 있었다는 것을 알고 있었지만 당시에는 관심조차 없어서 그분의 강의를 들을 기회를 놓쳤던 것이다.

언젠가 미국의 세계박람회 역사에 관한 전문가인 로버트 라이델Robert W. Rydell 교수와 대화를 나눌 기회가 있었다. 그는 내가 대학원 시절 코완 선생으로부터 기술사를 제대로 배울 기회를 놓쳤다고 하자, 그 또한 자신의 대학인 UCLA에 중세 기술사의 대가인 린 화이트Lynn White가 있었음에도 그의 강의를 들을 기회를 놓쳤노라고 얘기해준 적이 있다. 그러니 공식적으로 기술사를 못 배운 것에 대해서 너무 괘념치 말라고 조언해주었다. 덕분에 자격지심을 많이 덜어내게 되었다.

하여간 지금의 대학에서 '기술과 사회'라는 과목을 만들어 가르친 지가 벌써 20년도 넘었다. 이러한 제목은 기술을 역사적으로 접근하되 기술사회학과 기술철학이 포함된 수업을 가르치고 싶었던 생각에서 나온 것이었다. 물론 오늘날의 대세는 과학과 기술을 '과학기술학Science and Technology Studies(STS)'이라는 이름으로 통합적으로 가르치는 것이지만, 그렇다고 해서 기술사가 불필요하다는 이유가 되지 않는다고 생각한다.

기술사를 공부해오면서 내 나름대로 연구가 어느 정도 가능하지 않을까 생각한 분야는 세계박람회의 역사, 엔지니어의 역사,

가사노동과 가사기술의 역사 등이었다.

처음에는 세계박람회의 역사를 단행본으로 만들 생각을 했으나, 이미 2000년대에 접어들면서 세계박람회의 현재적 의미가 사라지고 있었다. 2012년 여수 세계박람회를 관람한 후 크게 실망한 나머지 이 주제로 책 쓰기를 중단하고 논문 하나 쓰는 것으로 만족하기로 했다. 그렇지만 전前근대의 기술자인 장인과 분명히 구분되는 엔지니어에 관한 역사는 다행히도 여러 동료 선생들과 공동작업을 할 수 있었다. 혼자서는 불가능했기에 근대의 산물인 영국, 프랑스, 독일, 미국 엔지니어의 역사를, 비록 충분하지는 않지만 두 권의 공동저서로 완결할 수 있었다. 마지막으로 가사노동과 가사기술의 역사는 그 범위를 미국에 국한하고 필요한 경우에 다른 국가들을 비교하는 방식으로 쓸 수 있지 않을까 생각하여 한국연구재단의 도움을 받아 이렇게 단행본으로 완결하게 되었다.

생각해보니 4년 이상 제법 긴 시간을 들여 마무리를 할 수 있었다. 우선, 필요할 때마다 국내 도서관에 있는 책과 논문을 자신의 일인 것처럼 신속하게 보내준 본교 도서관 직원 분들, 특히 전前 학술정보팀의 임미영 님에게 고마움을 전하고 싶다. 또한 미국의 문서고에서도 여러 사서 분들의 도움을 받았다.

여러 동료 선생들의 도움을 받았음은 물론이다. 특히 코완 선생은 진즉부터 이메일을 주고받았으나 직접 만난 것은 2016년 싱가포르에서 열린 국제기술사학회에서였다. 이 책이 영어로 발행되지 않는 것에 대해 안타까움을 표시하면서 한국어로 출간될 때는 가능한 한 한국적 상황을 많이 언급하라고 조언해주었다. 그렇지만 실제적으로 작업을 해보니 미국과 한국의 상황을 자주 비교하는 것이 오히려 잘못하다가는 죽도 밥도 안 되겠다는 생각과, 이 주제에 관한 한국의 상황은 기회가 되는 대로 별도로 책을 쓰는 것이 맞다는 생각을 하게 되었다.

이 책의 원고를 수정하는 과정은 2019년 가을학기 베를린공대Technische Universität Berlin에 머물면서 진행되었다. 그곳에서 수정작업에 전념할 수 있게 도움을 준, 은퇴한 볼프강 쾨니히Wolfgang König 교수, 행정적인 문제를 신속하게 해결해준 프리드리히 슈타인러Friedrich Steinle 교수, 거의 매주 월요일마다 점심을 같이 나누었던 하이크 베버Heike Weber 교수를 비롯한 기술사 분과 연구자들에게도 고마움을 전한다.

출판사의 박윤선 주간께서는 베를린에서 내가 보낸 원고를 꼼꼼히 읽고 과감하게 가지치기를 해주었을 뿐 아니라 올바른 방향으로 수정까지 제안해주었다. 저자로서 좋은 편집자를 만난다는 것은 진실로 행운이라고 생각한다. 덕분에 이곳저곳에서 중언부언重言復言을 줄이고, 글을 더욱 간결하고 힘있게 만들 수 있었다.

마지막으로, 언제나 내 곁에서 묵묵히 도와준 전업주부인 아내에게 감사를 표하고 싶다. 비록 끝에 언급하고 있지만 사실상 이 책을 완결하는 데 가장 큰 도움을 주었다.

2020년 1월
베를린에서
김덕호

미주

서론

1 Siegfried Giedion. *Mechanization Takes Command*(New York: Oxford University Press, 1948)

2 이 책은 원래 1978년도 박사학위 논문으로 제출된 내용을 보충하여 출간된 단행본이다. 학위논문 제목은 단행본의 제목과 일치하나 부제는 다르다. 학위논문은 '1850년에서 1930년 사이 가사노동의 이념과 기술the ideology and technology of housework, 1850-1930'이었으나, 단행본은 '미국 가사노동의 역사'였다. 이 단행본은 학위논문에서 다룬 시기를 확대하여 17세기부터 20세기 전반에 걸친 시기를 다루고 있다.

3 Cowan, "The 'industrial revolution' in the home: household technology and social change in the 20th century,"*Technology and Culture* 17(Jan. 1976), 8-9.

4 기껏해야 필자가 아는 수준에서는 E. H. 카의 『역사란 무엇인가』에서 논쟁적인 현대사가 A. J. P. 테일러가 영국에서 한때는 대학교수들의 설거지를 하녀가 했지만 이제는 그들 자신이 하고 있다는 데서 "문명의 몰락"을 확인했다는 언급 이외에는 특별히 본 적이 없다. 카는, 대학교수가 아닌 하녀의 입장에서는 이러한 변화가 "진보의 한 상징"일 것이라고 덧붙였다. 어찌 되었건 테일러는 바로 20세기 영국에서 가내하인층이 사라지고 있는 역사적 변화를 관찰한 것이다. E. H. Carr, *What is History?*(Harmondsworth, Middlesex: Penguin Books, 1964[1961]), 112-13.

5 David Nye, *Consuming Power: A Social History of American Energies*(Cambridge, MA: MIT Press, 1998), 171, 183.

6 이반 일리히, 『그림자 노동』, 박홍규 옮김(미토, 2005), 152-153.

7 일리히, 『그림자 노동』, 166, 168.

8 Cowan, *More Work for Mother*, 88-89.

9 Eric Hobsbawm, "Man and Woman: Images on the Left," in his, *Workers: Worlds of Labor*(New York: Pantheon Books, 1984), 93; 이매뉴얼 월러스틴, 『근대세계체제 IV: 중도적 자유주의의 승리, 1789-1914년』, 박구병 옮김(까치, 2017), 292, 각주 83.

10 주디 와이즈먼, 『페미니즘과 기술』, 조주현 옮김(당대, 2001), 152-53.

제1장 '그림자노동'으로서의 가사노동

1 헨리크 입센, 「인형의 집Et Dukkehjem」(1879년), 제3막 중에서; 매릴린 옐롬, 『아내의 역사』, 이호영 옮김(책과함께, 2012), 397에서 재인용.

2 Ruth Schwartz Cowan, *More Work for Mother: The Ironies of Household Technology from the Open Hearth to the Microwave*(New York: Basic Books, 1983), 17-18

3 로먼 크르즈나릭, 『역사가 당신에게 들려주고 싶은 이야기』, 강혜정 옮김(원더박스, 2018), 70.

4 Cowan, *More Work for Mother*, 17-18. 여성사가 사라 에번스는 '영역 분리'를 하나

의 이데올로기로 이해하고 있다. Sara Evans, *Born for Liberty: A History of Women in America*(New York; Free Press, 1989), p. 138.

5 Adrian Forty, *Objects of Desire: Design and Society since 1750*(New York: Pantheon, 1986), 208.

6 Forty, *Objects of Desire*, 208~209.

7 앤서니 기든스, 『현대 사회학』(개정판), 김미숙 외 옮김(을유문화사, 1994), 508-509; 루이스 틸리 · 조앤 스콧, 『여성, 노동, 가족』, 김용 · 박기남 · 장정선 옮김(후마니타스, 2008), 18.

8 마르티나 헤슬러, 『기술의 문화사』, 이덕임 옮김(생각의나무, 2013), 87.

9 Barbara Easton, "Industrialization and Feminity: A Case Study of Nineteenth Century New England", *Social Problems* 23/4(April 1976), 389.

10 물론 보스턴 같은 도시는 상황이 달랐으며, 그곳의 상인계급의 경우 또한 상이했다. 그들은 18세기에 이미 많은 부를 거머쥐어 일종의 권력을 행사했으며, 부인들을 생산력과 관련된 일로부터 분리시켰다. 왜냐하면 식민지 모국인 영국으로부터 소비재를 수입해오거나 보스턴의 상점들에서 구입할 수 있었기 때문이다. 그리하여 그들의 부인들은 '사회적 품위social graces'와 관련된 행동에 주목할 수 있었다. Easton, "Industrialization and Feminity," 390-92.

11 에밀리 맷차, 『하우스와이프 2.0』, 허원 옮김(미메시스, 2015), 60.

12 Peter Laslett, *The World We Have Lost: England Before the Industrial Age*, 2nd ed.(New York: Charles Scribner's Sons, 1971[1965]).

13 Easton, "Industrialization and Feminity," 393.

14 Barbara Ehrenreich and English Dreirdre, "The Manufacture of Housework," *Socialist Revolution*, 26(1975), 10; Cowan, *More Work for Mother*, 70; Maxine L. Margolis, *Mother and Such: Views of American Women and Why They Changed*(Berkeley: University of California Press, 1984), 109.

15 Cowan, *More Work for Mother*, 53-54, 64-67.

16 Ibid., 41.

17 매릴린 옐롬, 『아내의 역사』, 이호영 옮김(책과함께, 2012), 389-390.

18 Helen M Carpenter, "A Trip Across the Plains in an Ox Wagon, 1857"(manuscript diary, Huntington Library), pp. 27-28 in Johnny Faragher and Christine Stansell, "Women and Their Families on the Overland Trail," Nancy Cott and Elisabeth Pleck, eds. *A Heritage of Her Own: Toward a New Socal History of American Women*(New York: Simon and Schuster, 1979), p. 254에서 재인용.

19 Abby Morton Diaz, *A Domestic Problem*(William B. Cairns Collection of American Women Writers, 1630-1900), p. 11; 맷차, 64-65에서 재인용. 번역본에는 "빅토리아 시대의 가정주부"라고 설명되어 있지만, 다이즈는 전형적인 19세기 미국의 가정주부는 아니었다. 사실상 결혼 생활이 짧았으며 이혼 후 두 아이를 먹여 살리기 위해 사회개혁가로 활동하면서도 교사 생활을 하기도 하고 가정부housekeeper 노릇도 했다. 아마도 가정부를 할 당시 하루에 했던 일을 기록한 것으로 보인다. https://en.wikipedia.org/wiki/Abby_Morton_Diaz(2019년 12월 3일 접속)

20 사라 에번스, 『자유를 위한 탄생』, 조지형 옮김(이화여대 출판부, 1998), 113에서 재인용.

21 Amy Kaplan, Amy. "Manifest Domesticity," American Literature 70/3(Sept. 1998), 581, 584. 펜실베이니아 대학 영문학 교수인 에이미 캐플란Amy Kaplan은 흥미롭게도 'domestic'이 지닌 이중적 의미를 강조하면서 이 이중적 의미를 통해 '가정성 숭배'가 진행되는 동안 미국 국내에서는 여성이 집안에 머물게 되었지만, 동시에 미국이 대외적으로는 제국주의적 팽창을 했던 시기와 일치한다는 날카로운 관찰을 했다. 'domestic'은 가정적이라는 의미도 있지만, 지리적으로 집뿐 아니라 특정인이 속한 국가의 내부라는 의미도 지닌다. 이 경우 외국과 관련된 'foreign'과 반대되는 의미를 갖게 된다. 『옥스퍼드 영어 사전』에 따르면, 처음에는 'foreign'이 '문 밖의' 혹은 '집에서 먼 (거리에 있는)'이라는 의미를 지녔다. 지금에 와서는 물론 '국내적인'이라는 의미와 대척적인 의미를 지니고 있다. 이렇게 되면, '집/가정으로서의 국가the nation as home'를 연상할 때 '가정성'은 중차대한 역할을 하게 된다. 또한 '가정성'을 고정된 혹은 불변의 상태가 아니라 '길들이기/익숙해지기의 과정the process of domestication'으로서 이해할 수 있게 된다. 이런 식으로 '가정성'이라는 이념을 이해하면 기존의 페미니스트와 역사가들이 해온 가정성과 관련된 연구들이 '가정성'과 국민주의nationalism, 나아가 제국주의와의 연관성을 무시해왔음이 드러나게 된다. 그녀의 이러한 주장은 나중에 The Anarchy of Empire in the Making of U. S. Culture(Cambridge, MA: Harvard University Press, 2002)에서 확대 및 정교화되었다. Kaplan, 581-82.

22 Barbara Welter, "The Cult of True Womanhood," American Quarterly 18 (Summer 1996), 151-52, 인용은 152쪽.

23 옐롬, 『아내의 역사』, 400-1. 인용은 401쪽. 번역서에는 레오 8세로 되어 있으나 레오 8세는 중세 시절의 교황이었으며, 이 시기 교황은 레오 13세(1878~1903)가 맞다.

24 C. W. Marsh, Recollections 1837-1910(Chicago, 1910), p. 298; 에이드리언 포티, 『욕망의 사물: 디자인의 사회사』, 허보윤 옮김(일빛, 2004), 85에서 재인용.

25 영국 빅토리아 여왕의 재위 기간은 1834년부터 1901년까지였다. 이 시기에 급격한 산업혁명이 진행되었으며, 영국은 여왕 재위 동안 '세계의 공장'이 되었으며, 세계에서 가장 큰 제국을 건설하기도 했다. 이 시기 영국과 뒤이은 미국은 또한 급속하게 산업사회로 이동해갔다. 이 과정에서 남성 중심의 혹은 남성 우위의 가부장적 질서가 강화되고 여성의 사회적 지위는 더 약화되었다. 우리는 대략 이 시기를 문화사적인 의미에서 빅토리아 시대라고 부르고 이 시기의 주된 가치관을 빅토리아적 가치관으로, 그리고 이 시기의 주류 문화를 '빅토리아 문화'라고 부른다. 이 시기 영미의 도덕적 가치관은 거의 흡사했다. 그렇기 때문에 필자는 이 책에서 미국을 주 대상으로 하지만 가끔씩 영국의 사례도 인용할 것이다.

26 에번스, 『자유를 위한 탄생』, 115.

27 Baldwin Brown, Young Men and Maidens, A Pastoral for the Times(London, 1871), pp. 38-39; 포티, 『욕망의 사물』, 130에서 재인용.

28 Easton, "Industrialization and Femininity," 395.

29 George W. Burnap, The Sphere and Duties of Woman(1848), pp. 45-46; Yalom, 296에서 재인용. 초판의 제목은 Lectures on the Sphere and Duties of a Woman and Other Subjects로 1841년에 출간되었다.

30 에번스, 『자유를 위한 탄생』, 116에서 재인용.

31 Heman Humphrey, Domestic Education(Amherst, 1840), 16; Easton, 395에서 재인용.

32 옐롬, 『아내의 역사』, 309에서 재인용.

33 맷차, 『하우스와이프 2.0』, 63.

제2장 '가정(경제)학'의 탄생

1 Lindea Marie Fritschner, "Women's Work and Women's Education: The Case of Home Economics, 1870-1920," *Sociology of Work and Occupations*, 4/2(May 1977), 210.

2 Fritschner, "Women's Work and Women's Education," 213-15.

3 Marjorie M. Brown, "Home Economics: Proud Past-Promising Future." AHEA Commemorative Lecture, *Journal of Home Economics* 76(1984), 48. 이 책에서는 '가정경제학'과 '가정과학'이 동의어로 사용될 것이다. 동시대에도 서로 혼용되어 사용되고 있었으며, 둘 다 가정을 합리적·과학적으로 관리하는 것과 관련된 작업을 학문화하는 것을 목적으로 하고 있었다. 그리고 '가정과학'과 '가정경제학'은 한국에서 정착된 용어인 '가정학'과 동일한 학문이다.

4 Sarah Stage, "Ellen Richards and the Social Significance of the Home Economics Movement," in Sarah Stage and Virginia B. Vincenti, eds. *Rethinking Home Economics: Women and the History of A Profession*(Ithaca: Cornell University Press, 1997), 30.

5 옐롬, 403, 429. 옐롬의 주장에 따르면, '신여성'이라는 용어가 1894년 세라 그랜드의 논문에서 처음 사용된 것으로 보인다. Sarah Grand, "The New Aspect of the Woman Question," *North American Review* vol. 158(1894), p. xxx; 옐롬, 623, 각주 4. 에번스, 『자유를 위한 탄생』, 230.

6 옐롬, 296. 이 잡지는 1830년에 창간되어 1878년에 폐간되었다. 1860년에는 무려 15만 부가 팔려 '월간지의 여왕'이라고 자칭할 정도로 미국 사회에 끼친 영향력이 대단했다. 작가 세라 헤일은 1837년부터 1877년까지 무려 40년 동안 이 잡지의 편집자로 활동했으며, 죽기 직전에야 이 잡지에서 손을 뗐다. 잡지에 끼친 사라 헤일의 영향력은, 이 잡지가 1만 부 정도의 구독자를 보유하고 있다가 그녀가 편집자가 되고 2년 만에 4만 명으로 늘어났다는 점에서도 여실히 알 수 있다. 결국 잡지는 그녀가 사직한 후 다음 해에 문을 닫았다. https://en.wikipedia.org/wiki/Godey%27s_Lady%27s_Book(2019년 4월 27일 접속)

7 Sigfried Giedion, *Mechanization Takes Command*(Minneapolis, 2013[1948]), part 6 "mechanization encounters the household," p. 514.

8 Catharine E. Beecher and Harriet Beecher Stowe, *The American Woman's Home or Principles of Domestic Science: Being A Guide to the Formation and Maintenance of Economical, Healthful, Beautiful and Christian Homes*(New York: J. B. Ford & Co., 1869), 32-33.

9 Beecher and Stowe, *The American Woman's Home or Principles of Domestic Science*, 19, 222; 이 내용은 손정희, "길먼의『다이앤서가 한 일』: 가사 노동과 여성의 위상," 『미국소설』 16권 1호(2009)의 논문을 통해서 확인한 것임.

10 Linda Marie Fritschner. "Women's Work and Women's Education: The Case of Home Economics, 1870-1920," Sociology of Work and Occupations, 4/2(May 1977), 212-13.

11 Ibid., 230.

12 Ibid., 216-18.

13 Ibid., 219-20.

14 Ibid., 226-27.

15 Ibid., 213.

16 Ehrenreich and English, "The Manufacture of Housework," 21.

17 Ibid., 11.

18 맷차, 『하우스와이프 2.0』, 67.

19 Ehrenreich and English, "The Manufacture of Housework," 21.

20 Announcement: The American Home Economics Association and the Journal of Home Economics," *Journal of Home Economics* 1(February 1909), 1: Stage, "Ellen Richards and the Social Significance of the Home Economics Movement," 17에서 재인용. Stage, ibid., 27.

21 Stage, "Ellen Richards and the Social Significance of the Home Economics Movement," 20.

22 *Proceedings of the Lake Placid Conference in Home Economics. Tenth Annual Meeting*(1908), 20 & *Proceedings of the Lake Placid Conference in Home Economics. Sixth Annual Meeting*(1904), 20: Brown, "Home Economics: Proud Past-Promising Future." 49에서 인용.

23 Stage, "Ellen Richards and the Social Significance of the Home Economics Movement," 25-26.

24 Linda Hull Larned, "The National Household Economics Association, 1893-1903," *Journal of Home Economics* 1(April 1909), 185-86: Stage, "Ellen Richards and the Social Significance of the Home Economics Movement," 26에서 재인용.

25 Margolis, *Mothers and Such*, 139.

26 Margolis, *Mothers and Such*, 139: Joel A. Tarr and Mark Tebeau, "Managing Danger in the Home Environment, 1900-1940." *Journal of Social History* (Summer 1996), 800. 한국도 해방 이후 가정 과목을 중고교 시절에 가르쳐왔다. 초창기에는 남자에게는 기술 과목을, 여자에게는 가정 과목을 남녀 분리해서 가르쳤으나, 이제는 그러한 구분이 없어졌다.

27 Forty, *Object of Desire*, 117.

28 Ehrenreich and English, "The Manufacture of Housework," 18.

29 수전 스트레서, 『낭비와 욕망』, 김승진 옮김(이후, 2010), 268: Forty, *Object of Desire*, 159.

30 Margolis, *Mothers and Such*, 136.

31 Ellen H. Richards and Marion Talbot, *Home Sanitation: A Manual for Housekeepers*(Boston: Ticknor, 1887), 73 and Ellen H. Richards, *Sanitation in Daily Life*, 3rded.(Boston: Whitecomb and Barrows, 1915), 3: 낸시 톰스, 『세균의 복음: 1870-1930년 미국 공중보건의 역사』, 이춘입 옮김(푸른역사, 2019), 212-213쪽에서 재인용.

32 Nancy Tomes, "Spreading the Germ Theory: Sanitary Science and Home Economics, 1880-1930," in Sarah Stage and Virginia B. Vincenti, eds. *Rethinking Home Economics: Women and the History of A Profession*(Ithaca:

Cornell University Press, 1997), 35; Forty, *Object of Desire*, 203.

33 Forty, *Object of Desire*, 168.

34 톰스, 『세균의 복음』, 234.

35 Forty, *Object of Desire*, 157.

36 Ibid., 169.

37 Tomes, "Spreading the Germ Theory," 38.

38 Forty, *Object of Desire*, 116.

39 Stuart Ewen, *Captains of Consciousness: Advertising and the Social Roots of the Consumer Culture*, 25th anniversary edition(New York: Basic Books, 2001[1976]), 169-70.

40 Ehrenreich and English, "The Manufacture of Housework," 19; Forty, *Object of Desire*, 224.

41 Forty, *Object of Desire*, 117-18.

42 Tarr & Tibeau, "Managing Danger in the Home Environment, 1900-1940." 800.

43 Stage, "Ellen Richards and the Social Significance of the Home Economics Movement," 29.

44 Giedion, *Mechanization Takes Command*, 519-20; Ehrenreich and English, "The Manufacture of Housework," 20.

45 Ehrenreich and English, "The Manufacture of Housework," 20.

46 조나단 M. 우드햄, 『20세기 디자인: 디자인의 역사와 문화를 읽는 새로운 시각』, 박진아 옮김(시공사, 2007), 55.

47 Giedion, *Mechanization Takes Command*, 521에서 재인용; Stage, "Ellen Richards and the Social Significance of the Home Economics Movement," 32.

48 Christine Frederick, *Household Engineering: Scientific Management in the Home*(Chicago: American School of Home Economics, 1919[1915]), 22-23.

49 Heidi Hartmann, "Capitalism and Women's Work in the Home, 1900-1930," PhD Thesis, 1974, Yale University, 195; Margolis, *Mothers and Such*, 143.

50 Hartmann, "Capitalism and Women's Work in the Home, 1900-1930," 196.

51 Ehrenreich and English, "The Manufacture of Housework," 21.

52 David E. Nye, *Electrifying America: Social Meaning of a New Technology*(Cambridge, MA: The MIT Press, 1992), 252.

53 Ehrenreich and English, "The Manufacture of Housework," 12; Stage, "Ellen Richards and the Social Significance of the Home Economics Movement," 32.

54 Margolis, *Mother and Such*, 144.

55 Stage, "Ellen Richards and the Social Significance of the Home Economics Movement," 25, 31.

56 Brown, "Home Economics: Proud Past-Promising Future." 49.

57 Ibid., 51. 10년간에 걸쳐 진행된 레이크 플래시드 회의에서 드러난 주류 견해들은 다음과 같다. 첫째, 인간의 본성을 긍정적으로 생각하기보다는 부정적으로 보았다. 특히나 여성의 지성을 낮게 이해했다. 그 결과 가정주부들을 일방적으로 정보를 받

아들이기만 하는 수동적 존재로 자리매김했다. 또한 가정과학에 종사하는 전문가들조차도 지도자에 의존하게끔 만들고, 나아가 교조주의에 천착하게 만들었다. 예컨대, 어떠한 원칙이 왜 만들어지게 되었는지에 대한 판단을 유보하고, 외우기 좋은 정도로 짧게 기록된 서술된 문장을 무조건적으로 받아들였다. 둘째, 리처즈를 비롯한 주류는 기존의 사회와 가치관에 순응할 것을 요구했다. 그 결과 사회의 주도세력, 즉 권력을 지닌 계급을 흉내내면서 "새로운 사상들"을 제대로 된 비판 없이 수용했다. 그 결과 가정과학에 종사하는 전문가들은 페미니즘 운동이 사회적으로 용인된 이후에나, 그것도 뒤늦게서야 그 운동을 수용하게 되었다. 셋째, 실증적 과학과 기술에 대한 숭배에 가까운 무조건적인 지지를 해왔다. 가정과학은 가정경제학으로 불리면서 전문화된 영역 표시를, 예컨대, 소비자과학, 음식과학, 가정사회과학, 경영과학 등으로 해왔다. 또한 가정과학은 신기술이 만든 신제품을 호의적으로 이해하며, 집안일 처리와 관련된 임무 또한 기술technique로 표시되었다. 결과적으로, 가정과학은 과학이라는 이름하에 많은 것을 무비판적으로 받아들이는 경향이 있었다. Ibid., 51-53.

58 Ehrenreich and English, "The Manufacture of Housework," 36.

59 Emma S. Weigley, "It Might Have Been Euthenics: The Lake Placid Conferences and the Home Economics Movement," *American Quarterly* 26/1(March 1974), 94-95.

60 Ehrenreich and English, "The Manufacture of Housework," 25-26; Margolix, *Mothers and Such*, p. 138; Wajcman, 172.

61 Charlotte Perkins Stetson, *Women and Economics: A Study of the Economic Relation Between Men and Women as a Factor in Social Evolution*(Boston: Small, Maynard & Company, 1900[1898]), 269; 이 책이 출간될 당시에 길먼은 스테트슨이라는 이름을 사용하고 있었다. 첫 번째 남편의 성이 스테트슨이었기 때문이다.

62 Carolyn M. Goldstein, *Creating Consumers: Home Economists in Twentieth-Century America*(Chapel Hill: The University of North Carolina Press, 2012), 24; Ehrenreich and English, "The Manufacture of Housework," 34.

63 Ehrenreich and English, "The Manufacture of Housework," 35-36.

64 Roger Miller, "Selling Mrs. Consumer: Advertising and the Creation of Suburban Socio-Spatial Relations, 1910-1930," *Antipode* 23/3(1991), 266.

65 Fritschner, "Women's Work and Women's Education," 230; Margolis, *Mothers and Such*, 140, 147.

66 Hartmann, "Capitalism and Women's Work in the Home, 1900-1930," 195, n. 16; Tarr & Tebeau, "Managing Danger in the Home Environment, 1900-1940." 801; Stage, "Ellen Richards and the Social Significance of the Home Economics Movement," 19, 28.

67 Brown, "Home Economics: Proud Past-Promising Future." 54.

68 Ibid., 32-33. 인용은 33쪽.

제3장 가내하인에서 전기하인으로

1 Barbara Easton, "Industrialization and Feminity: A Case Study of Nineteenth Century New England," *Social Problems* 23, 4(April 1976): 394-95; Barbara Welter, "The Cult of True Womanhood, 1820-1860," *American*

Quarterly 18(Summer 1966): 151–74, Judy Wajcman, *Feminism Confronts Technology*(Cambridge: Polity Press, 1991), 112–13; Mary Ryan, *The Empire of the Mother: American Writing about Domesticity, 1830-60*(New York: Haworth Press, 1982); Carl Degler, *At Odds: Woman and the Family in America from the Revolution to the Present*(New York: Oxford University Press, 1980) 참조.

2 Christine E. Bose, Philip L. Bereano, and Mary Malloy, "Household Technology and the Social Construction of Housework," *Technology and Culture* 25/1(Jan. 1984): 53.

3 '가내하인'은 사실상 절대 다수가 미혼 혹은 기혼여성들로 구성되어 있었다. 물론 대부분은 미혼여성들이었다. 따라서 넓은 의미의 가사서비스domestic service에 종사하는 여성들을 주로 지칭하며, 이 책에서는 '가정부' 혹은 '하녀'라는 용어와 번갈아가면서 사용할 것이다.

4 Ruth Cowan, "The 'Industrial Revolution' in the home: household technology and social change in the 20th century," *Technology and Culture* 17, 1(Jan. 1976): 20.

5 Ibid., 22.

6 Wajcman, *Feminism Confronts Technology*, 85.

7 Wajcman, *Feminism Confronts Technology*, 104.

8 매릴린 옐롬 지음, 『아내의 역사』, 이호영 옮김(책과함께, 2012), 276.

9 Cowan, *More Work for Mother*, 42.

10 Cowan, *More Work for Mother*, 120.

11 Susan Strasser, *Never Done: A History of American Housework*(New York: Pantheon, 1982), p. 165.

12 Adrian Forty, *Objects of Desire: Design and Society since 1750*(London: Thames & Hudson, 1986), pp. 81–82.

13 Sara Evans, *Born for Liberty*, 138.

14 Ibid., 133–34.

15 Cowan, *More Work for Mother*, 124–25.

16 Cowan, *More Work for Mother*, p. 126.

17 Enobong Hannah Branch and Melissa E. Wooten, "Suited for Service: Racialized Rationalization for the Ideal Domestic Servant from the Nineteenth to the Early Twentieth Century," *Social Science History* 36, 2(Summer 2012): 180–82.

18 Allan H. Spear, *Black Chicago: The Making of a Negro Ghetto, 1890-1920*(Chicago: University of Chicago Press, 1967), Elizabeth H. Pleck, *Black Migration and Poverty: Boston, 1865-1900*(New York: Academic Press, 1979), Elizabeth Clark-Lewis, *Living In, Living Out: African Americans Domestics in Washington, D.C., 1910-1940*(Washington, DC: Smithsonian Institution Press, 1994), Enobong Hannah Branch, *Opportunity Denied: Limiting Black Women to Devalued Work*(New Brunswick, NJ: Rutgers University Press, 2011) 등 참조.

19 마빈 해리스, 『아무것도 되는 게 없어』, 원재길 옮김(황금가지, 1997), 119.

20 Branch and Wooten, "Suited for Service," 185–86.

21 Strasser, *Never Done*, 176; Mary B. Norton, et al., *A People and A Nation: A History of the United States*, 6th ed.(Boston: Houghton Mifflin Company, 2001), 681-82.

22 Strasser, *Never Done*, 163, 167; Cowan, *More Work for Mother*, 120.

23 Phyllis Palmer, *Domesticity and Dirt: Housewives and Domestic Servants in the United States, 1920-1945*(Philadelphia: Temple University Press, 1984), 8; Cowan, *More Work for Mother*, 99.

24 Strasser, *Never Done*, pp. 167-68; Robert S. Lynd and Helen M. Lynd, *Middletown: A Study in Modern American Culture*(New York: A Harvest/HBJ Books, 1929), 170, n. 22.

25 Alice Kessler-Harris, *Out to Work: A History of Wage-Earning Women in the United States*(New York: Oxford University Press, 1982), 113 and 345, note 9.

26 Penny Sparke, *Electrical Appliances: Twentieth Century Design*(New York: E. P. Dutton, 1987), 10.

27 Forty, *Objects of Desire*, 213.

28 Wajcman, *Feminism Confronts Technology*, 85.

29 Cowan, "The 'Industrial Revolution' in the home: household technology and social change in the 20th century," *Technology and Culture* 17/1(Jan. 1976): 10.

30 Cowan, "The 'Industrial Revolution' in the home," 10, 13.

31 Sparke, *Electrical Appliances*, 9.

32 Bill Bryson, *At Home: A Short History of Private Life*(London: Black Swan, 2010), 196; Cowan, *More Work for Mother*, 91.

33 A. E. Kennelly, "Electricity in the Household," in Cyrus F. Brackett et al., *Electricity in Daily Life: A Popular Account of the Applications of Electricity to Every Day Use*(New York: Charles Scribner's Sons, 1890), 252. MIT의 전기공학 교수이자 훗날 미국 과학기술 정책을 설계했던 바네버 부시의 회상에 의하면, 케널리는 인도의 봄베이, 그러니까 오늘날 뭄바이에서 태어나 영국에서 교육을 받고, 유선전신 엔지니어로 활동했다. 1887년 에디슨연구소로 와서 6년간 에디슨을 도와 연구소의 수석 조수로 일했다. 이후 그는 1902년 하버드 대학의 전기공학 교수로 임명되어 1930년 은퇴할 때까지 그곳에서 근무했으며, 1913년에서 1925년까지는 MIT의 전기통신 교수로도 활동했다. Vannevar Bush, "Biographical Memoir of Arthur Edwin Kennelly, 1861-1939," presented to the Academy at the Autumn Meeting, 1940, 83-85.

34 요시미 슌야 지음, 『소리의 자본주의: 전화, 라디오, 축음기의 사회사』, 송태욱 옮김(이매진, 2005), 81-82. 전화기 수요가 일반 가정에서 폭증하게 된 계기는 벨의 전화기 특허가 만료된 시점인 1894년이었다. 특허가 풀린 이후에야 약 6000개의 전화회사들이 만들어지고 또한 시간이 지나면서 더 큰 회사에 인수 혹은 합병되었다. 덕분에 회사뿐 아니라 일반 가정의 전화기 사용 또한 늘어나면서 미국인이 보유한 전화 숫자는 1902년의 237만 대에서 25년 후인 1927년에는 1852만 대로 무려 약 8배나 증가했다. 김덕호, 이관수, "미국: 엔지니어 집단의 팽창과 분절화, 1890-1903년대", 이내주 외, 『근대 엔지니어의 성장』(에코리브르, 2014), 278-79.

35 Bill Bryson, *At Home*, 197; 앨런 브링클리, 『있는 그대로의 미국사』 2, 김덕호 외 옮김(휴머니스트, 2011), 419-20.

36 Bryson, *At Home*, 199.

37 "Electricity in the Household," *Scientific American* 60/12 (March 19, 1904): 232.

38 E. S. Keene, *Mechanics of the Household: A Course of Study Devoted to Domestic Machinery and Household Mechanical Appliances* (New York: McGraw-Hill Company, Inc., 1918), 327.

39 Ibid., p. 330. 110볼트×5암페어=550와트이며, 따라서 시간당 비용은 550/1000× 10센트=5.5센트/시간이다.

40 Edwin J. Houston, *Electricity in Every-Day Life*, vol. 1 (New York: P. F. Collier & Son, 1905), p. 1. 훗날 톰슨-휴스턴 전기회사는 1892년 에디슨 전기회사와 합병하여 제너럴 일렉트릭General Electric(GE)이 되었다.

41 흥미롭게도 벤자민 전기제조업체(ELECTRIC MFG, Co.)가 만든 1919년의 소켓 광고는 하나의 소켓이 빛과 동력을 제공하는 방법을 소개한다면서, 소켓 한쪽에 전구를 꽂고 나머지에는 세탁기에 꽂은 장면을 보여주고 있었다. *Good Housekeeping* 69/2 (August 1919), p. 105

42 Hardyment, *From Mangle to Microwave*, p. 27.

43 Cowan, *More Work for Mother*, 92-93.

44 어떤 학자는 1910년 시점을 미국 산업혁명의 '2차 국면second phase'이라는 용어까지 사용하면서 전기산업에서의 표준화의 중요성을 강조하고 있다. Carroll Gantz, *The Vacuum Cleaner: A History* (Jefferson, NC: McFarland & Company, Inc., Publishers, 2012), 71; Cowan, *More Work for Mother*, 93.

45 한때 세계 최대의 가전업체였던 제너럴 일렉트릭사는 2016년 1월 가전사업 부문을 중국 가전회사인 하이얼 그룹에 54억 달러에 매각했다. 2014년에도 제너럴 일렉트릭사의 가전사업 부문을 스웨덴의 글로벌 가전업체인 일렉트로록스Electrolux가 매수하려 했지만 미국의 독점 규제법에 걸려 실패했었다. "하이얼, GE 가전 인수. 美 100년 자존심 결국 中 품으로…… 세계 가전 '충격'," 『전자신문』 2016년 1월 17일.

46 General Electric Company, "Electricity Solves the Servant Problems," *Scientific American*, April 13, 1912, p. 322

47 Clifford Edward Clark, Jr., *The American Family Home, 1800-1960* (Chapel Hill, NC: University of North Carolina Press, 1986), p. 161. '여성클럽총연맹'은 혁신주의 운동이 진행되던 1892년에 만들어져, 1만 명 이상의 회원을 거느린 여성클럽 연합 형태의 전국 규모 조직이었다. 기본적으로 이 단체는 '가정주부를 더 나은 소비자로 재훈련시키는' 일에 힘을 쏟았다. 그런데 유감스럽게도 저자 클라크는 뉴저지주에 위치한 콜로니아를 뉴욕주라고 잘못 쓰고 있다.

48 Mary Pattison, "Domestic Engineering: The Housekeeping Experiment Station at Colonia, N. J.," *Scientific American*, vol. 106, no. 15 (April 13, 1912), p. 330. 이 잡지는 같은 호에 '가정에서의 과학' 특집을 마련했는데, 겉표지에는 파이프 담뱃대를 왼손에 쥐고 오른손은 책상 위에 올려놓은 상태에서 어떤 건물의 청사진을 응시하고 있는 중년 남성을 모델로 싣고 있었다. 패티슨의 글은 이 특집 기사 중 하나였다.

49 Ibid., pp. 330-31.

50 *Ladies' Home Journal*, 1918, in Strasser, *Never Done*, 177.

51 Forty, *Object of Desire*, pp. 213-14.

52 Sparke, *Electrical Appliances*, 10.

53 Forty, *Object of Desire*, 211-12.

54 *Saturday Evening Post*(Feb. 1, 1919), 107.

55 Robert S. Lynd and Helen M. Lynd, *Middletown: A Study in Modern American Culture*(New York: A Harvest/HBJ Books, 1929), p. 98. 린드 부부는 이 책에서 인구 3만 명 정도의 도시인 먼시의 변화를 추적했다. 이 책은 조사 대상의 검토시기를 1890년부터 1925년의 35년으로 한정하고 있는데, 1890년이 되어야 비로소 보다 신뢰할 만한 통계자료가 갖추어졌으며, 또한 1886년에 가서야 가스가 미국 가정에 공급되기 시작했기 때문이다. Ibid., 5-6.

56 수전 스트레서 지음, 『낭비와 욕망』, 김승진 옮김(이후, 2010), 282. 스트레서는 이 제품이 가정부를 둘 수 없는 가정을 위해서 만들어졌다고 추론했지만, 필자는 이 회사가 가정부를 구할 수 없는 중간계급 가정을 위해서 '전기하인' 역할을 할 수 있다는 목적으로도 이러한 시리즈 제목을 구상했을 것이라고 본다.

57 David E. Nye, *Electrifying America: Social Meanings of a New Technology, 1880-1940*(Cambridge, MA: MIT Press, 1990), 268.

58 제인 브룩스 지음, 『인간이 만든 빛의 세계사』, 박지훈 옮김(을유문화사, 2013), 209-10.

59 광고업자로서 바턴은 가장 성공적인 광고란 소비자가 광고를 통해 어떤 기업의 제품을 사용한 결과 "인간 삶의 개선이나 고결함에 기여"하는 것이라고 보았다. 그리고 그것이 그의 신념이기도 했다. Warren I. Susman, *Culture as History: The Transformation of American Society in the Twentieth Century*(New York: Pantheon, 1984), 128.

60 Sparke, *Electrical Appliances*, p. 11. 영국과 비교해본다면 가전제품의 시장 규모가 얼마만큼 차이가 나는지를 확인해볼 수 있다. 6년 뒤인 1931년에도 영국에는 겨우 6만 대의 세탁기가 있었을 뿐이다. 거의 비교 자체가 무의미할 정도로 영국은 가정의 기계화와 전기화가 미국과 비교해 한참이나 뒤처져 있었다. Hardyment, *From Mangle to Microwave*, p. 31.

61 Mary Pattison, "The Abolition of Household Slavery," in *Giant Power: Large Scale Electrical development as a Social Factor*, ed. Morris Llewellyn Cooke(Philadelphia: American Academy of Political and Social Science, 1925), 126; 브룩스, 『인간이 만든 빛의 세계사』, 196에서 재인용.

62 1930년대 대공황이 확산되면서 프랭클린 루스벨트 정부는 뉴딜 정책의 일환으로 농촌에 전력을 공급하겠다는 야심찬 계획을 세우게 되었다. 그 결과 1930년대를 통해 일부 유럽 국가들보다 뒤져 있던 미국의 전기 보급률은 획기적으로 증가할 수 있었다. Ronald C. Tobey, *Technology as Freedom: The New Deal and the Electrical Modernization of the American Home*(Berkeley: University of California Press, 1996) 참조.

63 Sparke, *Electrical Appliances*, 27; 제인 브룩스 지음, 『인간이 만든 빛의 세계사』, 박지훈 옮김(을유문화사, 2013), 189.

64 Forty, *Objects of Desire*, 186; James Williams, "Getting Housewives the Electric Message: Gender and Energy Marketing in the Early Twentieth Century," *Gender, Consumption, and Technology*, ed. Roger Horowitz and Arwen Mohun(Charlottesville and London: University Press of Virginia, 1998), 98-99.

65 브룩스, 『인간이 만든 빛의 세계사』, 190.

66 김덕호, 이관수, "미국: 엔지니어 집단의 팽창과 분절화, 1890-1930년대," 이내주

외, 『근대 엔지니어의 성장』(에코리브르, 2014), 279

67 Lynd and Lynd, Middletown, 172.

68 Frederick Nebeker, *Dawn of the Electronic Age: Electrical Technologies in the Shaping of the Modern World, 1914 to 1945*(Hoboken, NJ: John Wiley & Sons, Inc., 2009), 229-30.

69 Cowan, "From Virginia Dare to Virginia Slims: Women and Technology in American Life," *Technology and Culture* 20, 1(Jan. 1979): 61.

70 Wajcman, *Feminism Confronts Technology*, 102-03.

71 Sparke, *Electrical Appliances*, 25; Cowan, *More Work for Mother*, 138-39.

72 Cowan, "The 'Industrial Revolution' in the home," pp. 20-22.

73 Palmer, *Domesticity and Dirt*, 8. 미들타운의 경우, 1925년 집에 거주하는 가내하인 대용으로 일주일에 하루나 이틀 정도 일하러 오는 파출부들을 이용하고 있었다. 그런데 이들을 이용하는 하루치 비용은 한 세대 전, 그러니까 동시대 가정주부의 어머니 시절의 무려 1주일치 비용에 해당했다. 또한 가정부에게 지급하는 비용 또한 상당히 상승하고 있었다. 이 지역의 경우, 1890년에는 가내하인에게 주당 평균 3달러를 지불했지만, 1925년에는 10~15달러를 지불해야만 했다. 가정부 사용 비용이 3.3배에서 5배까지 증가했던 것이다. Lynd and Lynd, *Middletown*, 170-71.

제4장 가전제품의 시대적 배경과 광고

1 수전 스트레서, 『낭비와 욕망: 쓰레기의 사회사』 김승진 옮김(이후, 2010), 266.

2 Cowan, *More Work for Mother*, 23-24.

3 스트레서, 『낭비와 욕망』, 264에서 재인용.

4 Gilman M. Ostrander, *American Civilization in the First Machine Age, 1890-1940*(New York and Evanston: Harper & Row, 1970), 221.

5 Eloise Davison, "What the homemaker needs to know about electricity," *Journal of Home Economics* 22/2(Feb. 1930), 94.

6 Ibid., p. 96 표 볼 것. 그런데 이 통계표는 1928년 1월 1일을 기준으로 하고 있고, 위의 자료는 1929년 6월을 기준으로 하고 있어 1년 6개월의 격차가 있다. 따라서 정확한 보급률을 추정하기는 어려워 보이지만 근사치는 충분히 가능하다고 본다. 저자는 당시 전국전등협회National Electric Light Association에 근무하고 있었다.

7 제인 브룩스, 『인간이 만든 빛의 세계사』, 박지훈 옮김(을유문화사, 2013), 213.

8 Davison, "What the homemaker needs to know about electricity," 94.

9 Ronald C. Tobey, *Technology as Freedom: The New Deal and the Electrical Modernization of the American Home*(Berkeley: University of California Press, 1996); Ronald R. Kline, *Consumers in the Country: Technology and Social Change in Rural America*(Baltimore: Johns Hopkins University Press, 2000), part 2 참조

10 Lois W. Banner, *Women in Modern America: A Brief History*, 3rd ed.(New York: Harcourt Brace College Publishers, 1995), 140.

11 Jessamyn Neuhaus, *Housework and Housewives in American Advertising: Married to the Mop*(New York: Palgrave Macmillan, 2011), 1.

12 이 회사는 그래서인지 어느 하나라도 두드러진 가전제품을 생산해내지 못했다.

13 Thor, "Each week this electric servant does the washing in nearly half a million homes," *Saturday Evening Post*, Feb. 7, 1920, p. 132.

14 스트레서, 『낭비와 욕망』, 282.

15 이 잡지들에 실릴 광고들은 포트폴리오 형태로 만들어져 있으며, 1920년 전반에 실릴 광고들이었다. 후반에 실릴 광고들은 별도의 포트폴리오에 만들 예정이라고 작성되어 있는데, 여러 관련자료 박스들을 찾아보았지만 유감스럽게도 발견하지 못했다. 물론 신문과, 심지어 전차나 유리창에 붙일 광고도 별도로 준비되어 있었다. 또한 에디슨 가전회사의 가전제품들을 취급하는 대리점이나 도소매상에 보낼 별도의 광고들도 포트폴리오에 실려 있었다. 잡지 광고들의 경우, *Ladies Home Journal*에는 4도 색상, 그러니까 4색 컬러로 광고를 만들었고, 나머지 두 잡지에는 2색 컬러로 광고를 만들 예정이었다. 이 당시는 주로 광고가 흑백이었기 때문에 이 정도면 파격적이었으며, 또한 전면 광고를 목표로 하고 있었다. "The National ADVERTISING of Hotpoint Electric Appliances and the Hugh Electric" Hotpoint and GE Refrigerator Material, Box 1, Schenectady Museum Archives.

16 William H. Young H. with Nancy K. Young. *The 1930s* (Westport, Conn.: Greenwood Press, 2002), 49.

17 "Appliance Specialist Manual; Section 1 The History of the Edison Electric Appliance Co., Inc.," p. 2, Hotpoint and GE Refrigerator Material Box 1, Schenectady Museum Archives

18 낸스 톰스, 『세균의 복음: 1870-1930년 미국 공중보건의 역사』, 이춘입 옮김(푸른역사, 2019), 287.

19 어떻게 계산해서 그런 수치가 나왔는지는 불분명하지만, 결론은 그만큼의 석탄 절약은 현실상 불가능에 가깝다고 볼 수 있다. 당시 미국 가정에서 사용되는 '휴즈 일렉트릭' 전기레인지는 겨우 4만 5000대였다. *Saturday Evening Post*, March 20, 1920 & *Ladies Home Journal*, May 1920에 실린 광고.

20 *Saturday Evening Post*, May 15, 1920에 실린 광고.

21 Westinghouse 다리미 광고, *Saturday Evening Post*, Feb. 28, 1925, p. 49

22 Cowan, "The 'industrial revolution' in the home," 16.

23 스트레서, 『낭비와 욕망』, 284.

24 로레인은 American Stove Company에서 생산하던 제품으로, 이 회사는 자사의 주장에 의하면 세계 최대 규모의 가스레인지 회사였다. 이전 두 회사가 합쳐 1901년에 설립된 것으로, 이 회사는 1914년에 정확한 온도를 맞출 수 있는 온도조절기를 개발했다. 어찌 보면 자사의 가스레인지를 더 많이 팔기 위한 판촉 수단으로 온도조절기 광고에 집중한 것으로 보인다. 또한 이 회사는 가스레인지 명칭을 1929년부터 우리에게도 친숙한 '매직 셰프Magic Chef'로 바꾸었으며, 이 브랜드가 워낙 유명세를 타자 1951년부터는 회사 이름을 아예 '매직 셰프사'로 변경했다. 이 회사는 1986년에 메이텍Maytag에 팔리고, 메이텍은 또한 2006년 월풀Whirlpool에 팔렸다. https://en.wikipedia.org/wiki/Magic_Chef(2019년 12월 15일 접속). 이 회사는 훗날 오븐 온도조절기를 빨강색으로 만들어놓고는 빨강색이 아니면 로레인이 아니라면서 빨강 바퀴red wheel와 로레인을 동일시하게 만들었다. 나아가 "가스레인지에 빨간 바퀴가 없다면 로레인이 아니"라면서 빨간 바퀴 가스레인지에 동참한 5개 가스레인지 회사도 광고에 소개했다. 그러나 '매직 셰프'로 자사의 가스레인지 브랜드를 바꾼 1929년 이후부터는 "빨간 바퀴가 없으면 매직 셰프가 아니다"라고 광고하기 시작

했다. *Saturday Evening Post*, April 21, 1928, pp. 138-39 & 팸플릿 'Lorain Oven Canning'(American Stove Company, 1928), p. 20 볼 것. 또한 매직 셰프로 변경한 다음 광고는 *Saturday Evening Post*, Sept. 12, 1931, p. 144를 볼 것.

25 *Saturday Evening Post*, May 15, 1920, p. 77 & Oct. 23, 1920, p. 67 & Nov. 20, 1920, p. 147. 이 광고 문구는 사실상 이미 유명해진 코닥 카메라 광고를 거의 베낀 것으로 보인다. 코닥 회사는 사용자들에게 사진 찍을 때 어려워 말고 그냥 "당신은 [사진기의] 버튼만 누르세요, 나머지는 우리가 다 알아서 하지요You press the button, we do the rest"라고 광고했었다.

26 *Saturday Evening Post*, Nov. 20, 1920, p. 147.

27 *Saturday Evening Post*, Oct 23, 1920, p. 67 & Nov. 20, 1920, p. 147.

28 *Saturday Evening Post*, Oct. 23, p. 67.

29 *Saturday Evening Post*, Nov. 20, 1920, p. 147.

30 마르티나 헤슬러, 『기술의 문화사』, 이덕임 옮김(생각의나무, 2013), 89.

31 Annegret S. Ogden, *The Great American Housewife: From Helpmate to Wage Earner, 1776-1986*(Westport, Conn.: Greenwood Press, 1986), 156.

제5장 세탁하기

1 "운전해, 로봇" 커버스토리 "이미 무인차 시대"『조선일보』 2015년 9월 19-20일, C1.

2 U. S. Department of Agriculture, Domestic Needs of Farm Women(Washington: Government Printing Office, 1915), p. 46; Katherine Jellison, *Entitled to Power: Farm Women and Technology, 1913-1963*(Chapel Hill: University of North Carolina Press, 1993), p. 14에서 재인용.

3 빌 브라이슨, 『거의 모든 사생활의 역사』, 박중서 옮김(까치, 2011), 137-38.

4 Cowan, *More Work for Mother*, 79-80.

5 브록스, 『인간이 만든 빛의 세계사』, 207.

6 브록스, 『인간이 만든 빛의 세계사』, 193-94.

7 브라이슨, 『거의 모든 사생활의 역사』, 138.

8 Strasser, *Never Done*, 78.

9 이러한 통계자료는 가전제품업체 관련 잡지인 『일렉트리컬 머천다이징』이 작성한 것이다. 그런데 이 잡지는 전기다리미를 비롯한 모든 가전제품의 가구당 보유 통계를 작성함에 있어서 미국의 전체 가구가 아닌 전력이 공급되고 있는 가구만을 대상으로 삼고 있었다. 예컨대, 전국전등협회의 조사에 의하면, 1929년 6월 말 기준으로 미국의 총 가구 수는 2880만 8000가구였으며, 전기가 공급되는 총 가구 수는 1943만 가구였다. 즉 당시 미국의 전화율은 67퍼센트였다. 따라서 이러한 상황을 고려해야만 할 것이다. Eloise Davison, "What the homemaker needs to know about electricity," *Journal of Home Economics* 22/2(Feb. 1930), 94.

10 *Electrical Merchandising*, January, 1928, p. 71; *Electrical Merchandising*, January, 1930, p. 53; *Electrical Merchandising*, January, 1933, p. 27. "1st Hot-Point Catalogue 1919". 이들 잡지의 기사들은 General Electric, Schenectady Museum Collection에서 찾은 자료임. 이 자료집에는 1919년 카탈로그뿐 아니라 그 이후의 자료들도 포함하고 있다.

11 *Saturday Evening Post*, Jan. 24, 1925. p57; "The Length of a Housewife's Day in 1917," *Journal of Home Economics* 65/7(October 1973), 16-19.

12 *Saturday Evening Post*, Feb. 21, 1925. p. 121.

13 *Saturday Evening Post*, May. 16, 1925, p. 79.

14 *Saturday Evening Post*, Mar. 28, 1925. p. 118.

15 *Saturday Evening Post*, Aug. 24, 1926. p. 155.

16 *Saturday Evening Post*, Aug. 14, 1926. p. 152.

17 *Saturday Evening Post*, Oct. 08, 1932. p. 33.

18 *Saturday Evening Post*, Feb. 18, 1933, p. 37.

19 *Saturday Evening Post*, Aug. 24, 1940, p. 78; *Saturday Evening Post*, Sept. 7, 1940, p. 78.

20 *Saturday Evening Post*, Jan. 20, 1940, p. 77.

21 *Saturday Evening Post*, Feb. 15, 1941, p. 87.

22 *Saturday Evening Post*, Apr. 20, 1940, p. 112.

23 *Saturday Evening Post*, Oct. 12, 1940, p. 112.

24 Strasser, *Never Done*, 113.

25 Heidi Hartman, "Capitalism and Women's Work in the Home, 1900-1930," PhD dissertation(Yale University, 1974), p. 285.

26 *Saturday Evening Post*, Nov. 21, 1925, p. 106.

27 Strasser, *Never Done*, pp. 115-16; Hartman, "Capitalism and Women's Work in the Home," pp. 289-94, 특히 표 21 참조.

28 Mabel Hastie and Geraldine Gorton, "What shall we teach regarding clothing and laundry problems?" *Journal of Home Economics* 18/3(March 1926), p. 132. 특히 도표 5 참조. 도표는 정확한 수치를 제공하고 있지 않으나, 막대그래프를 보면 농촌의 경우 대략 35퍼센트, 도시의 경우 40퍼센트 가까이 3년 사이(1921-1924) 세탁일을 더 많이 하게 되었음을 알 수 있다. 이 논문의 저자들이 보기에도 세탁기가 점차 가정에 자리잡은 상황이라, 이제 가정학 교과에서 세탁기 사용과 관련된 내용을 가르칠 필요가 있다고 역설했다.

29 Ibid., 132.

30 Hartman, "Capitalism and Women's Work in the Home," pp. 285-89.

31 "Even the cuffs are washed perfectly clean" *Saturday Evening Post*, November 27, 1920, pp. 102-03, 에덴 세탁기 광고 참조.

32 Ibid., p. 299.

33 Margaret G. Reid, "economic contribution of homemakers" *The Annals of the American Academy of Political and Social Science*, Vol. 251(May 1947), p. 66 표 1 볼 것.

34 Strasser, *Never Done*, 116.

35 우리는 'washing machine' 혹은 'washer'를 흔히 세탁기라고 번역해왔다. 그렇지만 세탁기가 하는 일은 더러운 옷을 빨고 탈수하고 건조시키고 다리고 개서 옷장 안에 가지런히 넣는 과정의 일부인 때를 빨아내고 탈수하는 일뿐이다. 그런데도 우리는 세탁기가 이러한 전체 과정을 다 처리하는 것으로 오해하는 경향이 있다.

36 특히나 제너럴 일렉트릭사는 세탁기 제조업체에 대해서 전기모터의 배타적 권리를 주장했다. 또한 금융회사를 만들어 세탁기의 할부판매에도 관여했으며, 향후 세탁기 제조에 깊은 관심을 기울여왔다. 다른 전기모터 제조업체들도 제너럴 일렉트릭사의 정책을 뒤따랐다. Hartman, "Capitalism and Women's Work in the Home," p. 308.

37 스트레서, 『낭비와 욕망』, p. 285.

38 Nye, *Electrifying America*, p. 267.

39 Sparke, *Electrical Appliances*, p. 11.

40 Strasser, *Never Done*, 118-19.

41 Hastie and Gorton, "What shall we teach regarding clothing and laundry problems?", pp. 132-33. 특히 도표 6 참조. 도표는 정확한 수치를 제시하지 않고 있으나, 막대그래프를 통해 대략 추정해볼 수 있다. 흥미롭게도 당시 질문에는 전기세탁기뿐 아니라 수력세탁기, 수동세탁기, 그리고 어떤 종류인지는 명시되어 있지 않은 세탁기로 4종류의 세탁기 유무를 묻고 있었다. 그리고 위에서 언급한 수치는 전기세탁기만의 것이다.

42 Eloise Davison, "What the homemaker needs to know about electricity," *Journal of Home Economics* 22/2(Feb. 1930), 96

43 Hartman, "Capitalism and Women's Work in the Home," pp. 282-83.

44 스트레서, 『낭비와 욕망』, p. 282-83.

45 Altorfer Bros. Company, *Saturday Evening Post*, Oct. 23, 1920, pp. 124-25; Thor, *Saturday Evening Post*, Feb. 7, 1920, p. 132.

46 Gainaday, *Saturday Evening Post*, Jan. 24, 1920, p. 75.

47 *Saturday Evening Post*, Dec. 18, 1920, p. iii.

48 그런데 광고로만 보자면 이미 1926년에 '시러큐스Syracuse 세탁기 회사'에서 두 개의 통을 갖춘 세탁기를 만들었다. 하나는 헹굼용이고 나머지는 탈수용이었다. 이 회사는 이 세탁기로 많은 판매고를 올려서인지 1932년에 회사 이름을 아예 '이지Easy 세탁기 회사'로 바꾸었다. 이 회사는 1931년 광고에 의하면, 통 하나(큰 통)에서 빨래를 헹구는 동안, 나머지 통(작은 통)에서는 세탁물을 건조했다. 그렇지만 자동세탁기의 전신은커녕, 이 세탁기는 광고와는 달리 여전히 손의 힘을 빌려야만 세탁을 끝낼 수 있었다. The Easy Washer, "This New Washer does two things at once: Washes, while it Dries," *Saturday Evening Post*, Aug. 7, 1926, p. 151. Museums Victoria Collections https://collections.museumvictoria.com.au/items/415604 (2019년 12월 18일 접속)

49 물론 이 상태가 완전히 빨래가 마른 상태는 아니었다. 그냥 물기는 충분히 빠진 상태이기 때문에 세탁기에서 꺼내 빨랫줄에 넣어 건조시켜야 하는 과정이 남아 있었다. 자동건조기의 등장은 1950년대 중반까지 기다려야 했다.

50 당시 대중잡지에 실린 광고를 보면 이미 1940년에 자동세탁기가 등장한 것으로 되어 있는데, 코완은 제2차 세계대전 이후에나 출현한 것으로 설명하고 있다. Cowan, "The 'industrial revolution' in the home," 5; Strasser, *Never Done*, 267-68.

51 Apex washer, "By Actual Test 35% More Effective-31% Faster!" *Saturday Evening Post*, May 3, 1941, p. 54

52 Bendix washer "After seeing a Bendix wash clothes, I'll believe anything!", *Saturday Evening Post*, Apr. 05, 1941, p. 39. 사실상 벤딕스사의 이 광고는 세련된

것과는 거리가 멀어 보이며, 오히려 약간은 유치해 보이기도 했다. 아마도 제너럴 일렉트릭사나 웨스팅하우스사 같은 대기업이 이용하던 유명 광고회사는 아닌 것으로 추측된다. 그렇지만 세탁기 자체는 당연히 혁신적이었다. 아니, 어느 의미에서는 혁명적이었다.

53 "2,000,000 Women Walked Away From Washday," *Time*, April 24, 1950, pp. 117-19. 무려 3면에 걸친 전면 광고였다. 여기서 벤딕스 자동세탁기의 역사를 일목요연하게 만화 컷 스타일로 사진들을 곁들여 설명하고 있었다. 놀랍게도, 이 자동세탁기는 조만간 영국에서도 생산되었으며, 나아가 오스트레일리아에서도, 적어도 1949년부터 판매하고 있었다. 이러한 사실은 1949년의 광고를 통해서 확인할 수 있으며, 1954년 태즈메이니아주의 런스턴Launceton 지역신문에 실린 광고에 의하면 타사의 제품들과는 "비교조차 안 되는" 자동세탁기라면서 "현대의 기적"을 확인하라고 광고하고 있었다. *Examiner*, April 2, 1954, p. 18. Museums Victoria Collections https://collections.museumvictoria.com.au/items/415562(2019년 12월 18일 접속).

54 Ruth Cowan, "A Case Study of Technological and Social Change: the Washing Machine and the Working Wife," in Mary S. Hartman and Lois W. Banner, eds., *Clio's Consciousness Raised* (New York: Octagon Books, 1976), 247-48.

제6장 청소하기

1 Mary Pattison, "The Abolition of Household Slavery," in *Giant Power: Large Scale Electrical Development as a Social Factor*, ed. Morris Llewellyn Cooke(Philadelphia: American Academy of Political and Social Science, 1925), p. 124; 브록스, 『인간이 만든 빛의 세계사』, 194-95에서 재인용.

2 포티, 『욕망의 사물』, 202.

3 포티, 『욕망의 사물』, 210.

4 와이즈먼, 『페미니즘과 기술』, 200.

5 포티, 『욕망의 사물』, 218.

6 포티, 『욕망의 사물』, 219-20.

7 Cowan, *More Work for Mother*, 198.

8 심지어 후버사는 일찍이 캐나다에 공장을 만들더니 그곳을 발판삼아 영국에까지 진출하여 다국적기업이 되었다. 1919년에는 영국에서 2252대의 청소기를 판매하더니, 1938년에는 21만 1814대를 판매하여 230만 2849파운드의 매출을 올려 영국 청소기 시장의 거의 절반을 차지했다. 불과 20년 사이에 후버 청소기의 판매량은 무려 94배나 증가한 것이다. Peter Scott, "Managing door-to-door sales of vacuum cleaners in interwar Britain," *Business History Review* 82/4(Winter 2008), 764; 포티, 『욕망의 사물』, 219-20.

9 Peter Scott, *The Market Maker: Creating Mass Markets for Consumer Durables in Inter-war Britain*(Oxford: Oxford University Press, 2017), 210-11.

10 오히려 프란츠 형제 중 클래런스와 월터 프란츠는 어떤 이유에서인지는 몰라도, 1912년 자신들이 창립한 회사를 나와 진공청소기와 세탁기를 만들기 시작했으며, 다음 해인 1913년 에이펙스Apex 전기제조회사를 설립했다. Carroll Gantz, *The Vacuum Cleaner: A History*(Jefferson, NC: McFarland & Company, Inc., Publishers, 2012), 70, 75.

11 "Build a Career with a Frantz Premier," *Popular Mechanics Magazine*(Nov. 1915), p. 106. 표지에 자사의 잡지가 42만 5000부를 찍었다고 겉표지에 밝혔을 정도로 기술 전반, 특히 기계에 관심이 많은 사람들이 보는 대중잡지였다.

12 "남성이 자신의 자동차를 구매하는 것처럼 여러분도 진공청소기를 구매하라." "청소기와 자동차의 가치는 오로지 그것을 사용함으로써 증명할 수 있다." New Premier Model 19, Electric Vacuum Cleaner Company 광고, *Saturday Evening Post*, May 1, 1920, p. 87.

13 *Electrician*, Sept. 30, 1927, p. 397; 포티, 『욕망의 사물』, 221에서 재인용.

14 *Good Housekeeping*, August. 1925, p. 101; 스트레서, 『낭비와 욕망』, p. 286에서 재인용.

15 *Saturday Evening Post*, Dec. 14, 1929; 스튜어트 유엔, 『광고와 대중소비문화』, 최현철 옮김(나남출판, 1998), 147에서 재인용.

16 브록스, 『인간이 만든 빛의 세계사』, 195.

17 David Nye, *Consuming Power: A Social History of American Energies* (Cambridge, MA: MIT Press, 1998), 161.

18 포티, 『욕망의 사물』, 223-24.

19 스트레서, 『낭비와 욕망』, 292, 294-95.

제7장 음식하기

1 Cowan, *More Work for Mother*, 90.

2 Jane Busch, "Cooking Competition: Technology on the Domestic Market in the 1930s." *Technology and Culture* 24(1983), 224-25, 232.

3 Busch, "Cooking Competition," 222; Cowan, *More Work for Mother*, 90-91.

4 Busch, "Cooking Competition," 223-23.

5 스트레서, 『낭비와 욕망』, 285-86.

6 Busch, "Cooking Competition," 223.

7 Busch, "Cooking Competition," 232.

8 *Saturday Evening Post*, Sept. 12, 1931, p. 14.

9 Busch, "Cooking Competition," 231에 실린 광고를 볼 것. 이 광고에는 1938년 한 해만도 101만 3000가구가 가스레인지로 "갈아탔다"고 자랑스럽게 밝히고 있었다.

10 톰 잭슨, 『냉장고의 탄생』, 김희봉 옮김(MID, 2016), 266-67.

11 *Appleton's Cyclopedia of Applied Mechanics*(New York, 1883), vol. II, p. 127; Giedion, 598에서 재인용. 뉴욕시의 인구는 1870년에 147만 8103명이었으며, 1880년에는 191만 1698명이었다. https://en.wikipedia.org/wiki/New_York_City(2019년 11월 5일 접속). 아마도 뉴욕시 통계는 과장되어 보인다. 혹은 예외적이거나. 1880년대 미국 전체의 얼음 소비가 500만 톤이었는데, 이미 1876년에 뉴욕에서만 200만 톤 이상을 소비했다면 정작 얼음을 더 많이 필요로 했을 남부까지 포함한다면 뉴욕시 통계 혹은 애플턴의 백과사전은 신뢰하기 힘들어 보인다. 잭슨, 210.

12 잭슨, 『냉장고의 탄생』, 235.

13 잭슨, 『냉장고의 탄생』, 210, 216.

14 잭슨, 『냉장고의 탄생』, 235-36, 232.

15 흥미롭게도 물리학자인 레오 질라드뿐 아니라 알버트 아인슈타인까지도 독일에서 1924년~34년 사이 주로 가정에서의 냉장 기능에 관한 특허를 무려 29개나 신청했다는 것이다. Jonathan Rees, *Refrigerator Nations: A History of Ice, Appliances, and Enterprise in America*(Baltimore: Johns Hopkins University Press, 2013), 141.

16 *Electrical World* 36(July 1924), 28; Rees, *Refrigerator Nations*, 141 재인용.

17 Cowan, *More Work for Mother*, 131-32.

18 잭슨, 『냉장고의 탄생』, 236.

19 SERVEL ELECTRIC REFRIGERATION, "As modern as tomorrow," *Saturday Evening Post*, April 21, 1928, pp.82-83. 1930년대 후반에나 가야 서빌과 일렉트로룩스 브랜드를 동시에 사용하는 가스냉장고 광고가 등장한다. "Servel Electrolux Serves You in Silence," *Saturday Evening Post*, Dec. 12, 1936, p.71. 1939년 이후로는 오히려 서빌을 앞세우는 광고를 만들었다.

20 Toledo Coldmaker, *Saturday Evening Post*, Oct. 30, 1920, p.148; McCray, *Saturday Evening Post*, Apr. 14, 1923, p. 58 & June. 9, 1923, p.145.

21 Frigidaire, *Saturday Evening Post*, May 10, 1924, p.75.

22 Frigidaire, *Saturday Evening Post*, Sept. 26, 1925, p.63.

23 Rees, *Refrigerator Nations*, 140.316

24 Kelvinator, *Saturday Evening Post*, Feb. 21, 1925, p.163. 이 광고의 온도계 그림을 보면, 대략 화씨 40도(섭씨 4.44도)에서 50도(섭씨 10도) 사이 구간을 '켈비네이션 구역Zone of Kelvination'이라 이름 붙여 고기건 채소건 언제나 신선한 상태로 유지할 수 있는 온도라고 주장했다. 이 광고 이전 것을 보아도 온도계를 통해 화씨 50도 이하 상태가 음식물들의 신선함이 유지되는 온도로 보고 있다. Kelvinator, *Saturday Evening Post*, Dec. 20, 1924, p. 108. 물론 몇 년 후 광고를 보면, 이 구역을 확실하게 화씨 40-50도로 정해놓고 "건강 구역"이라고 불렀다. *Saturday Evening Post*, Feb. 05, 1927, p.104.

25 Rees, *Refrigerator Nations*, 140.

26 Kelvinator Institute, *How Kelvinator Works*, 1925, 6-7; Rees, p.217, n.1에서 재인용.

27 Servel, *Saturday Evening Post*, Feb. 5, 1927, p.83. 서빌 냉장고는 "Serving Electricity"를 줄여서 만든 냉장고 이름이다.

28 Tulsa Daily World, July 30, 1922, http://chroniclingamerica.loc.gov/lccn/sn85042345/1922-07-30/ed-1/seq-55/. 프리지데어는 1925년 광고를 통해 냉장고 없는 가정은 "진정 현대적"이 아니라고까지 주장하고 있었다. *Saturday Evening Post*, Oct. 24, 1925, p. 159.

29 Servel, *Saturday Evening Post*, Apr. 21, 1928, p. 82.

30 Norge, *Saturday Evening Post*, Mar. 18, 1933, p. 63.

31 Kelvinator, *Saturday Evening Post*, Jan. 24, 1925, p. 140.

32 조나단 M. 우드햄 지음, 『20세기 디자인: 디자인의 역사와 문화를 읽는 새로운 시각』, 박진아 옮김(시공사, 2007), 74.

33 GE, *Saturday Evening Post*, Dec. 17, 1927, p.108. GE는 사실상 뒤늦게 냉장고 시

장에 뛰어들었다. 일찍이 냉장고 시장에 대한 기술적 가능성과 시장조사를 끝낸 다음인 1925년에 '모니터 탑Monitor Top'이라는 냉장고 출시를 시작했지만, 그조차도 제한된 수량이었다. 1926년에 무려 1800만 달러를 투입해 일괄공정 라인을 설치한 다음 1927년부터 대량생산에 들어갔다. 그리고 회사 경영진의 기대—한 해에 7000에서 1만 대 판매—를 뛰어넘어 1929년 한 해만도 '모니터 탑' 5만 대를 판매할 수 있었다. Cowan, *More Work for Mother*, 136. GE에서 1972년에 만든 자사의 역사를 보면, 냉장고를 1926년에 만든 것으로 되어 있다.

34 Servel, *Saturday Evening Post*, Apr. 21, 1928, p. 82. 흥미롭게도 235달러는 공장 인도가격이었다. 또한 이 회사는 1928년 1월부터 일렉트로눅스-서빌사가 서빌사로 회사 명칭이 바뀐 것이다. https://www.roburcorp.com/company/history(2919년 11월 6일 접속)

35 Frigidaire, *Saturday Evening Post*, May 10, 1924, p. 75; Servel, *Saturday Evening Post*, Oct. 24, 1925, p. 197 & Nov. 21, 1925, p. 112; Absopure Frigerator, *Saturday Evening Post*, Aug. 21, 1926, p. 159.

36 Frigidarie, *Saturday Evening Post*, Jan. 1, 1927, p. 53; Feb. 25, 1928, p. 111.

37 Shelley Nickles, object Lessons: "Household Appliance Design and the American Middle Class, 1920-1960," PhD thesis(University of Virginia, 1999), p. 94; idem., "'Preserving Women' Refrigerator Design as Social Process in the 1930s," *Technology and Culture* 43/4(Oct. 2002), p. 696, note 6. 유감스럽게도 니클스의 논문에는 얼마만한 용량의 냉장고 가격을 언급하고 있는지 구체적으로 나와 있지 않다.

38 *Saturday Evening Post*, June 7, 1941, p. 38. 광고에 나오는 냉장고는 '모니터 탑' 방식의 냉장고가 아니라 유선형이 가미된 일반적인 형태의 냉장고였다.

39 Frigidaire, *Saturday Evening Post*, Nov. 21, 1925, p. 112; May 8, 1926, p. 94; July 17, 1926, p. 83; May 4, 1929, p. 111; Mar. 9, 1935, p. 31.

40 Kelvinator, *Saturday Evening Post*, Dec. 20, 1924, p. 108.

41 Alaska, *Saturday Evening Post*, Oct. 20, 1923, p. 136 & Feb. 16, 1924, p. 124.

42 Isko, *Saturday Evening Post*, May 8, 1920, p. 48.

43 Servel, *Saturday Evening Post*, Oct. 24, 1925, pp. 196-97; Apr. 3, 1926, p. 124; Sept. 18, 1926, p. 141.

44 Frigidaire, *Saturday Evening Post*, Mar. 24, 1928, p. 79; Apr. 21, 1928, p. 172; May 4, 1929, p. 111.

45 Isko, *Saturday Evening Post*, Apr. 10, 1920, p. 128; Frigidaire, *Saturday Evening Post*, Aug. 14, 1926, p. 44.

46 Kelvinator, *Saturday Evening Post*, Dec. 20, 1924, p. 108.

47 Absopure, *Saturday Evening Post*, Mar. 6, 1926, p. 232; Frigidaire, *Saturday Evening Post*, Jan. 28, 1928, p. 53.

48 Alaska, *Saturday Evening Post*, Sep. 30, 1922, p. 104; Frigidaire, *Saturday Evening Post*, June 1, 1929, p. 106.

49 Frigidaire, *Saturday Evening Post*, May 12, 1934, p. 36.

50 GE, *Saturday Evening Post*, July 5, 1935, p. 71.

51 Servel, *Saturday Evening Post*, Feb. 5, 1927, p. 83. 흥미롭게도 1926년부터 가스

냉장고를 생산하던 서빌사Servel는 1927년까지도 전기냉장고를 생산하고 있었다.

52 GE, *Saturday Evening Post*, Sept. 5, 1931, p. 94.

53 소수의 초기 냉장고는 마치 가내하인이 사용하는 것을 전제로 만든 듯한 광고들도 내보냈다. 즉 1920년대 중반까지도 냉장고가 집에서 일하는 가정부를 도와주는 것처럼, 광고에 그러한 복장을 한 아가씨 혹은 젊은 주부가 냉장고 문을 여는 장면이 등장한다. 예컨대, 프리지데어의 한 광고를 보라. 이 광고에는 머리에 캡을 쓰고 요리용 치마를 두른 가정부로 보이는 여성이 등장한다. *Saturday Evening Post*, Aug. 29, 1925, p. 71.

54 Servel, *Saturday Evening Post*, June 26, 1926, p. 57; *Saturday Evening Post*, July 24, 1926, p. 61; *Saturday Evening Post*, Aug. 21, 1926, p. 107.

55 Servel, *Saturday Evening Post*, Nov. 13, 1926, p. 151.

56 Kelvinator, *Saturday Evening Post*, Dec. 12, 1925, p. 113.

57 Frigidaire, *Saturday Evening Post*, Dec. 04, 1926, p. 103.

58 Kelvinator, *Saturday Evening Post*, Dec. 11, 1926, p. 158.

59 GE, *Saturday Evening Post*, Apr. 7, 1934, p. 30; Apr. 28, 1934, p. iii.

60 Elextrolux, *Saturday Evening Post*, Aug. 3, 1935, p. 60.

61 Folke T. Kihlstedt, "Utopia Realized: The World's Fairs of the 1930s," in Joseph Corn, ed., *Imaging Tomorrow*(Cambridge, Mass.: MIT Press, 1986), p. 100.

62 포티, 『욕망의 사물』, 197. 그 반면, 1935년의 한 조사(Lord & Thomas Survey)에 의하면 가장 보기 싫은 형태의 냉장고로는 제너럴 일렉트릭사의 '모니터 탑'이 주부들에 의해 선정되었다. 비록 1930년대 한 차례 '모니터 탑'은 외관에 유선형을 가미하는 등 나름 변화를 시도했지만, 많은 여성들은 냉장고 윗면에 솟아 있는 압축기가 연출하는 기계적인 추함에 대해서 불만을 표시했다. 총 11개의 모델 중에서 최하위를 차지한 것이다, 그것도 압도적인 다수를 획득하여. 나머지 냉장고들과는 유일하게 다른 형태로 남아 있어 금방 눈에 거슬리게 들어왔을 것이다. Shelley Nickles, "'Preserving Women': Refrigerator Design as Social Process in the 1930s." *Technology and Culture* 43/4(October 2002), 714, 그림 5 참조.

63 Cowan, *More Work for Mother*, 185, 196; Nickles, "Object Lessons", 94.

64 잭슨, 『냉장고의 탄생』, 261-62.

제8장 가사기술은 가사노동의 해방을 가져왔는가

1 *Electrical Merchandising*, (January 1940), 14.

2 그러나 같은 시기(1933~40년) 진공청소기의 경우는 46.6퍼센트에서 겨우 48.4퍼센트로 증가했으며, 전기다리미의 경우는 98.9퍼센트에서 오히려 95.0퍼센트로 감소했다. Electrical Merchandising, (January 1933), 26-27 & (January 1940), 14.

3 빌 브라이슨, 『빌 브라이슨의 재밌는 세상』, 강주헌 옮김(추수밭, 2008), 17-18.

4 브라이슨, 『빌 브라이슨의 재밌는 세상』, 16.

5 https://flickr.com/photos/inkysquid/2616705299/ 참조할 것.

6 브라이슨, 『빌 브라이슨의 재밌는 세상』, 16-17; David Loth, *Swope of GE*(New York: Simon &Schuster, 1958), 179.

7 Erica Carter, *How German Is She?: Postwar West Germany Reconstruction and* *the Consuming Woman*(Ann Arbor, MI: University of Michigan Press, 1997), 54.

8 헤슬러, 『기술의 문화사』, 99-100.

9 맷차, 『하우스와이프 2.0』, 71, 97-98.

10 브라이슨, 『빌 브라이슨의 재밌는 세상』, 28-29.

11 마빈 해리스, 『아무것도 되는 게 없어』, 원재길 옮김(황금가지, 1997), 123.

12 해리스, 『아무것도 되는 게 없어』, 108.

13 맷차, 『하우스와이프 2.0』, 75-77.

14 David Edgerton, *The Shock of the Old: Technology and Global History since 1900*(Oxford: Oxford Univ Press, 2007), 55.

15 게다가 '영국전기English Electric' 회사가 1927년 사세를 확장하면서 가전제품 시장에 뛰어들었지만 이미 많은 영국의 가정에서 미국의 가전제품들을 사용하고 있어 경쟁이 쉽지 않았다. Christina Hardyment, *From Mangle to Microwave: The Mechanization of Household Work*(Cambridge: Polity Press, 1988), 30-31.

16 Christine Zmroczek, "Dirty Linen: Women, Class, and Washing Machines, 1920s-1960s," *Women's Studies International Forum* 15/2(1992), 173.

17 주부의 가사노동은 사실상 산업사회적 맥락에서만 의미가 있다고 볼 수 있다. 이러한 역사적 맥락을 드러내는 작업은 무엇보다도 마르크스주의 페미니즘의 커다란 공헌으로 볼 수 있다. Cowan, *More Work for Mother*, 17-18; 우에노 치즈코 지음, 『가부장제와 자본주의』, 이승희 옮김(녹두, 1994), 39. 특히 치즈코 책의 3장, '가사노동 논쟁' 참조할 것.

18 Carroll Pursell, *The Machine in America: A Social History of Technology*(Baltimore and London: Johns Hopkins University Press, 1995), 244-25.

19 Cowan, *More Work for Mother*, 44.

20 Joel Mokyr, "Why 'More Work for Mother' Knowledge and Household Behavior, 1870-1945," *Journal of Economic History* 60/1(March 2000), 1-41. esp. 2-4. 모키르는 유대인으로서 히브루 대학에서 박사학위를 취득한 후 미국의 노스웨스턴 대학에서 교편을 잡았다. 특히 산업혁명 이후의 경제사 부문의 세계적 권위자이자 오랫동안 *JEH(Journal of Economic History)*의 편집인이었다.

21 이 학교는 오늘날 위스콘신 주립대학의 일부가 되었다. "The Length of a Housewife's Day in 1917," *Journal of Home Economics* 65/7(October 1973), 16-19.

22 Ibid., 19.

23 Marion Woodbury, "Time required for housework in a family of five with small children," *Journal of Home Economics* 10/5(May 1918), 226.

24 Ibid. 227.

25 코완은 이 집에 세탁부가 온 날을 화요일과 수요일로 명시하고 있는데, 정작 우드베리의 원래 논문에는 명시되어 있지 않다. 그러나 월요일 오후 주부가 한 일을 고려해보면 충분히 개연성이 있어 보인다. 다만 아이의 숫자를 3명으로, 시장을 2주에 한 번 간 것으로 설명하고 있는데, 이 또한 일치하지 않는 설명이다. Cowan, *More Work for Mother*, 157.

26 Ruth S. Cowan, "The 'Industrial Revolution' in the Home: Household

Technology and Social Change in the 20th Century," *Technology and Culture* 17/1(Jan. 1976), 15.

27 Ibid., 15. 브린모어 대학은 1885년에 설립된 여자대학으로 배우 캐서린 헵번이나 하버드 대학의 총장으로 재직(2007~18)했던 드류 길핀 파우스트 등이 이 대학의 졸업생이다.

28 W. Keith Bryant, "A Comparison of the Household Work of Married Females: The Mid-1920s and the Late 1960s," *Family and Consumer Sciences Research Journal* 24/4(June 1996), 359.

29 May L. Cowles, and Ruth P. Dietz, "Time Spent in Homemaking Activities by a Selected Group of Wisconsin Farm Homemakers," *Journal of Home Economics* 48/1(Jan. 1956), 29.

30 Ibid., 30, 표 1 수정. 각 연구의 연도를 추가했음.

31 Ibid., 32, 차트 2.

32 Ibid., 32-33.

33 Florence T. Hall, and Marguerite P. Schroeder, "Time Spent on Household Tasks," *Journal of Home Economics* 62/1(Jan. 1970), 28, 표 3.

34 Ibid., 25-26, 29.

35 Ibid., 26-27.

36 Joann Vanek, "Time Spent In Housework," *Scientific American*(Nov. 1974), 116.

37 Ibid., 119.

38 Glen G. Cain, "Women and Work: Trends in Time Spent in Housework" (Discussion Paper No. 747-84). Madison: University of Wisconsin, Institute for Research on Poverty.

39 Keith W. Bryant, "A Comparison of the Household Work of Married Females: The Mid-1920s and the Late 1960s," *Family and Consumer Sciences Research Journal*, 24/4(June 1996), 360.

40 Ibid., 361-62.

41 Ibid., 368, 표 4.

42 Ibid., 370, 표 5.

43 거다 러너, 『왜 여성사인가』, 강정하 옮김(푸른역사, 2006), 220.

44 Bryant, "A Comparison of the Household Work of Married Females," 373, 375.

45 Jonathan Gershuny and John P. Robinson, "Historical Changes in the Household Division of Labor," *Demography* 25/4(Nov. 1988), 538-39, 541-42. 비록 25세에서 49세까지의 응답자들이 영국의 경우는 일주일간의 기록을 제출한 반면 미국의 경우는 하루치 활동만의 기록을 제출했지만, 이들의 생각으로는 비슷한 시기의 다른 조사에서도 유사한 결과를 보였으며, 모집단이 적게는 1200명에서 많게는 2700명에 이르렀고, 또한 일지를 쓰듯이 시간을 기록했던 방식 때문에 이들은 위의 6개 자료에 대해서 신뢰감을 갖고 있었다. 그렇지만 영국과 미국의 자료 불일치는 문제가 될 소지가 크다. 일주일 활동과 하루 활동의 결과를 동일한 선상에 놓고 결론을 내리는 것은 곤란하다는 의미다.

46 Ibid., 547.

47 Forty, *Objects of Desire*, 210-11.

48 Ibid., 211.

49 Joel Mokyr, "Why 'More Work for Mother?' Knowledge and Household Behavior, 1870-1945," *The Journal of Economic History* 60/1(March, 2000), 3.

50 Ibid., 9-10.

51 Ibid., 13. 영국의 경우, 1834년에 창설된 런던통계학협회Statistical Society of London는 에드윈 채드윅Edwin Chadwick(1800~90), 윌리엄 가이William Guy(1810~85), 그리고 윌리엄 파William Farr(1807~83) 등 공중위생 전문가나 의사, 역학자 등의 사회개혁자들이 의료통계학으로 무장하여 공중보건을 향상시키는 데 커다란 도움을 주었다. 유럽 대륙에서는 샤를-알렉상드르 루이Charles-Alexandre Louis(1787~1872), 르네 비에르메René Villermé(1782~1863), 아돌프 케틀레Adolphe Quetelet(1796~1874) 같은 의사 혹은 사회과학자들이 '공중위생 연보Annales d'hygiène publique'를 중심으로 통계 혁명에 참여했다. Ibid., 14.

52 Ibid., 15.

53 Ibid., 16-18.

54 Ibid., 19-20.

55 Valerie A. Ramey, "Time Spent in Home Production in the Twentieth-Century United States: New Estimates from Old Data," *Journal of Economic History* 69/1 (March 2009), 37-38

56 해리스, 『아무것도 되는 게 없어』, 120; 거다 러너, 『왜 여성사인가』, 225.

57 Cowan, *More Work for Mother*, 100.

58 Edgerton, *The Shock of the Old*, 56.

59 Ibid..

60 Nancy Folbre and Marjorie Abel, "Women's Work and Women's Households: Gender Bias in the U. S. Census," *Social Research* 56/3(Autumn 1989), 545.

61 Ibid., 547-48.

62 William Gauger, "Household Work: Can We Add It to the GNP?," *Journal of Home Economics* 65/7(October 1973), 12.

63 앤 오클리 지음, 『가사노동의 사회학』, 문숙재 옮김(이화출판사, 1990), 50. 영국 남편들의 이러한 고정관념은 사실상 이 땅에서도 반복되고 있다. 특히 50대 이상이 그러한 것으로 보인다.

64 Margaret K. Nelson, *Negotiated Care: The Experience of Day Care Providers*(Philadelphia: Temple University Press, 1990), 136; 비비아나 젤라이저 지음, 『친밀성의 거래』, 숙명여대 아시아여성연구소 옮김(에코리브르, 2009), 323에서 재인용.

65 Ramey, "Time Spent in Home Production in the Twentieth-Century United States," 26.

66 Sue Bowden and Avner Offer. "Household Appliances and the Use of Time: The United States and Britain since the 1920s," *Economic History Review*, New Series, 47/4(Nov. 1994), 746, 표 A1.

67 Heidi I. Hartmann, "The Family as the Locus of Gender, Class, and Political Struggle: The Example of Housework," *Signs* 6/3(Spring, 1981), 393.

68 Valerie A. Ramey and Neville Francis. "A Century of Work and Leisure," *American Economic Journal: Macroeconomic* 1/2(2009), 204, 표 4.

69 Michael Bittman, James M. Rice and Judy Wajcman, "Appliances and Their Impact: the Ownership of Domestic Technology and Time Spent on Household Work," *British Journal of Sociology* 55/3(2004), 405-06. 왜 일반 냉장고가 아닌 초저온 냉동고가 가사노동시간 측정과 관련되어 선별되었는지는 저자들의 설명이 없어 분명치 않다. 다만 추정컨대, 오스트레일리아 사람들이 급속 냉동과 초저온에 식재료를 오래 냉동시키는 것을 선호한다고 볼 수는 있다. 또한 건조기는 포함시키면서 정작 오랫동안 사용해와서 훨씬 더 큰 비중을 지닌 세탁기는 왜 포함시키지 않았는지는 이해하기 어렵다.

70 Ibid., 408.

71 Ibid., 409-10. 그런데 유감스럽게도 왜 냉장기술이 남성에게만 작은 시간일지라도 노동시간 절약이 되었는지에 대해 저자들은 설명이나 분석을 제공하지 않고 있다.

72 Ibid., 412-14.

73 Pursell, *The Machine in America*, 247; Charles A. Thrall, "The Conservative Use of Modern Household Technology," *Technology and Culture* 23/2(1982), 193-94.

제9장 소비정치를 통해서 본 가사노동과 가사기술

1 이 글은 NPR(National Public Radio)에서 라디오 프로듀서로서 활동한 이른바 '키친 시스터즈'로 불린 넬슨Davia Nelson과 실바Nikki Silva가 구소련 붕괴 이후 러시아 사람들이 어떻게 살았는지 (구소련에서 살았거나 체험한 사람들을 중심으로) 부엌과 관련해 주고받은 얘기를 들려준 내용에 많이 의존하고 있다. The Kitchen Sisters, "How Russia's Shared Kitchens Helped Shape Soviet Politics,"(May 20, 2014). https://www.npr.org/sections/thesalt/2014/05/20/314054405/how-russias-shared-kitchens-helped-shape-soviet-politics?t=1575847604294

2 동독, 이른바 독일민주주의공화국Deutsche Demokratische Republik(DDR)에서는 '슈타지(Stasi, Staatssicherheitsdienst)'라는 국가보안부를 1950년부터 독일이 통일되기 전까지 운영했는데, 이 정보부서에는 자발적인 혹은 비자발적인 민간의 정보원들 혹은 부역자들이 적어도 수십만 명 존재했다. 구소련의 공동부엌에서 벌어진 상황은 동독에서 슈타지를 통해서 끊임없이 벌어진 밀고 상황과 유사했을 것이다.

3 김남섭, 「모스크바 미국국립박람회와 소비에트 부엌; 흐루쇼프하의 소비주의와 소련 사회」, 『역사문화연구』 55집(2015), 157.

4 "The Two Worlds: A Day-Long Debate," *New York Times*, July 25, 1959 in Shane Hamilton and Sarah Phillips, eds., *The Kitchen Debate and Cold War Consumer Politics: A Brief History with Documents*(Boston and New York: Bedford/St. Martin's, 2014), 47, 49. 이 두 미소 정상 간의 대화는 공식적인 대화록이 없다. 위에서 언급한 것처럼 예정에 없이 즉석에서 즉흥적으로 이루어진 대화이기 때문에 누구도 녹음을 할 생각을 못했다. 따라서 이 대화록 또한 『뉴욕타임스』에서 당시 현장에 있었던 여러 신문사 및 통신사 기자들의 의견을 종합하여 재구성한 것이다. Ibid., 43.

5 일리히, 『그림자 노동』, 175-76, 178.

6 해리스, 『아무것도 되는 게 없어』, 124.

7 크르즈나릭, 『역사가 당신에게 들려주고 싶은 이야기』, 76-77.

8 크르즈나릭, 『역사가 당신에게 들려주고 싶은 이야기』, 63.

9 와이즈먼, 『페미니즘과 기술』, 189-90.

10 와이즈먼, 『페미니즘과 기술』, 274-75.

11 루시 워슬리, 『하우스 스캔들』, 박수철 옮김(을유문화사, 2015), 314에서 재인용. 『여성의 방』은 2000만 부 이상 팔리고, 20개국 언어로 번역되었다.

12 Cowan, *More Work for Mother*, 101

13 Cowan, *More Work for Mother*, 150, 147

14 와이즈먼, 『페미니즘과 기술』, 158, 160.

15 도덕적 행복에서 물질적 행복으로 가정의 목표가 변해간 곳은 미국만이 아니었다. 영국 또한 20세기로 접어들면서 그러했다. 특히 '복지'의 추구는 도덕적 차원에서 물질적 차원으로 바뀌었다. 아마도 제2차 세계대전 이후 많은 자본주의 국가들 또한 대량소비사회로 진입하면서 그러했을 것이다. Forty, *Objects of Desire*, 114.

에필로그

1 Cowan, *More Work for Mother*, 10.

2 헤슬러, 『기술의 문화사』, 103.

3 『경향신문』, "일 많은 서독 주부들," 1973년 8월 18일, 2면.

4 William Gauger, "Household Work: Can We Add It to the GNP?," *Journal of Home Economics* 65/7(October 1973), 15. https://countryeconomy.com/gdp/usa?year=1973

5 『한겨레』, 2018년 10월 9일.

6 일리히, 『그림자 노동』, 7-8.

7 https://www.npr.org/2018/12/03/672898216/michelle-obamas-take-on-lean-in-that-doesn-t-work(2019년 12월 13일 접속)

8 http://ch.yes24.com/Article/View/22533.

참고문헌

〈해외 문서고〉
General Electric 사료

1. Gerard Swope Papers, Schenectady Museum Archives, Schenectady, New York.
2. Hotpoint and GE Refrigerator Materials, Schenectady Museum Archives, Schenectady, New York.

〈국내 문헌〉

김남섭, 「모스크바 미국국립박람회와 소비에트 부엌; 흐루쇼프하의 소비주의와 소련 사회」, 『역사문화연구』 55집(2015): 153-190.

손정희, 「길먼의 『다이앤서가 한 일』: 가사 노동과 여성의 위상」, 『미국소설』 16/1(2009): 67-90.

이내주 외, 『근대 엔지니어의 성장』(에코리브르, 2014)

앤서니 기든스, 『현대 사회학』(개정판), 김미숙 외 옮김(을유문화사, 1994)

거다 러너, 『왜 여성사인가』, 강정하 옮김(푸른역사, 2006)

에밀리 맷차, 『하우스와이프 2.0』, 허원 옮김(미메시스, 2015)

빌 브라이슨, 『빌 브라이슨의 재밌는 세상』, 강주헌 옮김(추수밭, 2008)

제인 브록스, 『인간이 만든 빛의 세계사』, 박지훈 옮김(을유문화사, 2013)

수전 스트레서, 『낭비와 욕망: 쓰레기의 사회사』, 김승진 옮김(이후, 2010)

요시미 슌야, 『소리의 자본주의: 전화, 라디오, 축음기의 사회사』, 송태욱 옮김(이매진, 2005)

사라 에번스, 『자유를 위한 탄생』, 조지형 옮김(이화여자대학교 출판문화원, 1998)

매릴린 옐롬, 『아내의 역사』, 이호영 옮김(책과함께, 2012)

앤 오클리, 『가사노동의 사회학』, 문숙재 옮김(신광출판사, 1990)

주디 와이즈먼, 『페미니즘과 기술』, 조주현 옮김(당대, 2001)

조나단 M. 우드햄, 『20세기 디자인: 디자인의 역사와 문화를 읽는 새로운 시각』, 박진아 옮김(시공사, 2007)

루시 워슬리, 『하우스 스캔들』, 박수철 옮김(을유문화사, 2015)

이매뉴얼 월러스틴, 『근대세계체제 IV: 중도적 자유주의의 승리, 1789-1914년』, 박구병 옮김(까치, 2017)

스튜어트 유엔, 『광고와 대중소비문화』, 최현철 옮김(나남출판, 1998)

이반 일리히, 『그림자 노동』, 박홍규 옮김(미토, 2005)

톰 잭슨, 『냉장고의 탄생』, 김희봉 옮김(MID, 2016)

로먼 크르즈나릭, 『역사가 당신에게 들려주고 싶은 이야기』, 강혜정 옮김(원더박스, 2018)

낸스 톰스, 『세균의 복음: 1870-1930년 미국 공중보건의 역사』, 이춘입 옮김(푸른역사,

2019)

루이스 틸리 · 조앤 스콧, 『여성, 노동, 가족』, 김용 · 박기남 · 장정선 옮김(후마니타스, 2008)

드류 길핀 파우스트, 『시련에 맞선 여성들』, 박현숙 · 안혜원 옮김(솔과학, 2008)

에이드리언 포티, 『욕망의 사물: 디자인의 사회사』, 허보윤 옮김(일빛, 2004)

마빈 해리스, 『아무것도 되는 게 없어』, 원재길 옮김(황금가지, 1997)

마르티나 헤슬러, 『기술의 문화사』 이덕임 옮김(생각의나무, 2013)

〈해외 문헌〉

Andrews, William D. and Deborah C. Andrews, "Technology and the Housewife in 19th Century America," *Women's Studies* 2/3(1974): 309-28.

Bailey, Martha J. and Collins, William J. "Did Improvements in Household Technology Cause the Baby Boom? Evidence from Electrification, Appliance Diffusion, and the Amish." *American Economic Journal: Macroeconomics* 3/2(April 2011): 189-217.

Bair, Jennifer. "On Difference and Capital: Gender and the Globalization of Production." *Signs* 36/1(Autumn 2010): 203-26.

Banner, Lois W. *Women in Modern America: A Brief History*, 3rd ed.(New York: Harcourt Brace College Publishers, 1995)

Becker, Gary S. "A Theory of the Allocation of Time," *The Economic Journal*, 75/299(Sept., 1965): 493-517.

Benson, Susan P. *Household Accounts: Working-Class Family Economics in the Interwar United States*(Ithaca and London: Cornell University Press, 2007)

Biddle, Jeff E. "Making Consumers Comfortable: The Early Decades of Air Conditioning in the United States." *The Journal of Economic History* 71/4(December 2011): 1078-1094.

Bix, Amy Sue. "Equipped for Life: Gendered Technical Training and Consumerism in Home Economics, 1920-1980." *Technology and Culture* 43:4(October 2002): 728-54.

Bose, Christine. "Technology and Changes in the Division of Labor in the American Home." *Women's Studies* 2(1979): 295-304.

Bose, Christine E. Bereano, Philip L. and Malloy, Mary. "Household Technology and the Social Construction of Housework." *Technology and Culture* 25/1(Jan., 1984): 53-82.

Bourke, Joanna. "Housewifery in Working-Class England 1860-1914." *Past & Present* 143(May, 1994): 167-97.

Bowden, Sue and Avner Offer. "Household Appliances and the Use of Time: The United States and Britain since the 1920s," *Economic History Review*, New Series, 47/4(Nov. 1994): 725-48.

Bowden, Sue and Avner, Offer. "Household Appliances and 'Systems of Provision': A reply." *The Economic History Review. New Series* 52/3(Aug., 1999): 363-67.

Bowden, Sue M. "The Consumer Durables Revolution in England 1932-1938; A Regional Analysis." *Explorations in Economic History* 25(1988): 42-59.

Bowden, Sue. and Turner, Paul. "The Demand for Consumer Durables in the United Kingdom in the Interwar Period." *Journal of Economic History* 53/2 (June, 1993): 244-58.

Branch, Enobong Hannah and Wooten, Melissa E. "Suited for Service; Racialized Rationalization for the Ideal Domestic Servant from the Nineteenth to the Early Twentieth Century," *Social Science History* 36/2(Summer 2012): 169-89.

Bray, Francesca. "Gender and Technology." *Annual Review of Anthropology* 36(2007): 37-53.

Brines, Julie. "The Exchange Value of Housework." *Rationality and Society* 5/3 (July 1993): 302-40.

Brown, Dorothy M. *Setting a Course: American Women in the 1920s* (Boston: Twayne Publishers, 1987)

Brown, Marjorie M. "Home Economics: Proud Past-Promising Future." AHEA Commemorative Lecture, *Journal of Home Economics* 76(1984): 48-54, 27.

Brownlee, W. Elliot. "Household Values, Women's Work, and Economic Growth. 1800-1930." *The Journal of Economic History* 39/1(Mar., 1979): 199-209.

Bruheze, Adri A. et al. "Europe's Mediation Junction: Technology and Consumer Society in the 20th Century," *History and Technology* 21/1(2005): 107-39.

Bryant, W. Keith. "A Comparison of the Household Work of Married Females: The Mid-1920s and the Late 1960s," *Family and Consumer Sciences Research Journal*, 24/4(June 1996): 358-84.

Busch, Jane. "Cooking Competition: Technology on the Domestic Market in the 1930s." *Technology and Culture* 24(1983): 222-45.

Cain, Glen G. "Women and Work: Trends in Time Spent in Housework." (Discussion Paper No. 747-84) Madison: University of Wisconsin, Institute for Research on Poverty.

Cardia, Emanuela. "Household Technology: Was it the Engine of Liberation?" *Universite de Montreal and CIREQ* (July 2008)

Carter, Erica. *How German Is She?: Postwar West Germany Reconstruction and the Consuming Woman* (Ann Arbor, MI: University of Michigan Press, 1997)

Clarke, Sally. "Consumers, Information, and Marketing Efficiency at GM, 1921-1940." *Business and Economic History* 25(Fall 1996): 186-95.

Coffin, Judith G. "Credit, Consumption, and Images of Women's Desires: Selling the Sewing Machine in Late Nineteenth-Century France." *French Historical Studies* 18/3(Spring, 1994): 749-83.

Cohen, Philip N. "Replacing Housework in the Service Economy: Gender, Class, and Race-Ethnicity in Service Spending." *Gender and Society* 12/2(Apr., 1998): 219-31.

Cowan, Ruth. "The 'industrial revolution' in the home: household technology and social change in the 20th century," *Technology and Culture* 17(Jan. 1976): 1-23.

——. "From Virginia Dare to Virginia Slims: Women and Technology in American Life," *Technology and Culture* 20/1 (Jan. 1979): 51-63.

——. *More Work for Mother: the Ironies of Household Technology from the Open Hearth to the Microwave* (New York: Basic Books, 1983)

——. "A Case Study of Technological and Social Change: the Washing Machine and the Working Wife," in Mary S. Hartman and Lois W. Banner, eds., *Clio's Consciousness Raised* (New York: Octagon Books, 1976)

Cowles, May L. and Ruth P. Dietz, "Time Spent in Homemaking Activities by a Selected Group of Wisconsin Farm Homemakers," *Journal of Home Economics* 48/1 (Jan. 1956): 29-35.

Davison, Eloise. "What the homemaker needs to know about electricity," *Journal of Home Economics* 22/2 (Feb. 1930): 94-7.

Day, Tanis. "Capital-Labor Substitution in the Home," *Technology and Culture*, 33/2 (April, 1992): 302-27.

de Grazia, Victoria, with Ellen Furlough, ed. *The Sex of Things: Gender and Consumption in Historical Perspective* (Berkeley: University of California Press, 1996)

DeGraaf, Leonard. "Corporate Liberalism and Electric Power System Planning in the 1920s." *The Business History Review* 64/1 (Spring, 1990): 1-31.

Dudden, Faye E. "Experts and Servants: The National Council on Household Employment and the Decline of Domestic Service in the Twentieth Century." *Journal of Social History* 20/2 (Winter, 1986): 269-89.

Easton, Barbara. "Industrialization and Femininity: A Case Study of Nineteenth Century New England," *Social Problems* 23/4 (April 1976): 389-401.

Edgerton, David. *The Shock of the Old: Technology and Global History since 1900* (Oxford: Oxford Univ Press, 2007)

Ehrenreich, Barbara and English, Dreirdre. "The Manufacture of Housework," *Socialist Revolution*, vol. 26 (1975): 5-40.

Ewen, Stuart. *Captains of Consciousness: Advertising and the Social Roots of the Consumer Culture*, 25th anniversary edition (New York: Basic Books, 2001 [1976])

Field, Gregory H. "'Electricity for All': The Electric Home and Farm Authority and the Politics of Mass Consumption." *Business History Review* (Spring 1990): 32-60.

Fine, Ben. "Household appliances and the use of time: the United States and Britain since the 1920s: a Comment." *Economic History Review* 3 (1999): 552-62.

Folbre, Nancy. and Nelson, Julie A. "For Love or Money—or Both?" *The Journal of Economic Perspectives* 14/4 (Autumn, 2000): 123-40.

Folbre, Nancy and Marjorie Abel, "Women's Work and Women's Households: Gender Bias in the U. S. Census," *Social Research* 56/3 (Autumn 1989): 545-69.

Forty, Adrian. *Objects of Desire: Design and Society since 1750* (New York:

Pantheon, 1986)

Fritschner, Linda Marie. "Women's Work and Women's Education: The Case of Home Economics, 1870-1920," *Sociology of Work and Occupations*, 4:2(May 1977): 209-34.

Galbraith, John Kenneth. "Economics of the American Housewife," *Atlantic Monthly*(1973): 78-83.

Gantz, Carroll, *The Vacuum Cleaner: A History*(Jefferson, NC: McFarland & Company, Inc., Publishers, 2012)

Gauger, William. "Household Work: Can We Add It to the GNP?," *Journal of Home Economics* 65/7(October 1973): 12-5.

Gershuny, Jonathan. and Robinson, John P. "Historical Changes in the Household Division of Labor." *Demography* 25/4(Nov., 1988): 537-52.

Giedion, Siegfried. *Mechanization Takes Command*(New York: Oxford University Press, 1948)

Glazer-Malbin, Nona. "Housework." *Signs* 1/4(Summer, 1976): 905-22.

Goldstein, Carolyn. "From Service to Sales: Home Economics in Light and Power, 1920-1940," *Technology and Culture* 18(1997): 121-52.

———. *Creating Consumers: Home Economists in Twentieth-Century America*(Chapel Hill, NC: The University of North Carolina Press, 2012)

Graham, Laurel. *Managing on Her Own: Dr. Lillian Gilbreth and Women's Work in the Interwar Era*(Narcross, Georgia: Engineering & Management Press, 1998)

Greenwood, Jeremy. Ananth Seshadri, and Mehmet Yorukoglu. "Engines of Liberation." *Review of Economic Studies* 72(2005): 109-33.

Hall, Florence T. and Marguerite P. Schroeder, "Time Spent on Household Tasks," *Journal of Home Economics* 62/1(Jan. 1970): 23-9.

Harap, Henry. "Survey of Twenty-Eight Courses in Consumption." *School Review* 43/7(Sept, 1935): 497-507.

Hardyment, Christina. *From Mangle to Microwave: The Mechanization of Household Work*(Cambridge: Polity Press, 1988)

Hartmann, Heidi. "Capitalism, Patriarchy, and Job Segregation by Sex," *Signs* 1/2(Spring, 1976): 137-69.

———. "The Family as the Locus of Gender, Class, and Political Struggle: The Example of Housework," *Signs* 6/3(Spring, 1981): 366-94.

Hartmut, Berghoff. "Marketing Diversity: The Making of a Global Consumer Product-Hohner's Harmonicas, 1857-1930," *Enterprise & Society* 2/2(June 2001): 338-71.

Hastie, Mabel and Geraldine Gorton, "What shall we teach regarding clothing and laundry problems?" *Journal of Home Economics* 18/3(March 1926): 127-33.

Hayden, Dolores, *The Grand Domestic Revolution*(Cambridge, MA: The MIT Press, 1981)

———, *Redesigning the American Dream: Gender, Housing and Family Life*, Revised and Expanded(New York: W. W. Norton & Company, 1984, 2002)

Hobsbawn, Eric. *Workers: Worlds of Labor* (New York: Pantheon Books, 1984)

Inoue, Mariko. "Regendering Domestic Space: Modern Housing in Prewar Tokyo." *Monumenta Nipponica* 58/1 (Spring, 2003): 79-102.

Isenstadt, Sandy. "Visions of Plenty: Refrigerators in America around 1950." *Journal of Design History* 11/4 (1998): 311-21.

Jellison, Katherine. *Entitled to Power: Farm Women and Technology* (Chapel Hill: University of North Carolina Press, 1993)

Kaplan, Amy. "Manifest Domesticity," *American Literature* 70/3 (Sept. 1998): 581-606.

Kihlstedt, Folke T. "Utopia Realized: The World's Fairs of the 1930s," in Joseph Corn, ed., *Imaging Tomorrow* (Cambridge, Mass.: MIT Press, 1986)

Killewald, Alexandra. "Opting Out and Buying Out: Wives' Earnings and Housework Time." *Journal of Marriage and Family* 73 (April 2011): 459-71.

——. "Unemployment in Families: The Case of Housework." *Journal of Marriage and Family* 73 (October 2011): 1085-1100.

Kirkup, Gill and Laurie Smith Keller, eds., *Inventing Women: Science, technology and Gender* (Cambridge: Polity Press, 1992)

Kline, Ronald R. *Consumers in the Country: Technology and Social Change in Rural America* (Baltimore: Johns Hopkins University Press, 2000)

Kunze, Joel "The Bureau of Agricultural Economics' Outlook Program in the 1920s as a Pedagogical Device." *Agricultural History* 64 (1990): 252-61.

Kyrk, Hazel. "Home Economics." In *Encyclopedia of the Social Sciences* (New York: Macmillan, 1932), edited by Edwin R. A. Seligman and Alvin Johnson, 7: 427-31.

Lampman, Robert J. "Recent Changes in Income Inequality Reconsidered." *The American Economic Review* 44/3 (June, 1954): 251-68.

Lawrence, Jeanne Catherine. "Geographical Space, Social Space, and the Realm of the Department Store." *Urban History* 19 (April 1992): 64-83.

——. "Transformations in a Culture of Consumption: Women and Department Stores, 1870-1920." *Journal of American History* 71 (1984): 319-42.

Lebergott, Stanley. Pursuing Happiness: *American Consumers in the Twentieth Century* (Princeton University Press, 1993)

Lupton, Ellen. *Mechanical Brides: Women and Machines from Home to Office* (New York: Cooper-Hewitt National Museum of Design and Princeton Architectural Press, 1993)

Lynds, Robert S. and Helen M. Lynd, *Middletown: A Study in Modern American Culture* (New York: A harvest/HBJ Books, 1929)

McLennan, W. "How Australians Use Their Time." *Australian Bureau of Statistics* (1997)

McGaw, Judith A. "Women and the History of American Technology." *Signs* 7/4 (Summer, 1982): 798-828.

Marchand, Roland. *Advertising the American Dream: Making Way for Modernity,*

1920-1940(Berkeley: University of California Press, 1985)

Margolis, Maxine L. *Mother and Such: Views of American Women and Why They Changed*(Berkeley: University of California Press, 1984)

Matthews, Glenna. *"Just a Housewife": The Rise and Fall of Domesticity in America*(New York: Oxford University Press, 1987)

Miller, Roger. "Selling Mrs. Consumer: Advertising and the Creation of Suburban Sociospatial Relations, 1910-1930." *Antipode* 23(1991): 263-301.

Mohun, Arwen Palmer. *Steam Laundries: Gender, Technology and Work in the United States and Great Britain, 1880- 1940*(Baltimore: Johns Hopkins University Press, 1999)

Mokyr, Joel. "Why 'More Work for Mother?' Knowledge and Household Behavior, 1870-1945," *The Journal of Economic History* 60/1(March, 2000): 1-41.

Mowery, David C. and Nathan Rosenberg, *Paths of Innovation: Technological Change in 20th-Century America*(Cambridge: Cambridge Uni. Press, 1998)

Nickles, Shelly. " 'Preserving Women': Refrigerator Design as Social Process in the 1930s." *Technology and Culture* 43/4(October 2002): 693-727.

Nye, David E. *Electrifying America: Social Meaning of a New Technology*(Cambridge, MA: MIT Press, 1992)

——. *Consuming Power: A Social History of American Energies*(Cambridge, MA: MIT Press, 1998)

Ogburn, William Fielding. "Implications of the Rising Standard of Living in the United States." *American Journal of Sociology* 60/6(May, 1955): 541-46.

——. "Technology and the Standard of Living in the United States." *American Journal of Sociology* 60/4(Jan., 1955): 380-86.

Ogden, Annegret S. *The Great American Housewife: From Helpmate to Wage Earner, 1776-1986*(Westport, Conn.: Greenwood Press, 1986)

Ostrander, Gilman M. *American Civilization in the First Machine Age, 1890-1940*(New York and Evanston: Harper & Row, 1970)

Palmer, Phyllis. *Domesticity and Dirt: Housewives and Domestic Servants in the United States, 1920-1945*(Philadelphia: Temple University Press, 1984)

Pantzar, Mika. "Domestication of Everyday Life Technology: Dynamic Views on the Social Histories of Artifacts." *Design Issues* 13/3(Autumn, 1997): 52-65.

Parr, Joy. "What Makes Washday Less Blue? Gender, Nation, and Technology Choice in Postwar Canada." *Technology and Culture* 38/1(Jan., 1997): 153-86.

Pattison, Mary. "Domestic Engineering: The Housekeeping Experiment Station at Colonia, N. J.," *Scientific American*, vol. 106, no. 15(April 13, 1912): 330-31.

Pleck, Elizabeth H. "Two Worlds in One: Work and Family." *Journal of Social History* 10/2(Winter, 1976): 178-95.

Pursell, Carroll. "Domesticating Modernity: the Electrical Association for Women, 1924-1986," *British Journal of Historical Sociology* 32(1999): 47-67.

Ramey, Valerie A. "Time Spent in Home Production in the Twentieth-Century United States: New Estimates from Old Data," *Journal of Economic History*

69/1(March 2009): 1-47.

Ramey, Valerie A. and Neville Francis. "A Century of Work and Leisure," *American Economic Journal: Macroeconomic* 1/2(2009): 189-224.

Ravetz, Alison. "Modern Technology and an Ancient Occupation: Housework in Present-Day Society." *Technology and Culture* 6/2(Spring, 1965): 256-60.

Rees, Jonathan. *Refrigerator Nations: A History of Ice, Appliances, and Enterprise in America*(Baltimore: Johns Hopkins University Press, 2013)

Reid, Margaret G. "The Economic Contribution of Homemakers." *The Annals of the American Academy of Political and Social Science* 251(May, 1947): 61-9.

Rose, Mark H. "Urban Environments and Technological Innovation: Energy Choices in Denver and Kansas City, 1900-1940." *Technology and Culture* 25/3(1984): 503-39.

Ruggles, Steven. "The Transformation of American Family Structure." *The American Historical Review* 99/1(Feb., 1994): 103-28.

Rutherford, Janice W. *Selling Mrs. Consumer: Christine Frederick and the Rise of Household Efficiency*(Athens and London: The University of Georgia Press, 2003)

Safri, Maliha. and Graham, Julie. "The Global Household: Toward a Feminist Postcapitalist International Political Economy." *Signs* 36/1(Autumn 2010): 99-125.

Scanlon, Jennifer. *Inarticulate Longings: The "Ladies' Home Journal," Gender, and the Promises of Consumer Culture.*(New York: Routledge, 1995)

Schroeder, Fred E. H. More "Small Things Forgotten": Domestic Electrical Plugs and Receptacles, 1881-1931 *Technology and Culture* 27/3(July, 1986): 525-43.

Scott, Peter. "Managing door-to-door sales of vacuum cleaners in interwar Britain," *Business History Review* 82/4(Winter 2008), 761-88.

Sharpe, Deanna L. "Measurement of the value of homemaker's time: an empirical test of the alternative methods of the opportunity cost approach." *Journal of Economic and Social Measurement* 23(1998): 149-62.

Scott, Peter. "Managing Door-to-Door Sales of Vacuum Cleaners in Interwar Britain." *The Business History Review* 82/4(Winter, 2008): 761-88.

Sparke, Penny. *Electrical Appliances: Twentieth Century Design*(New York: E. P. Dutton , 1987)

Spence, Clark C. "Early Uses of Electricity in American Agriculture." *Technology and Culture* 3/2(Spring, 1962): 142-60.

Stage, Sarah. "Ellen Richards and the Social Significance of the Home Economics Movement," in Stage, Sarah and Vincenti, Virginia B. eds. *Rethinking Home Economics: Women and the History of A Profession*(Ithaca: Cornell University Press, 1997)

Stage, Sarah and Vincenti Virginia B. ed. *Rethinking Home Economics: Women and the History of a Profession*(Ithaca and London: Cornell University Press, 1997)

Strasser, Susan. *Never Done: A History of American Housework*(New York:

Pantheon, 1982)

———. *Waste and Want: A Social History of Trash* (New York: Henry Holt & Company, 1999)

Sullivan, Joan. "In Pursuit of Legitimacy: Home Economists and the Hoover Apron in World War I." *Dress* 26(1999): 31-46.

Susman, Warren. *Culture as History: The Transformation of American Society in the Twentieth Century* (New York: Pantheon, 1984)

Thrall, Charles A. "The Conservative Use of Modern Household Technology," *Technology and Culture*, 23/2 (Apr., 1982): 175-94.

Tobey, Ronald C. *Technology as Freedom: The New Deal and the Electrical Modernization of the American Home* (Berkeley: University of California Press, 1996)

Tomes, Nancy. "Spreading the Germ Theory: Sanitary Science and Home Economics, 1880-1930," in Stage, Sarah and Vincenti, Virginia B. eds. *Rethinking Home Economics: Women and the History of A Profession* (Ithaca: Cornell University Press, 1997)

Vallance, Theodore. "Home Economics and the Development of New Forms of Human Service Education." in *Land-Grant Universities and Their Continuing Challenge*, edited by G. Lester Anderson. (East Lansing: Michigan State University Press, 1976)

Vanek, Joann. "Time Spent In Housework," *Scientific American* (Nov. 1974): 116-20.

———. "Household Technology and Social Status: Rising Standards of Living and Status and Residence Difference in Housework." *Technology and Culture* 19/3 (July 1978): 361-75.

Wajcman, Judy. "Reflections on Gender and Technology Studies: In What State is the Art?." *Social Studies of Science* 30/3 (June, 2000): 447-64.

Weaver, Charles N., Holmes, Sandra L. "A Comparative Study of the Work Satisfaction of Females with Full-Time Employment and Full-Time Housekeeping," *Journal of Applied Psychology* 60/1(1975): 117-18.

Weigley, Emma S. "It Might Have Been Euthenics: The Lake Placid Conferences and the Home Economics Movement." *American Quarterly* 26(March 1974): 79-96.

Welter, Barbara. "The Cult of True Womanhood," *American Quarterly* 18(Summer 1996): 151-74.

Young, William H. with Nancy K. Young. *The 1930s* (Westport, Conn.: Greenwood Press, 2002)

Zmroczek, Christine. "Dirty Linen: Women, Class, and Washing Machines, 1920s-1960s," *Women's Studies International Forum* 15/2(1992): 173-85.

〈해외 학위 논문〉

Connelly, Marguerite. "The Transformation of the Sewing Machine and Home Sewing in America, 1850-1929." Ph.D. dissertation, University of Delaware, 1994.

Hartmann, Heide I. "Capitalism and Women's Work in the Home, 1900-1930." Ph.D. dissertation, Yale University, 1974.

Nickles, Shelly Kaplan. "Object Lessons: Designers, Consumers, and the Household Appliance Industry, 1920-1965." Ph.D. dissertation, University of Virginia, 1998.

Vanek, Joann. "Keeping Busy: Time Spent in Housework, United States, 1920-1970." Ph.D. dissertation, University of Michigan, 1973.

이미지 출처

2-2 (좌) https://commons.wikimedia.org/wiki/File:%22Household_engineering%22,_C._Frederick_Wellcome_L0019287.jpg

2-2 (우) https://commons.wikimedia.org/wiki/File:%22Household_engineering%22,_C._Frederick_Wellcome_L0019286.jpg

3-1 https://www.pexels.com/photo/domestic-servant-glass-plate-glass-plate-photo-maid-1020758/

3-3 https://www.flickr.com/photos/internetarchivebookimages/14779571852/

5-1 https://commons.wikimedia.org/wiki/File:Asbestos_iron_ad.jpg

5-2 https://en.wikipedia.org/wiki/Domestic_worker#/media/File:Domestic_servant_ironing.jpg

5-10 https://www.flickr.com/photos/proni/6197943352

6-1 https://commons.wikimedia.org/wiki/File:Vacuum_cleaner_1910.JPG

7-9 https://www.flickr.com/photos/42353480@N02/5581656876/

7-10 https://flickr.com/photos/159358942@N07/48064392553/

9-1 https://commons.wikimedia.org/wiki/File:1959_Khrushchev,_Nixon,_Brezhnev.jpg

찾아보기